新能源要素集聚
对可持续发展能力影响研究

苏 屹 于跃奇 著

科学出版社
北京

内 容 简 介

本书以技术、劳动和资本为视角研究新能源产业要素空间集聚对区域可持续发展能力的影响，探讨经济、社会、科技、资源及环境等方面在空间上的相互作用关系，构建基于空间视角的新能源产业要素空间集聚对区域可持续发展能力影响的理论框架模型，为实现区域可持续发展提供新思路，并为区域可持续发展相关政策的制定提供有价值的参考。

本书适合管理科学与工程、工商管理等专业硕博研究生或相关领域科研人员阅读和研究。对领域内研究人员的学术研究具有重要的参考价值，提供可借鉴的研究方法。

图书在版编目（CIP）数据

新能源要素集聚对可持续发展能力影响研究 / 苏屹，于跃奇著. —北京：科学出版社，2022.3
ISBN 978-7-03-070288-3

Ⅰ. ①新… Ⅱ. ①苏… ②于… Ⅲ. ①新能源-影响-区域发展-研究-中国 Ⅳ. ①F127

中国版本图书馆 CIP 数据核字（2021）第 217264 号

责任编辑：王丹妮 / 责任校对：刘 芳
责任印制：张 伟 / 封面设计：无极书装

科学出版社 出版
北京东黄城根北街 16 号
邮政编码：100717
http://www.sciencep.com
北京建宏印刷有限公司 印刷
科学出版社发行 各地新华书店经销
*

2022 年 3 月第 一 版　开本：720×1000　1/16
2023 年 1 月第二次印刷　印张：13 1/4
字数：265 000
定价：136.00 元
（如有印装质量问题，我社负责调换）

前　言

资源过度消耗、能源安全及环境污染对可持续发展提出了新的挑战，人口急剧增长和经济飞速发展使得这一问题日益加剧，提高区域可持续发展能力对促进地区经济良性发展、社会稳定、科技进步具有重要意义。作为广泛依赖化石燃料投入推动地区发展的国家，中国以煤炭为主的能源供给结构亟待转变。相比于传统能源，新能源具有污染小、储量大等优点，开发和利用新能源对于国家实现产业结构升级、能源结构转变及可持续发展具有关键作用。基于此，本书以技术、劳动和资本三个重要生产要素为视角，探究新能源产业要素空间集聚对区域可持续发展能力的影响机理和路径，为提出促进区域可持续发展政策奠定了重要的理论基础。

本书对相关概念进行界定，结合相关理论构建了新能源产业要素空间集聚对区域可持续发展能力影响的理论框架模型，构建区域可持续发展能力评价模型，分析中国各地区可持续发展现状。在检验新能源产业要素和区域可持续发展能力空间特征基础上，进一步运用空间计量模型和地理加权回归（geographically weighted regression，GWR）模型研究新能源产业要素空间集聚对区域可持续发展能力的整体影响和局部影响，并提出促进区域可持续发展能力提升的政策建议。

第一，运用文献研究法对新能源产业要素空间集聚和区域可持续发展能力等相关概念和理论进行分析，构建了新能源产业要素空间集聚对区域可持续发展能力影响的理论框架。通过对新能源产业要素空间集聚和区域可持续发展等相关概念的界定，运用可持续发展理论、区位理论、地理学第一和第二定律理论及新经济地理学理论，研究了新能源产业要素空间集聚对区域可持续发展能力影响的机理和路径。进一步考虑二者的空间效应，建立了新能源产业要素空间集聚对区域可持续发展能力影响的理论框架模型。

第二，从经济、社会、科技、资源和环境五个维度构建区域可持续发展能力评价指标体系，运用基于实数编码加速遗传算法（real-coded accelerating genetic algorithm，RAGA）的投影寻踪模型实证分析中国各地区可持续发展能力现状和变化趋势。研究结果表明，社会、经济、科技、环境和资源在区域可持续发展能力评价中所占权重依次从大到小；中国各地区可持续发展能力存在空间不均衡分布现象，北京、上海、江苏、广东等发达地区的可持续发展能力较强，青海、甘肃、新疆等西北偏远落后地区可持续发展能力较弱；中国各地区的可持续发展能力普遍处于中等偏下水平。

第三，运用区位熵方法和社会网络分析方法研究新能源产业要素和区域可持续发展能力的空间特征。研究结果表明，新能源产业要素和区域可持续发展能力具有明显的空间特征；区域可持续发展能力存在空间相关性，即一个地区可持续发展能力提升会对周围其他地区发展有正向影响；区域可持续发展能力空间关联网络的网络联结较为紧密，并且不存在严格的等级划分；河南处于关联网络的核心位置，对于网络信息的传递和网络的发展具有重要影响；区域可持续发展能力空间溢出效果的板块划分受地理位置和资源禀赋等因素的影响，表现出明显的地理位置划分倾向。

第四，运用空间计量经济学方法实证检验了新能源产业要素空间集聚对区域可持续发展能力的整体影响。研究结果表明，新能源专利技术空间集聚对区域可持续发展能力具有显著的负向影响，新能源从业人员空间集聚对区域可持续发展能力具有显著的正向影响，新能源资本空间集聚对区域可持续发展能力有负向影响但不显著；仅有新能源专利技术空间集聚对区域可持续发展能力具有显著的间接影响，并且间接影响是新能源专利技术空间集聚对区域可持续发展能力影响的主要来源。

第五，运用 GWR 模型实证检验了新能源产业要素空间集聚对区域可持续发展能力的局部影响。研究结果表明，新能源专利技术空间集聚与区域可持续发展能力呈负相关关系，而新能源从业人员空间集聚与区域可持续发展能力呈正相关关系；新能源专利技术空间集聚和新能源从业人员空间集聚的系数估计值在不同地区的数值大小也各不相同。因此，新能源产业要素空间集聚对区域可持续发展能力的影响在不同地区存在不同程度的空间异质性。

第六，本书在获得实证研究结果的基础上，分别从推动新能源技术开放共享、加快培育新能源人才、推动新能源产业发展、改善新能源企业发展环境及落实区域可持续发展治理体制改革五个研究视角，提出了基于新能源产业要素空间集聚促进区域可持续发展能力提升的政策建议。

综上所述，本书在探索新能源产业要素空间集聚对区域可持续发展能力影响的机理和路径的基础上，将二者之间关系的空间效应考虑到模型中，获得的实证研究结果有助于丰富区域可持续发展理论，并为区域可持续发展相关政策的制定提供有价值的参考。

目　　录

第 1 章　绪论 ··· 1
   1.1　研究背景、目的及意义 ·· 1
   1.2　国内外研究现状 ·· 5
   1.3　总体思路、研究内容和研究方法 ·· 17
   1.4　创新之处 ··· 21

第 2 章　概念界定、理论基础与理论框架 ····································· 23
   2.1　相关概念的界定 ·· 23
   2.2　理论基础 ··· 26
   2.3　理论框架 ··· 32
   2.4　本章小结 ··· 37

第 3 章　区域可持续发展能力评价研究 ·· 38
   3.1　区域可持续发展能力评价指标体系 ···································· 38
   3.2　区域可持续发展能力的评价模型 ······································· 47
   3.3　区域可持续发展能力的综合评价及结果分析 ······················· 52
   3.4　本章小结 ··· 93

第 4 章　新能源产业要素和区域可持续发展能力的空间特征研究 ···· 95
   4.1　新能源产业和区域可持续发展能力的空间特征检验 ············· 95
   4.2　新能源产业要素空间特征分析 ·· 99
   4.3　区域可持续发展能力空间特征分析 ···································· 106
   4.4　本章小结 ··· 119

第 5 章　新能源产业要素空间集聚对区域可持续发展能力的整体影响研究 ······ 120
   5.1　空间计量模型研究方法 ·· 120
   5.2　研究设计 ··· 128

5.3 空间计量模型结果分析 130
5.4 新能源产业要素空间集聚对区域可持续发展能力维度层面影响 136
5.5 稳健性检验 147
5.6 本章小结 149

第6章 新能源产业要素空间集聚对区域可持续发展能力的局部影响研究 150
6.1 地理加权回归模型的理论基础和测度方法 150
6.2 研究设计 157
6.3 新能源产业要素空间集聚对区域可持续发展能力局部影响结果分析 158
6.4 稳健性检验 167
6.5 本章小结 168

第7章 基于新能源产业促进区域可持续发展的对策建议 170
7.1 推动新能源技术开放共享 170
7.2 加快培育新能源人才 173
7.3 推动新能源产业发展 175
7.4 改善新能源企业发展环境 177
7.5 落实区域可持续发展治理体制改革 178
7.6 本章小结 179

第8章 结论 181

参考文献 185

第 1 章 绪 论

1.1 研究背景、目的及意义

1.1.1 研究背景

自中国共产党第十八次全国代表大会将可持续发展作为国家重大发展战略之一以来，可持续发展在中国发展中的重要意义日趋凸显。2015 年 9 月，在联合国大会第 70 届会议上通过的《2030 年可持续发展议程》中，中国承诺会在经济增长、社会发展及环境保护方面做出最大努力，并以"绝不丢下任何人"作为中国未来发展的行动指南。此后，中国国家主席习近平也在国内外交流会议中不断强调了中国实现可持续发展的重要性。2018 年 12 月 18 日，在庆祝改革开放 40 周年大会上，习近平主席发表重要演讲中提到"中国的发展离不开世界，世界的繁荣也需要中国。我们统筹国内国际两个大局，坚持对外开放的基本国策，实行积极主动的开放政策，形成全方位、多层次、宽领域的全面开放新格局，为我国创造了良好国际环境、开拓了广阔发展空间"。强调"我们要着力解决人民群众所需所急所盼，让人民共享经济、政治、文化、社会、生态等各方面发展成果，有更多、更直接、更实在的获得感、幸福感、安全感，不断促进人的全面发展、全体人民共同富裕"。2019 年 6 月 7 日，在第二十三届圣彼得堡国际经济论坛全会上，习近平主席在发言中强调"可持续发展是破解当前全球性问题的'金钥匙'，同构建人类命运共同体目标相近、理念相通，都将造福全人类、惠及全世界。中国愿继续同各方携手努力，秉持可持续发展理念，体现人类命运共同体担当，倡导多边主义，完善全球治理，共同促进地球村持久和平安宁，共同创造更加繁荣美好的世界"。2019 年 10 月 24 日，在北京召开的首届可持续发展论坛中，习近平主席又再次强调中国对可持续发展的态度，他认为"中国秉持创新、协调、绿色、开放、共享的发展理念，推动中国经济高质量发展，全面深入落实 2030 年可持续发展议程"。

改革开放40多年来,中国在经济增长、社会民生、科技进步及环境保护等方面取得了非凡的成就,现阶段已经发展成为世界第二大经济体[1]。然而,受到人口总量过大的影响,中国在实现可持续发展目标的过程中仍然面临着食品安全、生态环境及消除贫困等方面的巨大挑战。其中,生态环境恶化的问题对中国可持续发展的影响最为显著。中国作为世界上最大的发展中国家,拥有丰富的自然禀赋和人口红利。发达国家将工厂转移到中国形成工业集聚并拉动经济高速增长的同时,却带来了石化资源的巨大消耗和生态环境的严重破坏[2~4]。以严重的环境污染为代价换取经济发展的高速增长,导致中国已经成为世界上最大的温室气体排放国和能源消费国[5, 6]。雾霾、垃圾里的村庄、癌症村、严重的水土流失、耕地土壤退化加剧等生态环境问题正影响着中国实现高质量发展[7~9]。严重的环境污染威胁、资源过度消耗和环境污染加剧将阻碍中国可持续发展的进程[10, 11]。由工业化和城市化共同作用带来的环境污染正严重影响着人民的获得感和幸福感[12],由损害人类健康和破坏生态环境带来的经济效用越来越低,加快改善中国环境治理现状和改变能源结构对中国实现可持续发展具有重要意义[13, 5]。

中国正在为实现"2030年可持续目标"不懈努力。为遏制生态环境恶化,相继出台和修订了《中华人民共和国环境保护法》和《中华人民共和国大气污染防治法》等一系列法律法规,并在全国范围内建立了大量的空气质量监测站以获取公开的空气质量数据[12]。逐步形成了由政府主导,商业、社会和公众共同参与的全新环境治理结构[14, 15]。2014年,全国人民代表大会常务委员会颁布了《中华人民共和国环境保护法修正案》,其被称为中国历史上最严格的环境保护法[4]。此外,中国在消除贫困方面也取得了瞩目成就。中国政府运用精准扶贫的政策,以坚定的脱贫攻坚目标,在短短几年时间里帮助中国数亿人口摆脱贫困,为全球消除贫困做出了巨大贡献。这些都体现了中国为实现可持续发展目标而树立的决心和做出的努力。

中国政府已经意识到可持续发展对于国家的重要性,以牺牲环境为代价的经济发展模式亟待转变[1]。然而,中国经济增长模式一直严重依赖化石燃料的广泛投入,随着中国工业不断向前发展,对能源的需求也日趋强烈[16, 17],中国总能源供应的60%以上需要依赖进口,中国能源安全和环境污染问题已经引起了广泛的关注[18]。世界上约80%的能源需求来自化石燃料[19],然而过度使用化石燃料会带来全球气候变化和温室效应等生态环境问题[20]。大力发展可再生能源以应对气候变化和能源安全问题已经受到了世界各国普遍的认可[21],通过开发新能源以消除能源消耗对环境的负面影响已经成为发达国家和发展中国家优化产业结构、实现可持续发展的关键[22]。特别是在中国,大力发展清洁能源是改变中国"高能耗""高污染"的传统发展方式最根本、最有效的方法[23],中国正在构建一个清洁、低碳、安全、高效的能源供应体系[24]，并且正在加快开发和利用新能源，如太阳能、风能、潮汐能、生物质能、核能核电等[25]。一方面，新能源具有储量大、清洁、环保、可再生等优势[26]；另一方面，中国拥有丰富的自然资源禀赋，以及世界上最大的风力、水力发电能力和先进的太阳能、沼气等处理设备[27, 18]。大力发展新能源产业是促进中国能源结构转型、解决环境突出问题的重要举措[28]。

纵观中国新能源产业发展趋势可以发现产业集群化特征越来越明显，光伏产业集群、风电产业集群等新能源产业集群层出不穷。新能源作为能够有效解决能源危机和环境污染的有效途径，新能源产业空间集聚对区域可持续发展能力的影响作用值得探究。基于对上述问题的思考，本书以要素集聚为研究视角，将新能源产业要素空间集聚和区域可持续发展能力所具有的空间特征考虑到研究模型中。基于新能源产业要素空间集聚和区域可持续发展能力所具有的空间属性，分别运用空间计量经济学模型和 GWR 模型研究新能源产业要素空间集聚对区域可持续发展能力的整体影响和局部影响。本书的研究结果对促进区域可持续发展相关政策的制定具有重要的理论意义和现实意义。

1.1.2　研究目的

本书旨在探究新能源产业发展与区域可持续发展的现状和空间特征，并进一步探讨新能源产业要素空间集聚对区域可持续发展能力的影响作用。具体可总结为以下三个方面。首先，探索新能源产业要素空间集聚对区域可持续发展能力影响的机理和路径，构建新能源产业要素空间集聚对区域可持续发展能力影响的理论框架模型。在充分理解新能源产业要素集聚和区域可持续发展能力相关概念的基础上，综合运用可持续发展理论、区位理论、地理学第一和第二定律理论及新经济地理学理论构建新能源产业要素空间集聚对区域可持续发展能力影响的理论框架。其次，构建区域可持续发展能力评价指标体系，探究中国区域可持续发展能力现状。遵循科学性、系统性、典型性、可行性及动态性的原则，构建区域可持续发展能力评价模型，分析中国各地区的可持续发展能力现状。最后，检验新能源产业和区域可持续发展能力的空间特征，探究新能源产业要素空间集聚对区域可持续发展能力的整体影响和局部影响。研究新能源产业要素空间集聚对区域可持续发展能力影响的理论分析，考虑二者具有的空间属性，运用空间计量经济学模型和 GWR 模型验证新能源产业要素空间集聚对区域可持续发展能力的整体影响和局部影响。

1.1.3 研究意义

本书的研究具有重要的理论意义和实践意义。

1）理论意义

产业要素空间集聚和区域可持续发展能力一直以来受到国内外学者的广泛关注，有大量学者对此进行了相关研究，获得了丰富的研究成果。然而，现有的研究主要集中在产业要素空间集聚和区域可持续发展能力单独层面的研究或产业要素空间集聚对区域可持续发展能力某一维度的影响，研究产业要素空间集聚对区域可持续发展能力整体层面影响的则较为匮乏，并且目前尚无文献研究新能源产业要素集聚对区域可持续发展能力的影响，这说明可持续发展理论的研究仍存在缺口。因此，本书从空间视角探讨新能源产业要素空间集聚对区域可持续发展能力的影响机理和路径，从经济、社会、科技、资源和环境五个维度构建区域可持续发展能力评价指标体系，运用基于实数编码加速遗传算法的投影寻踪模型对区域可持续发展能力进行评价，采用空间计量方法和GWR模型探究新能源产业集聚对区域可持续发展能力的整体影响和局部影响，不仅细化了区域可持续发展能力评价指标体系，拓宽了可持续发展能力的评价研究方法，加深了可持续发展理论的深度和广度，对丰富产业要素空间集聚和区域可持续发展领域的相关研究具有重要的理论意义。

2）实践意义

首先，有助于加深可持续发展的现状研究。随着能源安全、环境污染、资源匮乏、人口骤增等问题的日益加剧，准确、科学地评估区域可持续发展能力对于区域经济、社会、科技、资源及环境的发展就显得尤为重要。通过对可持续发展概念和内涵的理解，建立区域可持续发展能力评价指标体系，有助于把握各地区的可持续发展能力现状和发展趋势，对探索提高区域可持续发展能力新途径具有重要现实意义。

其次，为新能源产业和区域可持续发展提供新思路。通过研究新能源产业发展和区域可持续发展能力空间特征，探索新能源产业发展的集聚效应和区域可持续发展能力的空间关联效应，有助于把握新能源产业和区域可持续发展能力空间分布格局，对促进新能源产业集聚发展和提高区域可持续发展能力空间溢出效应具有重要的实践意义。

最后，为区域可持续发展宏观和微观政策的制定提供指导。探索产业要素集聚和区域可持续发展能力的空间特征，研究考虑空间特征时新能源产业要素空间集聚对区域可持续发展能力的影响作用，对区域可持续发展宏观政策的制定、能源结构的改变和产业结构的升级具有重要的参考价值。构建GWR模型，研究新能源产业要素空间集聚对区域可持续发展能力的局部影响,对促进新能源产业空间集聚和区域可持续发展能力提升等有针对性政策的制定具有重要指导意义。

1.2 国内外研究现状

1.2.1 国外研究现状

1. 可持续发展相关研究

1)可持续发展的内涵研究

1972 年,在斯德哥尔摩举行的联合国人类环境研讨会上由挪威首位女性首相布伦特兰(Gro Harlem Brundtland)夫人提出的可持续发展概念受到了学术界广泛的认同与接受。她认为可持续发展是以不牺牲下一代人利益的方式来满足当代人的发展需要[29]。随着全球资源环境和经济社会发生的巨大变化,可持续发展的定义也在不断地被更新,联合国可持续发展大会将此概念具体为可持续发展包括经济发展、社会发展和环境保护相互依存相互作用的范畴[30]。可持续发展可以从广义和狭义两个视角来进行理解。广义的可持续发展指的是环境、经济、社会相互耦合作用[31],其实现的过程是物质系统与人类社会系统完美结合的过程。在多数情况下可持续发展的内涵指的是环境可持续发展,即在维持环境可持续的条件下进行经济和社会发展[32]。

1991 年国际生态学会举行的专题研讨会将可持续发展定义为,可持续发展能力是人类生产和经营活动过程中,能够不超过环境系统更新和再生的能力。《世界自然保护战略》对可持续发展的定义为可持续发展能力是保护基因、物种多样性,并维持生命系统和生态系统持续发展的过程。1992 年,世界银行报告中提到了"考虑环境责任的发展",而后环境可持续发展的概念逐渐得到推广。Goodland[33]认为环境可持续是用于保护满足人类需求的材料源,并确保废弃物排放不超过自然承载力,从而防止自然灾害,改善人类福祉。他还指出,环境可持续性从源汇两端同时对经济子系统施加约束,以保持环境系统的稳定。英国环境经济学家 Pearce[34]从经济学角度阐明了可持续发展的内涵,他认为可持续发展是在不减少后代福利的前提下,保持当代人福利增加的发展。

2)可持续发展的应用研究

当前,处理好经济发展和环境保护之间的关系是实现人类社会可持续发展战略目标的必由之路。因此，可持续发展已引起了国内外学者的广泛研究。Muller 等[35]认为生态效率是实现可持续发展的宝贵工具，它可以将环境影响与经济绩效直接联系起来。Caiado 等[29]从生态效率的角度对可持续发展进行系统的文献综述，研究表明生态效率与可持续发展之间具有协同作用。Cancino 等[36]的研究表明从整体、系统的角度研究技术创新有助于促进可持续发展。Jose 等[37]通过评估 1998~2017 年全球对采矿活动的可持续发展研究，为使采矿活动具有可持续性的创新技术提供了新的视角。Yuan 和 zhang[38]通过采用 2006~2015 年 30 个省份的工业面板数据，运用广义矩估计法进行实证检验，研究结果表明柔性环境政策可以显著促进产业可持续发展，并且技术创新与产业可持续发展显著正相关。

2. 要素集聚相关研究现状

1）要素集聚的内涵研究

国外专家学者对于产业要素集聚的研究较少，关于要素集聚内涵具有代表性的观点如下所示：Martin 等[39]认为要素集聚是产业发展过程中不同生产要素，如劳动力、资本、资源和技术等，在不同地区形成的要素密度的大小，研究要素密度是探索集聚外部性的有效手段；Tian 等[40]认为产业要素集聚在一定程度上是地区受资源禀赋、气候环境和地理位置等因素影响，导致的产业不断向此处转移，形成一定产业规模的发展过程；Tao 等[41]认为要素集聚是由企业在某一地区自发形成规模的本地化经济现象，通过生产要素的集聚有助于降低企业管理费用、支持信息流动、促进生产者之间的信任与合作等，对地区的经济和城市发展具有重要作用；Wei 等[42]认为产业要素集聚主要是指通过知识、劳动的汇集产生的溢出效应，促进地区产业发展规模的增大和生产率提升的过程。

2）要素集聚的应用研究

国外学者对于要素集聚的研究主要集中在技术、劳动等方面，旨在探究要素集聚对区域发展和产业发展的影响。Xie 等[43]以长江中游城市群为研究对象，运用序列广义方向距离函数（sequential generalized directional distance function，SGDDF）和元前沿非径向马尔姆奎斯特指数（metafrontier non-radial malmquist index，MNMI），研究了土地集聚和利用效率动态变化对区域发展的影响。Zhang 和 Guan[44]基于 2005~2014 年风能专利数据，构建组织技术竞争网络，研究技术集聚对行业技术发展和竞争网络的影响。研究结果表明风能组织之间竞争激烈，技术集聚有助于提高竞争地位。Ihara[45]通过构建一个两地区非重叠世代模型研究代际变迁与劳动力聚集问题，研究结果表明劳动要素集聚能够有效提升区域生产力，但随着时间推移集聚会使劳动力同质化，导致丧失劳动力多样性。代际变迁改变了出生地的分布，使得工人能够不断地向核心地区迁移。Ramachandran 等[46]选择了外商直接投资和工业企业数据,研究 2006~2015 年资本要素空间集聚特征及其对印度产业集聚的影响。研究结果表明印度制造业表现出产业分散的迹象,资本集聚程度的增加会进一步导致印度制造业的产业分散。Kim 等[47]利用英国微观经济面板数据,探究产业要素集聚对英国旅游业影响的直接和间接效应,研究结果表明要素集聚会对特定区域内生产效率产生显著的影响,而且相邻地区具有显著的空间溢出效应。

3. 产业集聚相关研究现状

1)产业集聚的内涵研究

产业集聚的概念最早由马歇尔在其论著中提出,他认为产业集聚指某些产业在特定地域范围内的聚集现象,是产业资本要素不断汇集的过程[48]。随后,德国学者阿尔弗雷德·韦伯通过对工业企业的区位选择问题研究发现,产业集聚是工业企业为了降低成本而自发形成的集聚现象。随着社会经济的发展,产业在空间上的集聚已成为世界性经济现象。新经济地理学派的代表性人物保罗·克鲁格曼在阿尔弗雷德·韦伯和迪克西特−斯蒂格利茨(Dixit-Stiglitz)垄断竞争模型的基础上进一步地对产业集聚现象探索发现,产业自发形成集聚有助于降低企业生产、运输成本和实现规模报酬递增。经济集聚表示经济活动在一定地理空间单元上呈现出的集中现象,经济集聚度表示经济活动在单位面积上的集中程度。经济集聚本质上反映的是各类要素在空间上疏密度的差异,如城市就是一个人口、资本、技术、信息等要素的集聚载体。联合国工业发展组织对产业集聚的明确定义表明产业集聚是指产品生产过程中的上下游相关企业,为实现利益最大化而在特定地区或部门形成自发汇集的经济活动现象[49]。

2)产业集聚的应用研究

许多国内外学者都对空间集聚进行了相关的研究,如 Rivers[50]的研究结果表明多样化服务的空间集聚和专业化服务的空间集聚均对区域经济产生正向影响。Brulhart 和 Sbergami[51]的研究结果表明由于受到多种条件和因素的影响,产业集聚对经济发展效率的影响关系是非线性的。Long 和 Zhang[52]通过研究集聚区域内生产分工现象发现,生产分工的专业化有助于中小型企业的发展。产业集聚带来的频繁信息交流有助于减少信息的不对称性,减少融资约束的风险,提高中小型企业的生存能力。Wang 等[53]将低价变动、环境规制和产业集聚纳入研究框架中,研究结果表明低价变动和环境规制对产业集聚的影响大多是负面的。

4. 产业集聚对区域可持续发展能力影响研究现状

产业集聚是产业发展中普遍存在的经济现象,通常指同一产业的相关活动在特定地理空间上呈聚集状态。国内外学者都对产业集聚现象进行了广泛的研究,但是产业集聚对产业发展和地区发展影响的大小和方向目前还尚无统一的结论，具体可体现在以下几个方面。

1）产业集聚对区域经济发展的影响

目前大多数学者认为产业集聚可以通过增加规模报酬、知识和技术溢出及竞争来促进劳动生产率的提高，进而促进区域经济增长。例如，Batisse[54]利用中国29个省区市30个行业的面板数据，研究了地方经济结构与地方经济增长之间的关系。实证结果表明，集聚与经济增长之间存在负相关关系。Fan和Scott[55]通过文献回顾和统计调查发现产业集聚与经济发展之间存在正相关关系。Dong等[56]认为在经济发展初期，降低交易成本、增加规模收益、降低运输成本等因素促进了集聚规模的扩大，有利于增强提高当地资源配置效率，促进经济增长。以马歇尔和雅各布斯为代表的产业集聚外部性理论认为，产业集聚具有明显的经济正外部性，有助于增强产业的竞争优势并推动地区经济发展[57]。Wu等[58]运用空间计量模型分析了农业产业集聚对区域农业经济的增长，研究结果表明农业产业集聚对我国农业经济增长具有整体的正向影响。

2）产业集聚对区域社会发展的影响

国外学者对于产业集聚对社会可持续发展影响的研究较少，主要集中在土地、劳动、民生等基本社会问题方面。例如，Bruelhart和Mathys[59]认为产业集聚达到一定程度后，会产生土地、劳动力和住房等过度拥挤的负面影响。Carlei和Nuccio[60]以意大利服装产业为例，运用自组织映射方法解释了人力资本的本地供给如何产生产业空间集聚的优势。Wang等[61]以中国30个省区市为研究对象，研究了交通基础设施和产业集聚对工业能源效率的影响机制，研究结果表明产业集聚在交通基础设施与能源效率的关系中起中介作用，表明交通基础设施不仅直接影响能源效率，而且通过产业集聚产生间接影响。Li等[62]结合省级数据论证了环境效应、经济效应和公共服务效应，研究结果表明产业集聚会通过扩大生产规模而增加居民医疗支出，通过技术创新、提高就业率降低居民医疗支出。

3）产业集聚对区域科技发展的影响

大多数学者认为产业集聚有助于技术进步，并对此做出了广泛的研究。例如，Silvestre和Dalcol[63]以巴西坎波斯盆地油气产业为研究对象，探索了产业集聚对技术变革的影响，研究结果表明产业集聚形成的区位优势有助于企业创新活动的发展。Ning等[64]运用城市数据进行实证研究发现由产业集聚形成的多样化产业结构有助于为地方科技创新提供良好的环境。Jang等[65]运用空间分析方法研究韩国首尔的手机游戏产业，从微观地理学视角研究企业在小区域的集聚如何影响创新，研究结果表明微观地理位置在促进城市集群内不同产品创新活动中起着关键作用。Speldekamp等[66]运用模糊集定性比较分析，以欧洲航空航天产业为研究对象，研究表明产业集聚加强了企业技术创新的潜力。Zeng等[67]运用系统广义矩量法、调节效应和阈值效应的方法研究了产业集聚对绿色创新的影响,研究结果表明以低水平、低效率为特征的产业集聚可能会导致产业链的挤压和资源错配等问题,进而对绿色创新产生阻碍作用。Shen 和 Peng[68]认为产业集聚依靠绿色知识的溢出效应、环保资源共享效应等类似效应,可以促进环境创新,提高能源利用效率,从而促进污染减排。Mo 等[69]将 286 个城市的 46 个产业集群作为研究对象,通过研究发现区域创新与产业集群专业化水平呈正相关,与产业集群多元化无关。

4)产业集聚对区域资源发展的影响

大多数学者认为产业集聚能够提高能源利用效率进而减少资源的浪费,有助于实现可持续发展目标。因此,大多数研究都集中在产业集聚如何提升能源效率上。例如,Otsuka 等[70]研究日本制造业产业集聚对能源效率的影响,研究结果表明日本制造业的集聚经济与能源效率之间存在正相关关系。Liu 等[71]利用 285 个城市的统计数据,分析了产业集聚对能源效率的影响,研究结果表明产业集聚可以从国家层面促进能源效率的提高,但在区域层面上存在显著差异。Han 等[72]运用 283 个地级以上城市数据,运用空间杜宾模型(spatial dubin model,SDM)研究产业集聚对能源效率的影响机理,研究结果表明无论从短期还是长期来看,产业的专业化和多元化集聚对城市本身的影响都不显著,但会显著降低邻近城市的能源效率。Wu 等[58]认为产业集聚可以提高能源的标量和分配效率,从而对能源效率产生积极影响。

5)产业集聚对区域环境发展的影响

大多数学者都集中在研究产业集聚对区域环境的影响上,但是目前对于产业集聚对环境的外部性是正还是负尚无统一的结论。一部分人认为产业集聚有助于实现循环经济,进而在一定程度上减少环境污染;另一部分人认为产业集聚会扩大产业规模进而提高污染物的排放。例如,Schwarze[73]认为产业集聚的特征是产业规模扩大,因此大量资本促进产业集聚的同时会加剧环境污染。Virkanen[74]经过研究发现产业集聚是芬兰环境污染的主要原因。Cheng[75]运用 SSE 模型分析了产业集聚与环境污染之间的关系,研究结果表明产业集聚会加剧环境污染,而环境污染也会反过来抑制产业集聚。Chen 等[76]采用 SDM 模型检验了产业集聚对环境污染和生态效率的影响,研究结果表明产业集聚与污染治理呈倒 U 形关系,即当产业集聚水平超过一定限度时,产业集聚会减少污染排放并提高生态效率。Shen 和 Peng[68]认为由产业集聚带来的生产规模的扩大会导致污染排放的增加,进而会加剧区域环境污染。此外,也有学者认为产业集聚对环境的影响具有不确定性,如 Zhang 和 Dou[77]认为在经济发展的不同阶段,工业集聚与环境污染之间的关系会有所不同。Dong 等[56]运用地理时间加权回归模型(geographically and temporally weighted regression,GTWR)研究了产业集聚对污染集聚的影响,研究结果表明在国家层面上产业集聚加剧了环境污染,而在省级层面上产业集聚对环境污染有正向影响,并且不同地区影响程度不同。

1.2.2 国内研究现状

1. 可持续发展相关研究

1)可持续发展的内涵研究

中国学者关于可持续发展的定义主要有:张坤明[78]认为人类社会发展过程中能够一直保持人类福利不间断或不断增加的发展。徐辉[79]主要从经济、自然、社会、环境和法律的角度探讨了可持续发展的内涵,他认为可持续发展是在推动经济正常发展的同时要考虑环境承受的范围和社会进步的速度,并通过完善国民经济核算体系和有效的法律法规来进一步地推动区域的可持续发展。罗慧等[80]在分析了环境稀缺论、可持续资源观、环境价值论等相关理论的基础上,总结出可持续发展是社会经济发展中逐步解决能源紧张、人口激增、环境污染、资源破坏及粮食短缺等问题的过程。赵建军和毛明芳[81]通过分析了现阶段中国科技发展存在的创新能力不足、产学研合作薄弱等问题,对科技可持续发展进行了定义,他们认为科技可持续发展是利用能够与环境发展相匹配的技术提高能源利用率并降低污染排放,进而实现人与自然的和谐发展。叶文虎[82]认为可持续发展是人类在满足自身需求并且不损害他人需求的情况下,不断提高生活品质并保障自然承载范围的发展。蔡程程和吴季松[83]认为可持续发展是通过资源的合理开发利用、污染防治和环境保护等手段来维护生态系统的动态平衡的过程。

2)可持续发展的应用研究

国内学者最早研究可持续发展可以追溯到 20 世纪 90 年代。郑度[84]认为可持续发展要求协调社会经济发展与自然资源利用及生态环境的关系。廖重斌[85]认为环境与经济的协调发展是实现可持续发展的重要途径。他通过构建协调度和协调发展模型,将环境与经济协调发展状况划分为三个层次,最后以珠江三角洲城市群为评价对象验证了方法的可靠性。胡延照[86]通过对国情和上海市的环境现状、将来的发展目标进行分析后得出,要实现上海经济、社会与环境长期的协调发展必须选择可持续发展战略。杨开忠等[87]认为可持续发展的量度问题是可持续发展的重要课题,并在系统介绍生态足迹分析法的理论框架、指标体系和计算方法的基础上,对该方法及其应用前景进行了评价。李雪铭等[88]建立了人居环境可持续发展的评价指标体系及评价模型,运用模糊综合评价法对大连市城市人居环境可持续发展进行评价分析。杨树旺和熊丽敏[89]以武汉市为研究对象分析了武汉市可持续发展战略中生态环境存在的问题,并提出了以加强多种手段的结合保护环境、防治环境恶化和优化环保流程,减少污染物等对策建议。周正祥和张桢桢[90]通过分析长江中游城市群可持续发展支撑条件,采用面板数据从长江中游城市群经济联系强度、产业集群辐射作用、需求结构、交通设施改善等角度出发,研究了现阶段长江中游城市群可持续发展面临的问题。郭淑芬和马宇红[91]从生存支持、经济支持、环境支持、社会支持、创新支持、转型支持六个子能力系统方面构建了资源型区域可持续发展能力综合评价指标体系。朱婧等[92]分析了全球可持续发展指标框架的出台过程、概念框架及评估应用中的具体问题,以中国落实2030年可持续发展议程为基础,以可持续发展强调的经济、社会、资源的协调发展为理论支撑,对标联合国可持续发展目标的各项目标和具体目标,构建了一套适用于中国国家层面可持续发展进展评估的指标体系,旨在形成对中国落实联合国2030年议程的评价指标建议。吕永龙等[93]从基本原则、推进方法和政策保障三个方面,提出了中国推进实施国家可持续发展议程创新示范区的基本思路。洪涛等[94]以哈尔滨市宾西经济技术开发区为个案,通过构建结构方程模型,研究公共治理及其所提供的激励结构如何影响开发区的可持续发展。

2. 要素集聚相关研究现状

1) 要素集聚的内涵研究

国内学者对于要素集聚的定义具有代表性的观点有以下几种。高丽娜和蒋伏心[95]认为要素集聚是人力、技术和资本等生产要素在空间上自由组合和集成形成产业协同发展网络的过程,是实现区域一体化经济协同发展的重要途径。汪星等[96]认为要素集聚就是土地、技术、信息、劳动、资本等基本生产要素在某一地区形成汇集,进而影响地区发展和科技进步的过程。颜银根等[97]认为要素集聚是受到区域政策和基础设施改善等方面的影响,而导致生产要素和经济活动在空间上出现集聚或分散等空间形态的过程。郭庆宾和骆康[98]认为生产要素集聚是一种特有的资源重组与整合的形式,其本质是技术、资本和数据等产业发展所需的关键要素向某一地区自由流动、整合集中的动态过程。易定红和陈翔[99]认为要素集聚是指在一定的空间范围内,受到宏观政策负外部性的影响,导致生产要素快速向同一方向流动形成空间聚合状态的过程。

2) 要素集聚的应用研究

国内学者对于产业要素集聚的研究主要集中在技术和劳动两个基本生产要素上。例如,齐亚伟和陶长琪[100]利用GWR模型研究生产要素空间集聚对区域创新能力的影响,研究结果表明资本集聚对区域创新能力影响不显著,而人力集聚对区域创新能力有明显的促进作用。邹文杰[101]利用1993~2012年的空间面板数据研究了技术集聚与研发效率之间的关系,研究结果表明产业技术要素空间集聚对技术进步和研发效率的提升具有正向影响。丁从明等[102]利用方言多样性和城市夜间灯光等数据,研究方言多样性、要素集聚与城市规模之间的关系,研究结果表明方言的多样性会通过阻碍生产要素的流动和集聚进一步地阻碍城市规模的扩张。张所地等[103]运用面板门限回归方法，探究了城市投资结构与要素集聚之间的作用关系，研究结果表明城市投资结构对人才集聚的影响具有显著的空间异质性（spatial heterogeneity），研究结果可以从宏观和微观的角度为国家政策的制定提供理论依据。李士梅和彭影[104]运用2000~2017年省级面板数据，研究制度环境对于人力资本要素空间集聚的影响作用，研究结果表明良好的制度环境对于本地人才的聚集具有显著的正向影响，且会对周围地区带来溢出效应。

3. 产业集聚相关研究现状

1）产业集聚的内涵研究

20世纪70年代，产业集聚现象就在世界范围内引起了广泛的关注。然而，国内的学者对于产业集聚的研究起步较晚，国内学者对于产业集聚定义的见解也不统一。刘娟[105]从人口角度阐述了产业集聚的定义，她认为产业集聚是伴随着大量的专业技术人才和劳动力组成的专业化市场导致企业逐步向某一区域汇集的过程。沈能等[106]认为产业集聚是区域经济活动中最突出地理特征，通常代表着一个国家或地区的竞争优势。钟廷勇等[107]认为产业集聚已成为现代工业发展的基本组织形态，适度的产业集聚对产业和区域的发展有正向影响。杜威剑和李梦洁[108]认为产业集聚是地区内某一产业集中化为企业发展提供专业化和多样化便利条件，进而提高企业经营水平的经济现象。苏丹妮等[109]将产业集聚定义为一种本地化生产模式，其产生外部经济的原理是通过构建本地生产网络，进而加强要素的流动和共享，降低企业的交易成本和风险，以此促进产业和地区经济发展。伍骏骞等[110]认为产业集聚是指各种生产要素被占有、转移、重组以选择最佳地理位置的配置过程，产业集聚本质上是产业优化的表现和实现。陈露等[111]认为产业集聚是单个企业通过选择靠近特定的企业的地理位置作为企业的选址，借此获得邻近企业知识溢出、规模效应溢出的现象。

2）产业集聚的应用研究

国内最早研究产业集聚的学者是任美锷，其在20世纪40年代将Weber的工业区位论引入中国以研究中国工业区位建设问题。此外，任美锷更进一步研究了历史、政治和科技等因素对工业区位选择的影响，创造性提出了"动态的工业区位"思想，发展了工业区位理论。刘修岩[112]认为过度集聚也可能产生"拥挤效应"，还可能造成区域之间的非平衡发展。范剑勇等[113]认为产业集聚通过技术进步促进了地区经济增长。孙慧和朱俏俏[114]认为产业集聚对生产效率的影响存在先减后增的趋势。姚昕等[115]选取了2003~2013年中国267个区域的相关数据，通过建立动态面板模型进行回归分析，研究结果发现，空间集聚对电力强度确实具有一定程度的负向影响。孙智君和张雅晴[116]采用空间统计标准差椭圆方法测度中国高技术制造业与 5 类细分行业集聚水平,采用地理信息系统(Geographic Information System,GIS)空间可视化技术分析高技术制造业集聚的时空演变特征。邱士雷等[117]探讨了 2005 年以来中国高技术产业技术创新能力的空间分布差异及其影响因素,结果表明科学研究与试验发展资本存量、人力资本是促进高技术产业创新能力的决定因素;跨国条件下的四种溢出机制对高技术产业技术创新的作用效果不同;产业专业化对创新产出存在显著的促进作用,而产业集聚度的抑制作用并不显著。周璇和陶长琪[118]运用省级面板数据,构建空间计量经济学模型,实证检验了技术、劳动、资本等生产要素空间集聚对全要素生产率的影响作用。闫志俊和于津平[119]利用中国制造业企业数据研究企业的空间集聚对出口国内附加值的影响,研究结果表明企业空间集聚程度的提高有助于增加中国企业的出口国内附加值,其影响效应大小与企业参与贸易的方式、所有制性质、出口产品的技术复杂度及出口目的地密切相关。

4. 产业集聚对区域可持续发展能力影响研究现状

国内学者对于产业集聚对区域可持续发展能力的影响研究也主要集中在以下几个方面。

1)产业集聚对区域经济发展的影响

国内大多数学者普遍认为产业集聚会对区域经济产生正向影响。例如,王俊松[120]运用中国 279 个地区的统计数据研究了产业集聚对区域经济发展的影响,研究结果表明产业集聚多样化和专业化均能对区域经济增长有正向影响,但是多样化的作用要大于专业化的作用。同时,也证明了只有存在知识溢出的多样化集聚才能促进区域经济发展。卢飞等[121]通过研究集聚效应和拥塞效应对产业发展的影响作用机理发现,专业化集聚会在产业集聚初期推动区域经济发展,而在后期会阻碍区域经济发展。苑德宇等[122]的研究表明,现阶段各地政府正在通过构建产业园区或提出优惠政策等手段不断吸引企业入驻,并逐渐形成产业聚集地,进而运用产业集聚推动经济增长。黄永明和姜泽林[123]运用省级面板数据研究产业集聚对经济发展的影响,研究结果表明产业集聚所带来的专业知识和技术的溢出是促进经济增长的主要原因。梅燕和蒋雨清[124]利用产业集群生命周期理论,研究不同阶段下农村电子商务产业与区域经济发展之间的作用关系,研究结果表明只有在农村电子商务产业集聚发展的成熟阶段,农村电子商务产业集聚才能与地区经济处于协同发展状态。

2)产业集聚对区域社会发展的影响

国内的学者对于产业集聚对社会发展影响的研究较少,主要集中在人口、住房、土地等领域。夏凯丽等[125]从就业和产业两个维度,运用面板数据研究产业集聚对房价的影响,研究结果表明产业集聚会促进房价上涨,城镇登记失业率和环境污染等会抑制房价上涨。张雯熹等[126]运用 269 个区域的面板数据，探讨产业专业化和产业多样化集聚对土地利用率的影响作用，研究结果表明产业集聚有助于促进土地利用率的提升，其中多样化产业集聚对土地利用率的提升效应在东部地区表现得较为明显，专业化集聚对土地利用率的提升效应在中、西部地区表现得较为明显。袁冬梅等[127]运用动态面板门槛模型，选择 285 个地区的统计数据，研究产业集聚模式选择与城市人口规模之间的关系，研究结果表明产业集聚有助于人口集聚，进而促进区域城市化进程发展。杨东亮和李朋鹜[128]运用动态面板数据模型的实证研究结果表明，由产业集聚引起的人口集聚会通过人力资本和技术进步等方法提高区域劳动生产率。

3）产业集聚对区域科技发展的影响

现阶段大量研究结果表明产业集聚有助于营造良好的协同创新环境，以此帮助企业获取创新溢出并提高节能减排等技术的研发效率。国内也有许多学者致力于研究产业集聚对区域科技发展的影响，具有代表性的学者如下：杜威剑和李梦洁[108]利用中国工业企业数据库数据研究产业集聚对产品创新的影响，研究结果表明产业集聚对产品创新绩效的提升具有显著的促进作用；谢子远和吴丽娟[129]运用工业企业面板数据研究产业集聚对企业创新效率的影响，研究结果表明产业集聚水平对工业企业创新效率的影响呈倒 U 形结构，即适度的产业集聚会对企业创新效率的提升产生正向影响，而过度集聚将会对企业创新效率产生负向影响；欧光军等[130]运用生态学理论，以 56 个国家高新区作为研究对象，研究产业集聚与技术创新之间的关系，研究结果表明产业集聚有助于产业创新能力的提升，并针对高新区创新能力不平衡的现象提出了有针对性的政策建议；陈长石等[131]研究了产业集聚对城市技术创新规模和效率的总体影响，研究结果表明产业集聚对城市技术创新的影响主要体现在技术创新规模上，产业集聚对技术创新效率的影响并不明显；杨超等[132]认为产业集聚可以通过提高创新能力增大企业的营利能力；曾武佳等[133]利用 103 个中国高新区面板数据研究高新区创新效率及其影响因素，研究结果表明高新区产业集聚、资本集聚、人才集聚等因素的不同程度会造成高新区创新效率之间的差异。

4）产业集聚对区域资源发展的影响

国内学者关于产业集聚对区域资源的影响研究也主要集中在如何提高能源利用率等方面。沈能等[106]以行业异质性为视角，研究产业集聚对中国制造业全要素生产率的影响作用。纪玉俊和赵娜[134]运用 20 个行业的面板数据研究产业集聚对能源效率的影响作用，研究表明对于非技术密集行业，在低产业集聚水平时，产业集聚能够促进能源效率提升；在产业集聚水平高时，产业集聚将抑制能源效率的提升。相反对于技术密集型产业，产业集聚程度越高则产业集聚对能源效率正面影响越大。潘雅茹等[135]运用动态广义矩模型探索中国 30 个地区产业集聚对全要素能源效率的影响作用，研究结果表明产业集聚能够有效促进全要素能源效率的提升，但是两者之间存在门槛效应。季书涵和朱英明[136]通过运用错配指数和面板门槛回归等研究方法研究产业集聚对资源错配的影响作用，研究结果表明资源错配的影响因素非常复杂，产业集聚作为其中的一种影响因素在大多数情况下能够对资源错配具有正向影响作用。郭劲光和孙浩[137]构建空间计量经济学模型研究20个产业的产业集聚对能源效率的影响，研究结果表明相比于产业多样化，产业专业化集聚对能源效率的正向影响更强。

5）产业集聚对区域环境发展的影响

产业集聚作为一种经济结构优化的表现形式，其不但对区域经济发展有重要作用，也为区域环境改善提供了有效路径。然而，一些学者认为产业集聚会加剧区域环境污染。国内大量学者也对这两种观点进行了深入研究。师博和沈坤荣[138]认为由产业集聚带来的规模经济和专业化分工可以为集群内企业提供公共污染治理设备，以形成区域污染治理的规模效应，进而提高区域污染治理水平。此外，集群内可以形成专门的环保部门，为集群内企业提供专业污染治理方案，进而减少企业的单位治污成本。豆建民和张可[139]认为产业集聚有助于实现知识和专业技术的外溢，进而实现节能减排的规模经济效应，对环境治理具有重要的正外部性。钟娟和魏彦杰[140]选择中国210个地区作为研究对象，探讨产业集聚对环境污染的影响，研究结果表明产业集聚能够有效促进污染治理。梁晶等[141]利用环渤海地区的省级面板数据，研究物流产业集聚对碳排放的影响，研究结果表明物流产业集聚对区域环境没有显著的负向影响。寇冬雪[142]通过探讨产业集聚不同模式下对区域环境的影响作用发现产业集聚程度对区域环境影响呈U形结构，即在曲线的左端时产业集聚会降低污染，反之亦然。

1.2.3 国内外研究现状评述

国内外研究现状的分析和总结主要体现在以下几个方面。

第一，国内外学者对可持续发展的研究主要集中在经济、社会及环境方面，大多数专家学者认为可持续发展就是在保障自身得到发展，不损害其他人及下一代的同时，人与自然达到和谐统一的发展模式。大量研究表明可持续发展是解决能源危机、环境污染等问题的有效手段。通过不断地改善生态效率、加强技术创新、完善环境政策等都能够有效提高可持续发展能力。

第二，国内外学者普遍认为产业集聚作为一种特有的经济现象，指的是某一产业在特定空间范围内聚集的过程，其本质是生产要素在空间上疏密程度的差异。产业集聚通过专业化人才和技术的汇集，有助于促进技术进步，提高生产效率，降低运输成本，加强要素交流，解决融资约束问题，进而为专业化和多样化生产提供便利条件，实现生产成本的节约和规模报酬的递增，有效地提高产业竞争优势，促进地区经济发展。

第三，对于产业集聚对区域可持续发展能力的影响，国内外学者都分别从经济、社会、科技、资源和环境的角度进行了详细的分析。国内外大量学者研究表明，产业集聚通过增加规模报酬、知识溢出等方法提高劳动生产率，进而对区域经济可持续发展产生正向影响。产业集聚达到一定程度后有助于提高土地利用率、促进城市化发展。产业集聚形成的多样化技术集聚有助于提高创新效率和促进技术进步，实现区域科技可持续发展。此外，研究表明产业集聚能够有效提升能源利用效率，减少资源的浪费，促进区域资源可持续发展能力的提升。目前产业集聚对区域环境可持续发展能力的影响尚未有明确的结果，一部分人认为产业集聚带来的规模增大会增加污染物的排放，另一部分人认为产业集聚有助于实现循环经济，促进环境可持续发展能力的提升。

根据对国内外研究现状分析发现，现有文献已经对可持续发展、产业要素集聚及产业集聚对区域可持续发展能力影响进行了较为丰富的研究，为本书的研究奠定了重要的基础。但是，现有的研究仍然存在一些不足之处。

第一，现有文献尽管已经证实了产业集聚对区域可持续发展等方面具有重要作用，但是大多数研究都是基于简单的线性关系，往往忽略了产业集聚和区域可持续发展能力具有的空间性。忽略社会经济现象的空间效应会导致参数估计误差增加，并且研究的结论不能有效地解释经济现实，得出的结论往往具有片面性。而本书将新能源产业集聚和区域可持续发展能力的空间特征考虑到研究模型中，因此获得的实证研究结果能够更有效说明真实的经济社会现象。

第二，尽管以往的研究证实了产业集聚在促进技术创新、提高工作效率等方面具有积极作用，但由新能源产业集聚带来的新能源技术、劳动、资本等主要生产要素空间集聚对区域可持续发展的研究较少。同时，以往研究主要关注工业企业空间集聚对环境治理和经济发展等方面的影响，而没有对具体的产业进行说明，基于经验分析设定的模型可能会忽视一些产业集聚的正向影响。

第三，现有文献已经从经济、社会、资源等方面丰富并完善了可持续发展理论。然而对区域可持续发展能力进行系统评价的研究仍然较少，这会造成实证分析时无法全面地、系统地分析和把握新能源产业要素空间集聚对区域可持续发展能力的影响。然而，本书从经济、社会、科技、资源和环境五个维度构建区域可持续发展能力评价体系，丰富完善了区域可持续发展评价体系，对分析地区可持续发展现状具有重要参考价值。

第四，尽管现有研究中有大量研究涉及产业集聚对区域经济、社会、科技、资源与环境的影响，但很少有研究关注产业集聚对区域可持续发展能力的影响作用机理和路径,且大多数研究主要集中在工业企业中,尚无关于新能源产业集聚对区域可持续发展能力影响的深入研究,而本书中新能源产业要素空间集聚对区域可持续发展能力的影响研究恰恰可以填补这一理论空白。

综上所述,新能源产业集聚对区域可持续发展能力的影响目前还处于探索阶段,尚无丰富的理论证明新能源产业集聚对区域可持续发展能力影响的作用路径和机理。因此,基于现有研究成果的基础,本书从空间视角出发,进一步研究新能源产业要素空间集聚对区域可持续发展能力的影响。

1.3 总体思路、研究内容和研究方法

1.3.1 总体思路

本书依据"提出问题—分析问题—解决问题"的思路研究新能源产业要素空间集聚对区域可持续发展能力的影响。遵循梳理国内外研究现状、相关概念和理论,构建新能源产业要素空间集聚对区域可持续发展能力影响的研究脉络,建立区域可持续发展能力评价指标体系,验证新能源产业和区域可持续发展能力空间特征,检验新能源产业要素空间集聚对区域可持续发展能力整体和局部影响的研究脉络。首先,对研究背景、目的及意义进行研究,分析国内外研究现状、相关概念和理论,发现新能源产业集聚对区域可持续发展具有重要影响作用。基于此,本书以技术、劳动、资本三个要素为视角,研究新能源产业集聚对区域可持续发展能力的影响作用。构建新能源产业要素空间集聚对区域可持续发展能力影响的理论框架模型,探讨新能源产业要素空间集聚对区域可持续发展能力影响的机制和路径。其次,定量分析中国各地区可持续发展能力现状,本书从经济、社会、科技、资源和环境五个维度构建了区域可持续发展能力评价指标体系,并运用基于实数编码加速遗传算法的投影寻踪模型计算区域可持续发展能力评价值。进一步地,运用莫兰检验等方法检验新能源产业和区域可持续发展能力的空间特征,为后续基于空间视角研究新能源产业要素空间集聚对区域可持续发展能力影响作用提供有力的依据。最后,运用空间计量经济学模型和GWR模型分别研究新能源产业要素空间集聚对区域可持续发展能力的整体影响和局部影响。根据实证研究结果提出能够有效地提升区域可持续发展能力的政策建议。本书的研究框架如图1.1所示。

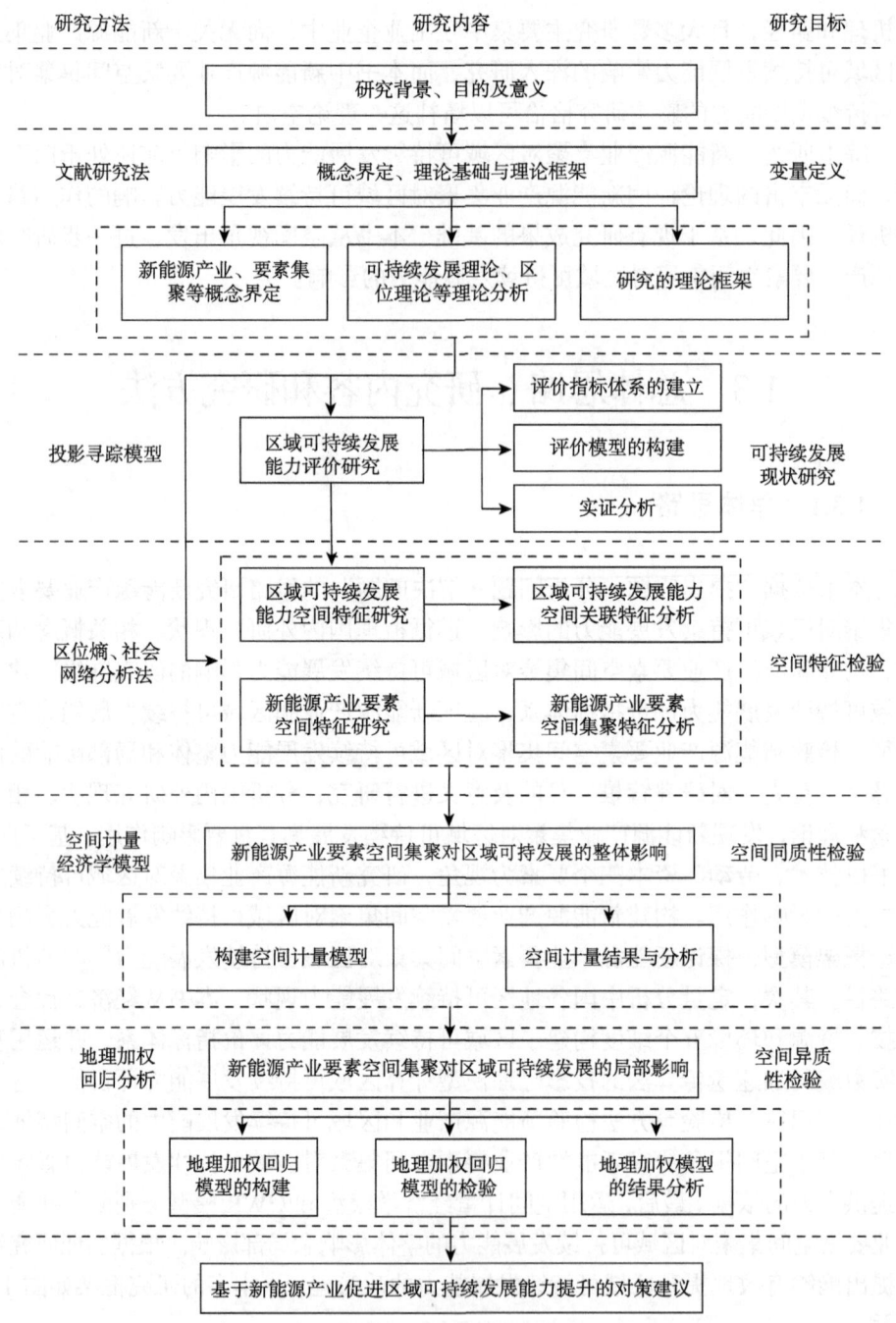

图 1.1 研究框架

1.3.2 研究内容

本书的研究内容共分八章,具体研究内容如下。

第 1 章:绪论。本章首先说明了选题的背景、目的及意义,并对国内外研究现状进行了归纳与总结;其次对本书的研究思路、研究内容和研究方法进行总体概括,为后续的理论研究和实证分析做前期的准备工作;最后指出本书的创新之处。

第 2 章:概念界定、理论基础与理论框架。本章首先分析了新能源产业要素空间集聚、区域可持续发展能力的相关概念。其次对可持续发展理论、区位理论、地理学第一和第二定律理论及新经济地理学理论进行了相关阐述。最后建立本书的概念框架模型。

第 3 章:区域可持续发展能力评价研究。通过建立区域可持续发展能力的综合评价体系,构建基于实数编码加速遗传算法的投影寻踪模型,对区域可持续发展进行综合评价研究。

第 4 章:新能源产业要素和区域可持续发展能力的空间特征研究。通过分别对新能源产业和区域可持续发展的空间特征检验,分析新能源产业要素空间集聚和区域可持续发展能力空间关联的空间特征研究。

第 5 章:新能源产业要素空间集聚对区域可持续发展能力的整体影响研究。通过构建基于新能源产业要素空间集聚和区域可持续发展能力的空间计量经济模型,探讨了新能源产业要素空间集聚对区域可持续发展能力的整体空间作用机制。

第 6 章:新能源产业要素空间集聚对区域可持续发展能力的局部影响研究。通过构建新能源产业要素空间集聚和区域可持续发展能力的 GWR 模型,讨论新能源产业要素空间集聚对区域可持续发展能力影响的空间异质性。

第 7 章:基于新能源产业促进区域可持续发展的对策建议。根据本书研究结果,提出能够有效地提升区域可持续发展能力的对策建议。

第 8 章:结论。根据研究结果对本书的研究结论进行总结归纳,并对本书涉及的研究不足进行具体分析,为后续研究提供了有价值的参考方向。

1.3.3 研究方法

1. 文献研究法

通过查阅和研读大量有关新能源产业要素空间集聚与区域可持续发展能力的文献资料,并对其概念进行深入分析与探讨,掌握研究的最新动态,归纳总结出新能源产业要素空间集聚与区域可持续发展能力的部分相关关系和涉及的基础理论。构建空间视角下新能源产业要素空间集聚对区域可持续发展能力影响的研究体系。文献研究法不仅为本书的研究提供有力的理论与实证支持，还有助于选择正确的研究方向，节省一定的研究时间。

2. 投影寻踪模型

针对已有评价模型无法评价动态非线性寻优的问题，构建投影寻踪模型，并运用基于实数编码的加速遗传算法对模型进行求解。该模型在稳健性、抗干扰性和准确性方面都优于一般的传统模型，并且能够克服人为主观赋权所带来的弊端，使得获得的区域可持续发展能力的结果更加科学。投影寻踪模型的基本步骤包括样本标准化处理、构建投影指标函数和投影目标函数、确定合理投影方向和投影值。通过对投影寻踪模型求解可以获得区域可持续发展能力中各维度对于评价结果的权重和评价值。本书分别从经济、社会、科技、资源和环境五个维度计算各维度的可持续发展能力评价值，再根据各维度结果计算整体的区域可持续发展能力评价值。

3. 社会网络分析

社会网络分析方法是一种基于数学图论来研究网络节点之间互动关系的一种结构性研究方法。通常将社会网络定义为网络节点与节点之间关系的集合，即一个社会网络是由多个节点和节点之间连线构成的集合。本书运用社会网络分析方法，从整体网网络分析、中心性分析及空间溢出效应分析三个维度对区域可持续发展能力的空间特征进行分析，有助于检验区域可持续发展能力具有的空间性，可以为后续新能源产业要素空间集聚对区域可持续发展能力的空间影响提供理论依据。

4. 空间计量经济学方法

空间计量经济学是研究具有空间特征变量在空间上相互作用关系的方法，其基本思想是通过融合统计学、计算机科学、地理学及运筹学等知识来处理面板数据和横截面数据。由于传统计量经济学模型无法检验存在空间关联性的数据，本书选择运用空间计量模型检验，从新能源专利技术空间集聚、新能源从业人员空间集聚及新能源资本空间集聚三个维度，研究新能源产业要素空间集聚对区域可持续发展能力的整体影响，并分析影响的直接效应（direct effect）和间接效应（indirect effect）。

5. GWR 模型

GWR 模型是用来量化空间异质性的方法，地理位置的变化会引起变量间关系或结构发生变化，即存在空间非平稳性。因此，需要运用 GWR 模型，其基本思想是运用回归原理研究具有空间特征变量之间的局部拟合特征。本书运用 GWR 模型，从新能源专利技术空间集聚、新能源从业人员空间集聚、城市规模、经济总量、地区对外开放水平及基础交通设施便利度等维度探究对区域可持续发展能力影响的异质性。

1.4 创新之处

本书从空间角度研究了新能源产业要素集聚对区域可持续发展能力影响的作用，根据上述得出的结论总结出本书的创新点主要体现在以下几个方面。

第一，丰富了区域可持续发展领域的理论研究。本书创新性地以技术、劳动和资本为视角研究新能源产业要素空间集聚对区域可持续发展能力的影响，探讨经济、社会、科技、资源及环境等方面在空间上的相互作用关系，构建了基于空间视角的新能源产业要素空间集聚对区域可持续发展能力影响的理论框架模型，为实现区域可持续发展提供了新思路。以往的研究很少有基于新能源产业集聚视角对区域可持续发展能力影响的相关研究，理论上没有深入分析新能源产业要素空间集聚对区域可持续发展能力影响的机理，也没有构成系统的理论分析框架。

第二，构建了系统、全面的区域可持续发展能力评价指标体系，并且对区域可持续发展能力进行评价，拓展了区域可持续发展能力评价研究方法。以往研究构建的区域可持续发展能力评价指标体系往往较为单一，大多数仅从单一维度来衡量，往往不够全面导致结果存在一定的片面性。相比于以往研究，本书构建的区域可持续发展能力评价指标体系涵盖了经济、社会、科技、资源和环境五大方面，使得获得的评价结果较为科学、合理。本书采用基于实数编码加速遗传算法的投影寻踪模型对区域可持续发展能力进行测度。以往的综合评价方法往往存在主观判断权重或基于经验判断权重等问题，而基于实数编码加速遗传算法的投影寻踪模型恰恰可以弥补这一缺点，使得获得的结果具有更加稳健、科学的优势。

第三，明晰了新能源产业和区域可持续发展能力的空间特征。本书运用区位熵和社会网络分析法研究了新能源产业的集聚性和区域可持续发展能力的空间关联性，并在后续研究中将新能源产业和区域可持续发展能力具有的空间特征考虑到模型中。以往研究经常忽略变量的空间特征，忽略社会经济现象的空间效应会导致参数估计误差增加，并且研究的结论不能有效地解释经济现实，得出的结论往往具有片面性。

第四，阐明了新能源产业要素空间集聚对区域可持续发展能力的整体影响。本书运用计量经济模型，采用空间面板数据模型研究新能源产业要素集聚对区域可持续发展能力的影响。相比于以往研究，大多数主要关注工业企业空间集聚对区域可持续发展能力的影响作用，没有针对单一产业进行划分，而且大多数是基于经验分析设定的模型。此外，以往大多数研究都集中在横截面和时间序列的数据，与面板数据相比，横截面和时间序列数据更有可能产生多重共线性的问题，进而导致结果不合理。

第五，揭示了新能源产业要素空间集聚对区域可持续发展能力的局部影响。本书运用 GWR 模型分析新能源产业要素空间集聚对区域可持续发展能力的局部影响。相比于传统的普通最小二乘法（ordinary least squares，OLS）模型，GWR 模型能够更好地解决变量存在的空间自相关等问题，使模型的参数估计结果更加显著，使模型的残差达到最小。同时，相比于 OLS 模型忽略变量间关系的局部特性，GWR 模型可以更清晰地展现模型估计结果的局部特征，以便进一步探索空间变异特征和回归结果的空间分布规律。运用 GWR 模型分析新能源产业要素空间集聚对区域可持续发展能力的影响，深化了产业集聚对区域发展影响的相关理论。

第 2 章　概念界定、理论基础与理论框架

本章首先对新能源产业要素空间集聚和区域可持续发展能力等核心概念进行定义，然后根据相关理论探讨新能源产业要素空间集聚对区域可持续发展能力的影响，最后在概念界定和相关理论的基础上进一步构建新能源产业要素空间集聚对区域可持续发展能力影响的理论分析框架，厘清变量之间的关系。

2.1　相关概念的界定

2.1.1　新能源产业要素空间集聚的概念界定

当前，开发和利用新能源已经成为解决能源安全与环境污染问题的重要途径。目前对于新能源还没有较为统一的定义，在人类认识自然、改造自然的过程中新能源具有不同的定义。现有历史条件下，新能源是指尚未被人类大规模开发利用，有待依靠新技术深入研究开发，具有获得便利性、使用环保性和可再生性特点的能量资源。1980 年在肯尼亚首都内罗毕举行的联合国新能源和可再生能源会议上新能源首次被明确定义，即通过开发新技术和新材料，在已有的可再生能源基础上，开发和利用无污染的可再生能源以此来替代污染较大的传统化石能源。并将积极开发和推广太阳能、地热能、风能、潮汐能、氢能、核能、水能、生物质能等新型能源作为首要目标[143]。在人类使用过程中，将绿色环保型能源称为新能源。例如，周亚虹等[144]将绿色无污染及可循环使用的能源定义为新能源。曹旭平等[145]将资源分布广泛、可再生、含碳量少及对环境污染小的非常规能源（包括太阳能、风能及生物质能等）称为新能源。值得注意的是，可再生能源不等同于新能源。根据定义可知几乎所有的可再生能源都是新能源，但是包括核能在内的新能源不

一定是可再生能源[22]。

产业指具有相同经营对象或经营范围、围绕同一产品的各个相关行业组成的业态总称。尽管这些相关行业在经营方式、组织形态、企业模型等方面都各不相同，但是它们在利益上具有相互联系的特点，构成的业态可以使各个行业内部完成各自的循环。在中国，产业通常被划分为第一、第二、第三产业，分别为农业、工业和服务业。随着社会的不断发展，人类社会取得了巨大的进步，面对日益增长的物质和文化需求，战略性新兴产业概念被提出。战略性新兴产业概念指以实现技术重大突破为目标，以满足人类重大发展需求为己任，对社会发展具有重大引领作用的产业[146]。战略性新兴产业是将新兴科技与新兴产业完美融合，其具有科技含量高、综合效益好和市场潜力大的特点，能够代表产业的发展方向[147]。新能源产业作为资金密集型和技术密集型产业，具有资源消耗少、环境污染低、成长潜力大、综合效益好等特点，是战略性新兴产业重要组成部分，对国家层面的能源格局发展具有重要影响[148]。一方面可以为国家能源供给提供保障，另一方面可以增加能源的多样性，并提高能源利用率。新能源产业是指新能源的企业或组织所从事的一系列新能源的发现、开发和利用的过程[149]。

空间作为一种物质客观存在的形式是表达事物抽象概念的一种相对概念。空间是由长度、宽度、高度、大小表现出来，描述物质与物质之间位置差异度量的方法。常见的空间范畴包括网络空间、宇宙空间、物理空间、思想空间、拓扑空间等。通常空间是使事物产生变化的直接原因，以此空间可被划分为绝对空间和相对空间，其中前者指自身特性与一切外在无关，处处均衡永不发生变化；后者指可以在绝对空间内运动的结构。

生产要素是维系国民经济和市场主体生产经营活动过程中必须具备的基本因素和环境条件，对保障社会生产经营活动的正常运行具有重要意义。由于社会的不断发展和进步，生产要素的内涵也不断被深化。在农业经济时代中，新古典经济学家通常将人力、资本及土地定义为生产要素[150]。马歇尔将生产要素定义为维持正常社会经营活动和推动经济系统发展所需要提供的必备社会资源[151]。随着社会的不断发展，传统化石能源储备不断减少，能源消耗不断增加，能源对经济增长的作用得到了全面的肯定[152]。Schurr等[153]首次将作为自然资源的能源要素纳入生产要素中。波特也在《国家竞争优势》中将劳动力、资本、知识及自然资源定义为生产要素，认为其是国家发展取得优势的关键因素[154]。19世纪伴随着第二次工业革命的蓬勃兴起，生产要素在原有的基础上添加了技术和管理，在第三次工业革命之后，知识要素也被吸收进来。2019年召开的党的第十九届四中全会明确将"健全劳动、资本、土地、知识、技术、管理、数据"列为重要生产要素[151]。王树祥等[155]将生产要素定义为知识、资本、劳动及物质等要素组成的复合体。此外，按照重要程度不同，生产要素又被细分为初级生产要素、专业生产要素及一一般生产要素。其中，自然资源及非技术工人等属于初级生产要素；专业的设备及专业化高等教育人才属于专业生产要素；其余生产要素均属于一般生产要素。

产业集聚被认为是促进产业规模扩大、生产资料流动、产业技术进步及经济可持续发展的重要载体[156]。其相关研究最早起源于19世纪末期，马歇尔经济学经典著作《经济学原理》中对于产业集聚现象有所关注，他将产业集聚定义为某一产业在某一特定区域呈现高度集中，生产要素不断汇集的过程[49]。此后，国内外学者均对产业集聚的定义进行了延伸和丰富。苏丹妮等[109]认为产业集聚是通过在本地形成生产网络进而加强企业间要素流通，降低生产和交易成本的一种本地化生产模式。伍骏骞等[110]认为产业集聚是通过要素和资源集聚为地区产业和经济发展提供推动力的手段。孙久文等[157]认为产业集聚是引起经济活动产生外部性效应的一种特殊空间形态。陈露等[111]认为产业集聚是指通过劳动力聚集、相邻市场及知识溢出所带来的正外部性引起的某一相关产业在空间上呈现汇集的状态。Wu等[58]认为产业集聚是指同一行业在特定地理空间内相关活动相互接近所构成的工业发展的普遍现象。Chen等[76]认为产业集聚是在分工加深的基础上，某一特定核心产业或多个相关领域的企业及其支撑系统高度集中在特定的地理区域内，进而形成产业优势的一种空间组织形式。值得注意的是，产业空间共聚与产业空间集聚有本质区别，前者通常指不同产业间的空间关联特征，而后者强调单一产业的空间分布状态。按形成方式不同，产业集聚可以分为指向性集聚和经济联系集聚，其中指向性集聚是指为了充分利用某一地区特有的某种优势而吸引形成的产业集聚体，而经济联系集聚是为了加强区域之间、企业之间经济联系而形成的产业集聚现象。按产业部门之间关系的不同，产业集聚可以分为产业多样化集聚和产业专业化集聚，其中前者是不同产业在特定地区形成的空间集聚现象，而后者是指相同产业部门之间形成的空间集聚。按要素投入规模的不同，产业集聚可以分为全面和特定两种形式，其中前者适用于产业类型丰富的大城市，而后者适用于产业单一的中小型城市[131]。

本书将锂电池、核能核电、太阳能、风能、页岩气、地热能、燃料电池、可燃冰等具有污染小、储量大等优点的新型能源定义为新能源。新能源产业是指生产、销售、经营新能源产品或提供新能源服务的所有企业构成的集合。新能源产业要素空间集聚作为一种特有的资源配置方式，主要指技术、劳动和资本等主要生产要素向某一相对空间范围内逐渐集中并形成专业化的过程。

2.1.2　区域可持续发展能力的概念界定

区域是指人类在长时间生存发展过程中按照一定的标准和方法，根据地理差异划分出来的一定范围内的地域空间。现阶段常被提到的区域的内涵通常指的是中国的地理划分情况,即将国土作为整体按照地理、气候、资源等特点划分为更小的空间单元。1987年世界环境与发展委员会(World Commission on Environment and Development,WCED)在《我们共同的未来》的报告中首次正式提出可持续发展的概念[158]。可持续发展可以从广义和狭义两个视角来进行理解,狭义的可持续发展通常指的是自然环境的可持续发展,以往的研究往往忽略狭义的可持续发展的重要性,广义的可持续发展包括社会、文化、经济的可持续发展[159]。可持续发展能力的定义是基于对可持续发展内涵的理解,通常区域的可持续发展能力是指在尊重自然的前提下,合理地运用自身的有效资源,以实现地区经济的持续扩大和稳步增长、社会精神文明和物质文明不断增强、科技水平不断增强和科技成果不断创造、自然资源得到合理的开发利用及自然环境得到不断的改善。Cao和Gao[160]认为区域可持续发展能力就是地区能够把预定的目标在规定的期限内将地区能够协调、持续、稳定地控制在一个可持续发展阈值内的概率,即一个地区能够成功将预定目标延伸至可持续发展目标的能力。事实上,区域可持续发展是一个动态的过程,区域要不断调整其自身的产业结构、人口结构等。保障区域实现可持续发展的本质是要平衡好经济、社会、科技、资源及环境之间的矛盾[161]。

本书中区域可持续发展能力是指按照地理边界划分的中国31个省(自治区、直辖市)(由于受到研究数据的限制不包括香港、澳门和台湾)所具有的能够保障经济稳步发展、社会持续进步、科技不断提高、资源消耗减少、环境持续改善的能力。

2.2 理论基础

2.2.1 可持续发展理论

1. 可持续发展理论概述

可持续发展理论的开端源自可持续发展概念的界定,早在18~19世纪对于可持续发展问题的探讨就已经初见端倪。例如,Weber[162]认为人类实现更加安全、平衡的社会生活需要牺牲一定程度的自由,这与可持续发展的观点相类似。Boulding[163]认为地球是一个资源有限的封闭体,因此人类必须找到维持循环生态系统的方法。1962年,由Carson撰写的经典论著《寂静的春天》描述了杀虫剂等有害化学物质释放到环境中对动植物及自然环境造成的严重影响,她认为人类不断向地球系统索取是造成大范围环境问题的主要原因[164]。学术界普遍将 1987 年在日本东京召开的第八次世界环境与发展委员会中发表的《我们共同的未来》一文作为可持续发展理论研究的起点，报告中首次将可持续发展进行官方的定义，既要满足当代人的需求，又不损害后代人满足其自身需求的能力[165]。1992 年，联合国环境与发展大会通过的《里约环境与发展宣言》进一步完善了可持续发展理论，并指出人类可以享有生存的权利，但是应该以尊重自然、公平地满足后代在发展与环境资源等方面的需求为前提。这首次把人的个体生命意义从局部提升到整体人类命运的高度，从人类生存的意义中探索人类需要承担的责任和义务。公平是可持续发展理论的基本价值观[164]。2002 年，在南非约翰内斯堡举行的可持续发展世界首脑会议上通过了围绕农业、能源、健康、水和生物多样性五个方向发展战略的《可持续发展世界首脑会议执行计划》和《约翰内斯堡可持续发展宣言》，旨在积极推进全球的可持续发展[166]。

可持续发展理论是长久维持人与自然和谐相处的基本理论，是人类在经历漫长实践和失败教训后总结出的崭新的发展观念[167]。人类对于可持续发展理论的认识经历了从生存到发展，再到可持续发展的过程[168]。可持续发展理论最初的想法是保障物质资源能够再生循环，不断保障人类发展的需要，随着可持续发展理论研究的不断深入，人类逐渐意识到可持续发展理论应以和谐共处作为基本原则，将经济—社会—自然视为一个有机整体，在自然环境得到保护、资源和环境没有达到承载力的前提下，实现经济—社会—自然复合系统的稳步发展[169]。因此，只有当人类的需求与自然的反馈达到平衡，人类在保证本区域发展的同时能够考虑到其他区域乃至全球利益，可持续发展的实现才有了最基本的前提。因此，可持续发展理论源自人类对未来生存环境的担忧，其本质是一种以人与自然和谐发展为前提的生态化发展模式。

可持续发展理论作为一个全面的、系统的发展战略，在逐渐形成完整的理论体系过程中需要大量基础性学科作为支撑，其中主要包括生物学、环境科学、社会科学、生态学、地球科学及高技术科学等[170]。当前人们的研究已经不局限于自然环境，而是拓展到了经济、社会、科技、资源及环境等许多方面。学术界对可持续发展理论主流的研究方向主要分为生态学、经济学和社会学[171]，其中生态学方向主要关注的是自然环境的保护、自然资源的利用与人类发展之间的平衡问题；经济学方向主要是以如何利用科技进步等手段保持地区经济的持续良性发展；社会学方向主要是把社会公平正义与全人类的利益取得合理的平衡作为首要目标。此外，牛文元[172]作为中国最早对可持续发展理论进行研究的专家学者，其认为可持续发展理论具有系统学特征，即应该在综合各方观点的基础上研究可持续发展的本源和演化规律，通过探索人类活动的空间发展规律和行为特征，在道德规范和行为准则的引导下使人类达到利己利他的平衡状态，使人类与自然达到高度和谐统一的状态。

2. 基于可持续发展理论的新能源产业要素空间集聚对区域可持续发展能力影响的分析

经济、社会、科技、资源及环境等要素构成了区域发展的主体，根据可持续发展理论要求可以确定要保障经济、社会、科技、资源及环境作为一个系统整体协调发展。随着能源安全问题和全球气候恶化，以及工业化和城镇化进程的快速发展导致传统化石能源供应不断紧张，新能源作为能源消费革命的重要组成部分对未来区域的发展具有重要作用[173]。现阶段，新能源主要指未被人类大规模开发和利用的，需要通过更加可靠的新技术深入研发的，具有环保性和再生性特点的能量资源。开发和利用新能源有助于实现能源消费结构升级、缓解能源供应危机、改善自然生态环境，这为区域实现可持续发展提供了有效途径，因此，在可持续发展理论下研究新能源产业发展对区域可持续发展能力影响具有重要作用。当前，气候变化、环境污染、全球经济衰退等问题十分严峻，新能源产业已经作为一个战略新兴产业，成为区域发展的新增长点[174]。中国拥有丰富的可再生能源，因此从可持续发展的角度看，中国拥有发展新能源产业的巨大潜力。与传统产业不同的是，新能源产业作为高技术产业对技术创新、人才储备和资本投入有更高要求[175]，而目前新能源产业仍然面临技术不成熟等问题，中国不少新能源企业自主创新能力弱，设备和技术都是国外引进的落后技术，这导致新能源产品无污染，而新能源产品生产过程中仍存在一定程度的污染，这与可持续发展理论的要求相背驰。此外，新能源人才缺口大、供给结构不合理及新能源资本投入分布不均匀等都阻碍了新能源产业的发展，进而影响了区域可持续发展能力的提升。因此，基于可持续发展理论研究新能源产业要素空间集聚对区域可持续发展能力的影响是十分有必要的。

2.2.2 区位理论

1. 区位理论概述

区位的内涵主要是指某事物在空间上所处的状态，具体包括位置、分布、布局及位置关系等，即人类行为或人类活动所占有的场所，或在某种条件下发展某产业具有潜在优势的地区[176]。区位的选择会直接影响获取资本、技术和劳动的成本，如何选择适宜的空间位置进而获取更大的利益是推动区位理论发展的主要原因。区位理论是从考虑"一定的经济活动为何会在一定的地方出现"这一基本问题开始的。区位理论主要经历了古典区位理论、近代区位理论、现代区位理论和区域经济学等几个阶段[177]。

区位理论的创始人是德国经济学家冯·杜能，其在《孤立国同农业和国民经济的关系》一书中展现了区位理论的思想，他运用孤立化的思维方法，通过构建一个基于农业发展的区位模型探究区位选择对生产成本的影响，其理论为后来经济活动相关的区位理论研究提供了新思路。随后，德国经济学家阿尔弗雷德·韦伯又以德国为例对工业企业如何组合以达到经济效益最大化进行了探索，试图通过探寻工业企业区位转移规律判断影响工业企业区位选择的因素[178]。1933年，德国地理学家沃尔德·克里斯泰勒在《德国南部中心地理论》一书中首次提出了中心地理论，是近代区位理论的开端，他认为生活或商业中心地有助于形成商业聚集，中心地理论是城市空间布局理论研究的起点。

关于区位理论国内外学者都进行了广泛的定义，德国经济学家Weber认为运输成本和工资是决定工业区位的主要原因，其核心思想是用生产成本最低为准则来确定最优区位[179]。德国经济学家Losch[180]认为如何通过可靠的供应商和稳定的消费者，进而实现利润最大化对区位的选择影响较大。瑞典经济学家Ohlin[181]认为交通发达区域宜布局规模经济优势明显和难以运输的产品，交通落后区域需要布局易于运输的产品。任寿根[178]认为区位理论主要是用来研究投资者和消费者如何选择生产地和消费地受哪些区位因素影响的研究。因此，区位理论对研究地区发展具有重要影响作用。朱华[182]认为区位理论应将知识资本和自然资源一样作为企业获取区位优势的关键要素。

2. 基于区位理论的新能源产业要素空间集聚对区域可持续发展能力影响的分析

根据对区位理论的研究发现，产业集聚问题归根到底是产业的区位选择问题。因此，本书基于区位理论开展新能源产业要素空间集聚对区域可持续发展能力影响的研究。通常，拥有丰富的自然资源、社会资源和经济资源的地区会为企业带来相应的集聚优势，具体包括相关技术的溢出、配套的商务服务（如广告、法律和专业的会计机构等）和人才的聚集优势等，进而形成一个正向反馈，促使更多企业进行聚集，进一步实现产业集聚。产业集聚又会为地区带来交通和信息等更深入、更便捷的交流，以吸引更多企业向该地区汇集，进而地区会获得可持续的发展。正如马歇尔所言，集聚对产业的发展具有重要推动作用，有助于产业实现规模经济。

区位理论的发展与地区实现可持续发展密切相关。对于产业集聚，目前学术界主要有两种不同的观点，一种是大卫·李嘉图的新古典贸易理论认为产业要素空间分布的差异会对产业发展有一定影响，另一种是以克鲁格曼为代表的新经济地理学将区域作为整体，未考虑要素差异对产业结构的影响。当产业要素置于空间中形成区域之间空间差异时，根据区位理论可知技术、劳动、资本的集聚可以推动产业信息交流、人才流动及运输成本的降低，并且技术进步可以进一步提高劳动生产率和降低能源消耗。然而，产业要素集聚达到一定的规模也可能会导致形成壁垒效应、挤出效应或虹吸效应。因此，局部的特性不能代表整体，而整体的共性却可以在局部中表现，对整体的研究有助于把握区域发展的共性问题，而局部研究可以发现区域发展的个性问题。基于此，为了验证产业要素空间集聚对区域可持续发展影响的具体路径，本书基于区位理论的观点分别从整体上和局部上研究新能源产业要素空间集聚对区域可持续发展能力的影响作用。

2.2.3 地理学第一、第二定律理论

1. 地理学第一、第二定律理论概述

地理学第一定律的研究起源于美国地理学家 Tobler[183]，他认为"Everything is related to everything else, but near things are more related than distant things"，即任何事物都与其他事物相关，但近处的事物比遥远的事物更为相关。这一理论概括性地总结了地理现象在空间上的相关性，在随后的发展中被定义为"空间自相关"。尽管地理学第一定律是从定性的角度描述了地理现象在空间上的自相关性，但却为后续地理信息系统的空间方法的分析和运算等提供了理论依据。基于对地理学第一定律的分析和理解，地理学第二定律应运而生。地理学第二定律起源于 Anselin 在 1989 年提出的空间异质性的概念，随后 Goodchild[184]对其进行总结后提出了地理学第二定律，地理学第二定律描述了地理现象在空间变化中存在的差异性，也就是说地理现象在空间上存在的不均质性。地理学第二定律的提出为定量研究地理现象的空间异质性、论证非均质空间等方面提供了理论基础。地理学第一、第二定律的提出奠定了近代地理学的基础，为后续区域经济学、人地科学等理论的发展提供了有利的参考。

2. 基于地理学第一、第二定律理论的新能源产业要素空间集聚对区域可持续发展能力影响的分析

根据地理学第一定律，事物之间普遍存在空间关联性，关联强度的大小由事物之间在空间上的位置距离决定。当前，区域可持续发展问题已经成为一个重要的研究课题。经济、科技及自然特征（如河流、空气等）等因素具有很强的空间完整性和空间关联性，导致区域的发展绩效跨区域转移明显。因此，区域可持续发展具有公共品的属性。公共品所具有的外部性又称为溢出效应、外部影响或外差效应，指个人或群体的行为和决定导致他人或群体受到损害或获得利益的情况[185]。也就是说，具有公共品属性的区域可持续发展问题不仅取决于其地区的内部条件，还取决于其他地区的相关因素。从新能源产业要素空间集聚对区域可持续发展能

力影响的角度看，距离地区越近的空间单元，其联系就越紧密，它们之间的关联性就越强。因此，运用地理学第一定律分析区域可持续发展问题是十分有必要的。根据地理学第二定律，区域之间不可能具有完全相同的属性，不同区域之间一定存在着空间差异，因此，区域可持续发展能力也一定具有这样的属性。运用地理学第二定律研究新能源产业要素空间集聚对区域可持续发展能力的局部影响作用，对探讨其影响的个性问题具有重要意义。因此，地理学第一、第二定律分别从整体性和局部性为本书的研究问题提供了理论基础，为选择空间计量经济学模型和 GWR 模型作为新能源产业要素空间集聚对区域可持续发展能力影响的整体性和局部性的研究方法提供了有力支撑。

2.2.4 新经济地理学理论

1. 新经济地理学理论概述

新经济地理学理论起源于 19 世纪德国古典区位理论的提出。到了 20 世纪 90 年代，经典地理学与传统经济学的学科交叉越来越明显，而主流经济学家也逐渐发现传统经济学忽略了变量的空间特征，导致在分析现代经济问题时往往存在一些局限性。伴随着计算机科学技术、地理信息系统及理论经济学的飞速发展，以克鲁格曼为代表的经济学家突破性地将经济现象加入空间因素进行分析，构建了新经济地理学流派[186]。克鲁格曼认为新经济地理学主要的作用就是解释区域发展中所产生的产业集聚现象。通常，产品生产过程中需要的生产中间投入品的上下游企业如果在一定的区域呈现聚集的状态，会进一步地降低产品的运输成本并扩大产品的需求，进而实现规模经济效益。这种关联会对产业在空间上集聚提供向心力，为产业的发展实现正向循环，进而使产业长时间锁定在某一区域。传统经济学往往忽略了经济现象所具有的空间特征，进而导致经济问题的研究结果不够理想和深刻。新经济地理学的发展为经济学家研究经济活动提供了新的思路和方法。

2. 基于新经济地理学理论的新能源产业要素空间集聚对区域可持续发展能力影响的分析

新经济地理学理论是用来解释经济活动在空间上呈现差异化原因的理论，通常经济活动存在的空间差异性被认为是区域发展之间出现差距的原因之一。因此，运用新经济地理学理论研究新能源产业要素空间集聚对区域可持续发展能力影响的因素、机制和原理具有重要作用。克鲁格曼认为产业的集聚可以带来规模经济并减少运输成本，进而会不断吸引相关企业不断向此地区集聚。由产业集聚带来的向心力不断吸引着技术、资本和劳动的聚集，产业要素具有的空间流动性对区域发展具有重要的影响作用。从理论上讲，产业技术集聚会促进地区产业的技术进步，科学技术是第一生产力，技术进步可以有效促进经济的发展、提高社会的稳定性、改善科技水平、减少资源的投入并解决环境污染问题，进而对区域可持续发展能力产生正向影响。此外，产业集聚也会带来劳动和资本的集聚，高水平的技术人才和大量的资本投入会促进区域可持续发展能力的提升。新经济地理学理论从根本上看是解决产业集聚问题的理论，基于此，本书选择运用新经济地理学理论研究新能源产业要素空间集聚对区域可持续发展能力的影响。

2.3 理论框架

2.3.1 新能源产业要素空间集聚对区域可持续发展能力的影响框架

区域可持续发展能力问题作为一个复杂科学问题，其影响因素构成也十分复杂，同时，新能源产业要素也包含众多因素。因此，研究新能源产业要素空间集聚对区域可持续发展能力的影响，首先需要构建一个科学的研究框架。本书根据新能源产业要素空间集聚对区域可持续发展能力影响的相关概念和理论理解，构建了新能源产业要素空间集聚对区域可持续发展能力影响的研究框架，如图 2.1 所示。

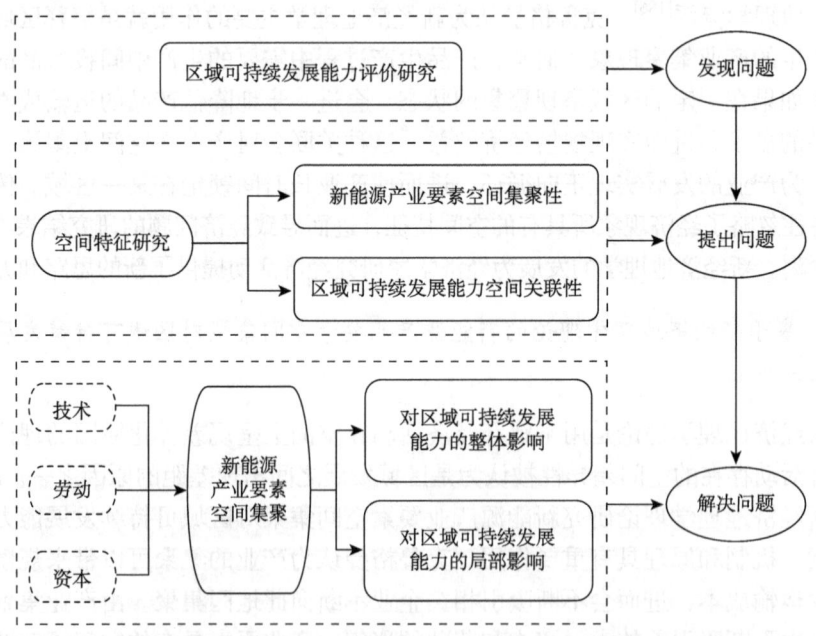

图 2.1 新能源产业要素空间集聚对区域可持续发展能力影响的研究框架

探究新能源产业要素空间集聚对区域可持续发展能力影响的最终目标是通过发展新能源产业来促进地区发展。首先,研究的前提是要掌握各地区现阶段可持续发展能力现状。本书通过构建区域可持续发展能力评价指标体系和区域可持续发展能力评价模型,获得的实证研究结果可以有效地分析区域的可持续发展能力现状,总结现阶段区域可持续发展能力存在的问题。其次,在掌握各地区可持续发展能力现状之后,需要进一步探究新能源产业要素和区域可持续发展能力是否存在空间特征,两者具有空间特征是将新能源产业要素和区域可持续发展能力进行空间探讨的基础。最后,在确定新能源产业要素和区域可持续发展能力具有空间集聚性和空间关联性等空间特征的基础上,分别研究新能源产业要素空间集聚对区域可持续发展能力的整体影响和局部影响。本书主要从技术、劳动和资本三个主要生产要素维度研究新能源产业要素空间集聚对区域可持续发展能力的影响。需要特别说明的是,本书中提到的整体研究是指将新能源产业要素空间集聚对区域可持续发展能力影响运用空间计量经济学模型进行全局回归,以分别获取新能源专利技术、从业人员及资本空间集聚对区域可持续发展能力影响的适用于国家层面整体政策制定的普适性规律。局部研究是指各地区由于受到地理位置、气候条件及资源禀赋等差异的影响,自变量对因变量的影响会随地理位置的变化而变化,即各地区新能源要素空间集聚对区域可持续发展能力的影响存在空间变异性,此方法适用于制定适宜地区发展的差异性政策。

2.3.2 新能源产业要素空间集聚对区域可持续发展能力的影响机理

产业集聚是工业化时代经济发展的一种自发形成的特有的资源配置方式和空间组织形态[7, 10]。Marshall 首次提出的产业集聚会带来外部规模经济效应被普遍认为是产业集聚的研究开端。以 Krugman 为代表的新经济地理学研究兴起后,经济的空间集聚现象逐渐进入主流经济学家的研究视野。随着全球资源的锐减和环境的恶化,一些学者致力于研究空间集聚与区域发展之间关系,传统观点认为,经济活动集聚的负外部影响之一就是造成非常严重的空气、水等环境污染,特别是工业集聚的影响尤为严重[187, 188]。一方面,产业集聚在进行大规模扩张中需要大量的能源投入,进而会导致区域资源短缺、土地过度占用、环境污染等一系列生态环境问题[189]。另一方面,地方政府可能会为了吸引更多投资而降低环境和污染物排放标准,使集聚区成为污染避风港。同时,集聚区中的企业也有可能出现"搭便车"的行为,而不为环境改善做贡献[71]。当然,也有一些学者认为,产业集聚不但能够改善区域环境,还对区域节能减排有积极作用,并推动地区经济发展和社会进步,进而促进区域实现可持续发展[14]。

首先，产业集聚所带来的技术进步和知识溢出有助于促进产业结构升级、降低能耗，减少环境污染并提高经济发展水平[190]。其次，集聚经济会带来劳动生产率的提高，进而带来人均收入和财政收入的增加。此时，聚集区居民会对当地环境要求更为严格，从而迫使当地政府采取更为严格的环境规制，并加大环境污染治理投入[191]。最后，集聚带来的规模效应还有助于降低企业的单位污染治理成本。特别是上下游产业集聚时，有助于将污染物集中治理，进而实现循环经济，在一定程度上可以减少能源消耗和污染物排放[75]。综上所述，产业集聚发展的外部性肯定是存在的，但究竟是正外部性还是负外部性则没有一个明确的答案。此外，中国新能源产业地理结构特征显示中国新能源产业具有空间聚集特征，一般情况下我们认为工业企业空间集聚会给区域可持续发展能力带来负向影响，但新能源作为未来极具发展趋势的清洁能源，新能源产业空间集聚带来的新能源技术、劳动、资本空间集聚将会对区域的可持续发展带来正向的影响。因此，新能源技术呈现空间集聚，是否能有效提高区域可持续发展能力需要进一步探究。

2.3.3 新能源产业要素空间集聚对区域可持续发展能力的影响路径

1. 新能源专利技术空间集聚

根据熊彼特在《经济发展理论》中的阐述可以确定创新通常不是以孤立的形式存在，而是以集群的形式存在。此外，创新的空间分布是非均质的，往往集中在某些地区，因此，专利技术作为创新的一种形式也存在一定的空间集聚现象。区域技术创新能力是影响区域综合实力的重要影响因素。新能源产业作为高技术产业之一，其专利技术的空间集聚会对区域可持续发展能力有正向促进作用。首先，新能源专利技术空间集聚可以有效地改进原有的生产工艺，进而促进产品的性能和质量得到极大的改善[192]。企业在抢占市场方面获得核心竞争力，其在赚取超额利润的同时也在推动着区域经济的可持续发展。其次，新能源专利技术的空间集聚可以降低区域内企业获取新能源专利技术的成本，进而促进区域科技可持续发展能力的提升。最后，新能源产业的技术创新可以有效地提高区域资源的利用率，并降低生产过程中的污染物排放，实现低污染、低消耗、高附加值产品的生产，进而实现区域资源和环境可持续发展能力的提升。此外，由于区域可持续发展能力之间存在空间关联性，即一个地区的环境可持续发展能力既会受到本地因素的影响也会受到相邻地区因素的影响，这种影响随着距离的衰减而逐渐减弱。由此可见，新能源专利技术空间集聚对区域可持续发展能力的提升具有重要的促进作用。基于上述分析，新能源专利技术空间集聚对区域可持续发展能力影响机理的模型如图 2.2 所示。

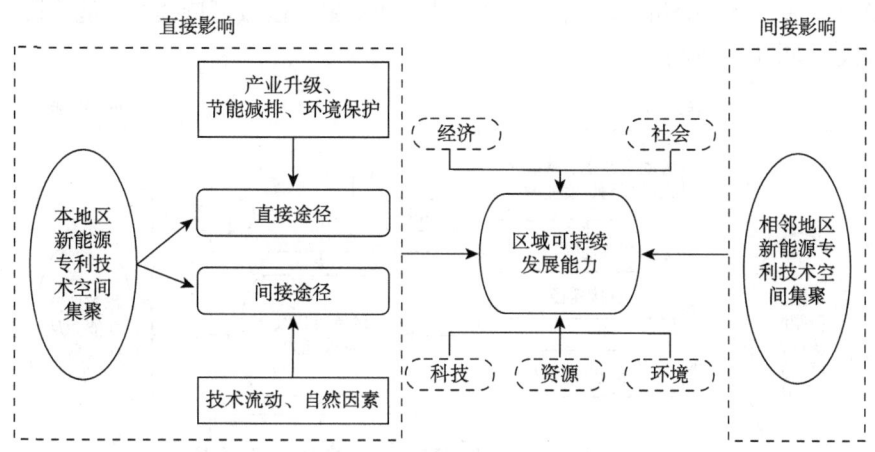

图 2.2　新能源专利技术空间集聚对区域可持续发展能力影响机理

2. 新能源从业人员空间集聚

产业的外部经济是产业集聚的主要原因，产业要素的不断集聚会正向促进区域内企业的集聚，其单个生产成本也会逐渐降低。增长理论认为技术创新、劳动力供给及资本汇集是促进区域发展的主要生产要素。产业在某一地区形成空间集聚，代表了该产业在某一地区的专业化水平。其中，劳动力作为主要的生产要素，其在空间上形成集聚对区域可持续发展能力的提升具有重要作用。早在 18 世纪 90 年代，Marshall 就提出了劳动力"蓄水池"效应的概念，他认为劳动力的集聚会导致产业专业化程度的提升和知识溢出效应，对地区生产率的提升具有重要作用，而这会对产业和地区的发展实现正向循环[193]。基于此分析，新能源产业从业人员空间集聚对区域可持续发展能力的影响主要体现在以下几个方面。第一，新能源产业作为高技术产业，具有风险高、利润大的特点，其通常拥有大量的高技术和高素质的研发和技术人员，这会进一步提升区域内整体的文化水平，进而促进区域可持续发展能力的提升[131]。第二，新能源从业人员的空间集聚可以有效地促进劳动要素的沟通、交流和学习，由此获得的知识溢出和创新产出将会促进空间范围内劳动生产率和劳动报酬的提升，进而促进区域可持续发展能力的提升[99]。第三，由劳动集聚带来的正向反馈会导致区域人口的提升，这种正向的累积循环会优化宏观环境，加速区域城市化进程的发展。第四，劳动的不断聚集带来劳动力数据提升的同时还会提升劳动质量，由此带来的人口红利，可以缓解地区的就业率压力，对区域可持续发展能力的提升具有重要作用[194]。1988 年 Anselin 曾指出所有的空间数据均具有空间关联性。因此，区域内新能源从业人员空间集聚水平不但会影响到本地区的区域可持续发展能力，还会对周围其他地区产生一定程度的影响。基于上述分析，新能源从业人员空间集聚对区域可持续发展能力影响机理的模型如图 2.3 所示。

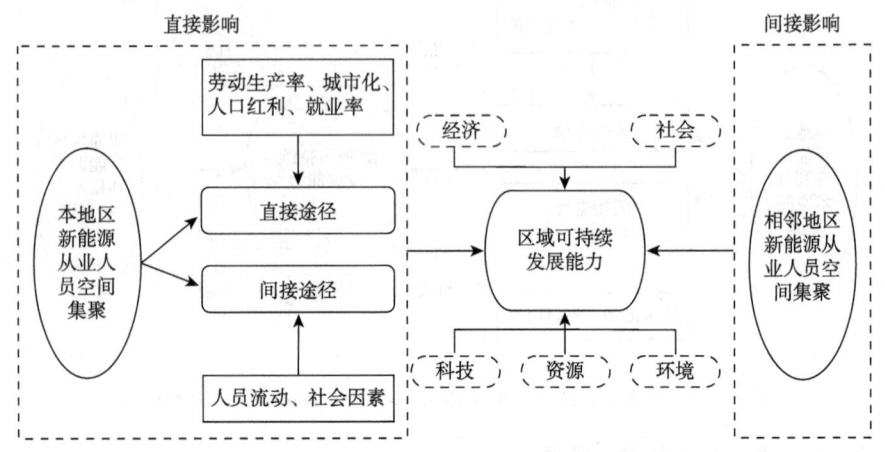

图 2.3　新能源从业人员空间集聚对区域可持续发展能力影响机理

3. 新能源资本空间集聚

新能源产业作为高技术产业，其发展离不开资金的支持。资金作为产业发展的重要生产要素，其在空间上分布不均衡是直接导致区域可持续发展能力呈现差异性的主要原因。通常情况下，资本集聚的空间分布与技术的空间分布具有一定程度的相似性，往往投资的选择倾向技术发达的地区[195]。因此，新能源资本的空间集聚水平在很大程度上会影响区域可持续发展能力的提升，其原因主要可归纳为以下几点。首先，产业的发展需要资金的支持，资金可以促进创新产出并降低企业的功耗，解决企业发展资金不足、难以雇佣高级劳动力的问题[196]。其次，新能源资本的集聚还会为其他企业或人才传递正向信号，进而帮助地区快速获取资金和人才，进一步的新能源资本集聚会提升区域可持续发展能力。再次，产业获得资金支持有助于产业获取专业设备，进而减少资源的消耗和污染物的排放，这对区域可持续发展能力的提升均有正向影响作用。最后，基于地理学第一、第二定律可知区域可持续发展能力会受到周边地区的影响。因此，新能源资本空间集聚不但会影响本地也会对周围地区产生影响。基于上述分析，新能源资本空间集聚对区域可持续发展能力影响机理的模型如图 2.4 所示。

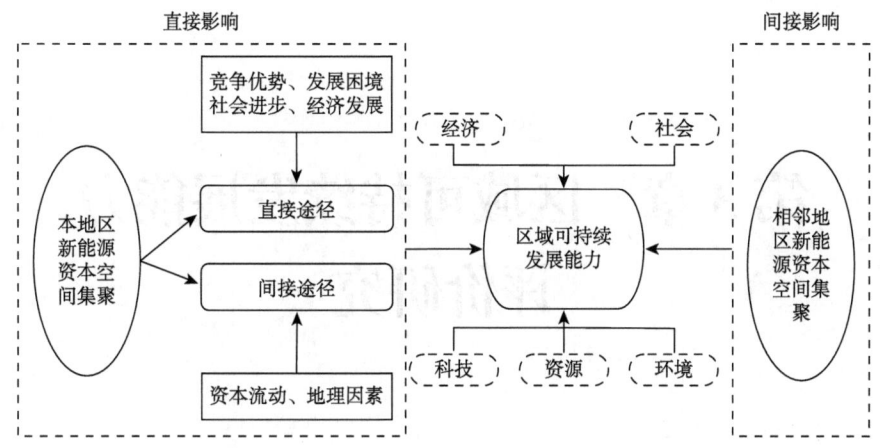

图 2.4 新能源资本空间集聚对区域可持续发展能力影响机理

2.4 本章小结

本章首先对新能源产业要素空间集聚及区域可持续发展能力的相关概念进行了界定，其次基于可持续发展理论，区位理论，地理学第一、第二定律理论和新经济地理学理论对新能源产业要素集聚对区域可持续发展能力的影响进行了解析。最后从新能源产业要素空间集聚对区域可持续发展能力的影响机理和影响路径的角度，构建了基于空间视角下的新能源产业要素空间集聚对区域可持续发展能力影响的理论框架。

第 3 章 区域可持续发展能力评价研究

区域可持续发展能力是经济、社会、科技、资源、环境共同相互协调作用的系统工程。以往研究仅以自然环境作为研究维度，忽略了经济、社会、科技、资源等因素，导致结果具有一定的片面性。因此，基于经济、社会、科技、资源、环境五个维度构建区域可持续发展能力的评价指标体系能够更全面地反映区域的可持续发展能力。

3.1 区域可持续发展能力评价指标体系

区域可持续发展能力是衡量区域经济、社会、环境等维度发展的重要指标，如何科学、准确、全面地构建区域可持续发展能力评价指标体系显得尤为重要。基于此，本节主要从评价指标体系构建的基本原则、维度划分及设计说明三个角度对区域可持续发展能力评价指标体系的构建进行相关说明。

3.1.1 评价指标选择的基本原则

构建评价指标体系是一个要兼顾多方面的复杂系统工程。评价指标体系是由多个指标构成的有机整体，选择能够尽可能反映评价对象水平的维度，挑选简单易操作的评价指标，明确各指标之间的联系，保证评价指标构建的科学性和有效性等都对构建一个科学的评价指标体系尤为重要。因此，在构建区域可持续发展能力评价指标体系的过程中，应遵循以下几项基本原则：科学性原则、系统性原则、典型性原则、可行性原则、动态性原则。

1. 科学性原则

科学性是进行科学研究的基本原则，具有科学性是促成研究成功的重要手段。从人类认识世界和改造世界的过程来看，运用科学的标准、尊重客观规律有助于减少主观臆测，提升研究的准确性。因此，构建科学的区域可持续发展能力评价指标体系对于客观、准确、全面地把握区域可持续发展能力的现状和趋势具有至关重要的意义。评价指标体系设计的科学性体现在构建评价指标体系之前要充分、准确地理解研究对象的内涵和特征。此外，所选择的指标也应该有明确清晰的定义，确保指标的选择能够全面、综合地反映研究对象的基本特征。基于此，在建立区域可持续发展能力评价指标体系之前，首先对区域的经济、社会、科技、资源和环境进行了全方位的评估。通过对整体和子系统规律性的总结，选择了能够科学地反映区域可持续发展能力内涵的指标，保证了科学地反映各指标之间的关系和层次结构，充分展现了指标选取的科学性和系统性。

2. 系统性原则

区域可持续发展能力是众多因素综合作用的结果，因此要充分应对区域可持续发展能力评价指标体系构建的复杂性应遵循系统性原则。系统性原则意味着评价指标体系的构建既要尽可能全面地展示区域可持续发展能力的全貌，又要体现内部具有的层次。评价指标体系应该按照区域可持续发展能力的特征分解为不同的子系统，各子系统之间既要相互联系又要相互独立，然后结合各子系统的特点选择具有代表性的评价指标，并保证子系统内部指标之间保持相对独立。运用系统性原则构建一个自上而下、由总到分、层次递进的区域可持续发展能力评价指标体系，以便清晰地展现区域可持续发展能力整体水平的基本特征。

3. 典型性原则

评价研究对象的基本情况要结合其特征选取相关的评价指标，即评价指标的选取应该遵循典型性原则。区域可持续发展能力是经济、社会、科技、资源和环境综合作用协调的结果，因此，其评价过程必然是一个系统、全面的复杂过程，在此过程中指标的选择具有丰富的多样性，每一个被选择的指标都能从不同的维度影响区域可持续发展能力。然而在现实中将所有能够影响区域可持续发展能力的指标纳入评价体系是不现实的。一方面，指标过多不但会加大区域可持续发展能力的评价难度，而且指标信息的重叠也会给评价结果带来不可估计的偏差。另一方面，评价的内容重点也无法被突出。此外，指标的选择也不能过于精简，要避免出现重要指标的遗漏导致评价结果严重误差的情况。因此，构建区域可持续发展能力评价指标体系要根据维度进行筛选，重点选择能够代表维度特征的指标。

4. 可行性原则

构建评价指标体系需要的资料和相关数据是否容易获取是影响到评价指标体系能否顺利构建的一项重要的影响因素，即评价指标体系的构建应遵循可行性原则。首先，评价指标的选取应结合实际情况和客观资料，选择易收集、可量化的能够客观反映区域可持续发展能力的评价指标。指标的可量化表现为能够直接在资料中获取或者可以通过计算间接获得，以保证评价指标体系构建过程中数据收集的顺利。其次，评价指标体系的设计应该注意降低出现数据造假和失真的风险，数据应来源于权威资料，以保证研究对象评价结果的科学性和可靠性。同时数据的采集成本不宜过大，收集的数据应便于处理和利用，数据的计算方法简单易懂。最后，对于个别评价指标数据缺失的情况，可以根据实际情况和需要进行缺失处理和修正。此外，还应保持每一个评价指标的选择标准和度量方法保持一致。

5. 动态性原则

一般情况下研究对象都为一个动态的过程，随着时间的变化评价对象的状态也会发生相应的变化。区域可持续发展能力的变化是一个典型的动态发展过程，为了便于科学合理地评价区域可持续发展能力，在构建区域可持续发展能力指标体系时应遵循动态性原则选取能够反映区域可持续发展能力发展趋势和可持续性的评价指标。此外，指标的选取还要结合区域可持续发展能力的现状，并且指标能够在较长的时间内具有实际意义。基于对静止的评价指标不能描述区域可持续发展能力动态过程的思考，本章通过收集各指标多年度的数据来分析区域可持续发展能力在各阶段的状态及发展规律。

3.1.2 评价指标体系的维度划分

本节根据可持续发展的概念，在张坤民等[197]、宋敏和刘学敏[198]、彭程等[199]、吴鸣然和赵敏[200]、李敏和杜鹏程[201]、吴丹[202]、黄昕等[203]学者观点的基础上，将区域可持续发展分为经济、社会、科技、资源、环境五个维度进行评价。根据指标框架和各维度的内涵选择相应的评价指标，以便进一步构建区域可持续发展能力评价指标体系，综合地反映区域的可持续发展能力。

1. 区域经济可持续发展能力

经济作为区域发展的重要基石作用不言而喻，研究区域经济可持续发展能力对有效地支撑人类生存和发展具有重要意义。促进区域经济可持续发展能力的提升有助于将地区发展引入良性循环，进而推动地区向更高水平迈进。经济通常包括经济效益和城市发展两个重要维度。一方面，经济效益是衡量区域经济可持续发展的首要维度，经济效益的提升不但包括经济总量的增长，还应该包括经济效益质量的提升；另一方面，城市发展也是影响区域经济的另一个重要维度，城市发展可以有效地促进大规模工业化，推动经济国际化，进而为区域经济发展提供良好环境。

本书具体选择七个评价指标来衡量区域经济可持续发展能力。其中，人均地区生产值、一般公共预算收入、地区生产总值增长率、人均可支配收入可以用来评价区域经济效益持续发展能力[203]；第三产业占国内生产总值（gross domestic product，GDP）比重、城乡消费水平比和公路里程可以用来衡量区域城市可持续发展能力[198]。指标的具体含义和来源如表 3.1 所示。区域经济可持续发展能力包含的七个指标的数据来源均选自《中国统计年鉴》，其中城乡消费水平比需要计算获得，计算公式如式（3.1）所示：

$$城乡消费水平比 = \frac{分地区城镇居民人均消费支出}{分地区农村居民人均消费支出} \quad (3.1)$$

表 3.1 区域经济可持续发展能力选取指标

编号	指标名称	指标选择含义
1	人均地区生产值	衡量经济规模及区域经济发展状况
2	一般公共预算收入	衡量地区经济增长能力
3	地区生产总值增长率	衡量地区经济增长速度
4	人均可支配收入	衡量地区居民经济增长能力
5	第三产业占 GDP 比重	衡量地区产业结构和经济健康状况
6	城乡消费水平比	衡量地区城乡之间经济差距
7	公路里程	衡量地区经济发展水平的支撑能力

2. 区域社会可持续发展能力

社会可持续发展理论自提出以来逐渐成为当代世界人们关注的热点话题。社会的可持续发展意味着要为人类营造自由、平等及能力能够自由、全面发挥的公平生存环境。在影响人类社会发展的主要因素中，人口问题被认为是一个非常重要的因素，失控的人口增长会对社会发展造成极大的威胁。一方面，人口过多过少都会引发一系列社会问题；另一方面，提高城镇人口比重有助于加快区域城市化进程，进而提高居民生活质量。此外，社会可持续发展与文化进步密切相关，文化水平的持续提升有助于构建持久进步的社会，构建稳定的社会也是保证区域社会可持续发展的重要因素，社会稳定是社会正常持续发展的前提。

本书具体选择六个评价指标衡量区域社会可持续发展能力。其中，年末城镇人口比重和自然增长率表示区域的人口可持续发展能力；受教育程度和文盲率表示区域文化持续进步能力[202]；失业率和职工平均工资表示社会持续稳定能力。指标的具体含义和来源如表 3.2 所示。区域社会可持续发展能力包含的六个评价指标的数据来源均选自《中国统计年鉴》。其中，受教育程度用平均受教育年限表示，计算公式如式（3.2）所示；文盲率用文盲人口占 15 岁及以上人口的比重表示；职工平均工资选自城镇非私营单位就业人员平均工资。

$$ASY = (N_1 \times 21 + N_2 \times 16 + N_3 \times 12 + N_4 \times 9 + N_5 \times 6 + N_6 \times 1)/N \quad (3.2)$$

其中，ASY 表示平均受教育年限；$N_1 \sim N_6$ 分别表示研究生、大学本科、高中、初中、小学、文盲的数量；N 表示 6 岁及以上人口数。

表 3.2　区域社会可持续发展能力选取指标

编号	指标名称	指标选择含义
1	年末城镇人口比重	衡量地区工业化、城市化水平
2	自然增长率	衡量地区人口发展健康水平
3	受教育程度	衡量地区的文化发展水平
4	文盲率	衡量地区的文化发展水平
5	失业率	衡量地区的失业状况
6	职工平均工资	衡量地区的工资水平

3. 区域科技可持续发展能力

科学技术的发展和进步是缓解人口压力、解决资源短缺、应对环境污染等一系列可持续发展问题的有效措施。因此，确保区域科技可持续发展能力以便为区域可持续发展提供持续的技术和智力支持就显得尤为重要。科技的可持续发展问题已成为可持续发展理论体系中的重要内容。基于对科技可持续发展内涵的理解，本章主要从研发投入和成果转化两个维度衡量区域科技可持续发展能力。一方面，研发投入意味着充足的研发费用，这是区域科技可持续发展的重要保障；另一方面，具有良好的成果转化能力意味着区域有良好的制度环境和成果转化的市场条件。

本书具体选择五个评价指标衡量区域科技可持续发展能力。其中，R&D 人员全时当量和 R&D 经费投入强度表示区域研发投入能力；专利申请数、专利授权数和技术市场成交额用来衡量区域科技成果转化能力[201]。指标的具体含义和来源如表 3.3 所示。其中，R&D 人员全时当量和技术市场成交额的数据来源为《中国统计年鉴》；R&D 经费投入强度、专利申请数和专利授权数的数据来源为《中国科技统计年鉴》。

表 3.3　区域科技可持续发展能力选取指标

编号	指标名称	指标选择含义
1	R&D 人员全时当量	衡量创新投入水平
2	R&D 经费投入强度	衡量创新投入水平
3	专利申请数	衡量创新投入转化能力
4	专利授权数	衡量创新投入有效转化能力
5	技术市场成交额	衡量创新投入效益转化能力

4. 区域资源可持续发展能力

资源可以为人类生存和发展提供必要的物质基础，为社会发展提供必备条件，然而随着人口急剧增长、社会飞速发展、自然资源不断被消耗和破坏，在可持续发展的背景下资源的可持续发展问题已成为热点和重点话题。构建良好的资源环境有助于保护人口的发展、促进经济社会的进步，可持续的资源已成为人类生存和发展的重要一环。本章基于资源可持续发展的特征和内涵进行分析，认为提高区域资源可持续发展能力的关键点在于提高资源供给、减少资源消耗。

本书具体选择五个评价指标衡量区域资源可持续发展能力[199]。其中，人均水资源量和供水综合生产能力用来衡量区域资源供给能力；人均用水量、单位 GDP 耗水量和单位 GDP 能源消耗用来衡量区域资源消耗能力。指标的具体含义和来源如表 3.4 所示。其中，人均水资源量、供水综合生产能力、人均用水量和单位 GDP 耗水量的数据来源为《中国统计年鉴》；单位 GDP 能源消耗的数据来源为《中国能源统计年鉴》。单位 GDP 耗水量和单位 GDP 能源消耗需要通过间接计算获得，计算公式如式（3.3）和式（3.4）所示：

$$\text{单位GDP耗水量} = \text{生产用水} \div \text{地区生产总值} \qquad (3.3)$$
$$\text{单位GDP能源消耗} = \text{能源消费总量} \div \text{地区生产总值} \qquad (3.4)$$

表3.4　区域资源可持续发展能力选取指标

编号	指标名称	指标选择含义
1	人均水资源量	衡量资源供给能力
2	供水综合生产能力	衡量城市资源供给效率
3	人均用水量	衡量资源平均消耗能力
4	单位GDP耗水量	衡量主要资源利用效率
5	单位GDP能源消耗	衡量能源利用效率

5. 区域环境可持续发展能力

环境相对于社会、经济等其他因素而言能够为人类提供赖以生存的土地、气候、大气等物质基础。通常环境被认为是社会发展的基础，其他如经济、社会、资源、科技等都需要建立在自然环境的基础上发展。适宜的生态环境是区域经济可持续发展的强有力保障，是衡量区域可持续发展能力最重要的指标。因此运用科学的方法和理论利用自然资源，从根本上认识污染和环境破坏所带来的危害，提高区域自然资源的可持续发展能力对有效指导可持续发展的具体实践具有重要意义。

本书具体选择20个评价指标衡量区域环境可持续发展能力[197, 200]。其中，废水排放总量、化学需氧量排放总量、氨氮排放总量、二氧化硫排放量、烟粉尘排放量、一般工业固体废物产生量、危险废物产生量和城市污水排放量用来衡量区域污染排放能力；一般工业固体废物综合利用率、生活垃圾无害化处理率、城市污水日处理能力、环境污染治理投资占GDP比重用来衡量区域污染治理能力；森林覆盖率、自然保护区占辖区面积比重、建成区绿化覆盖率、湿地占辖区面积比重、人均公园绿地面积用来衡量区域生态环境可持续发展能力；空气质量达到及好于二级天数、突发环境事件、水土流失治理面积用来衡量区域污染治理成效。指标的具体含义和来源如表3.5所示。其中，城市污水排放量和环境污染治理投资占GDP比重的数据来源为《中国环境统计年鉴》；其余指标的数据来源均为《中国统计年鉴》。一般工业固体废物综合利用率需要通过计算获得，计算公式如式（3.5）所示：

$$一般工业固体废物综合利用率 = \frac{一般工业固体废物综合利用量}{一般工业固体废物产生量} \quad (3.5)$$

表3.5　区域环境可持续发展能力选取指标

编号	指标名称	指标选择含义
1	废水排放总量	衡量地区污水排放水平
2	化学需氧量排放总量	衡量污水中主要污染物排放水平

续表

编号	指标名称	指标选择含义
3	氨氮排放总量	衡量污水中主要污染物排放水平
4	二氧化硫排放量	衡量废气中主要污染物排放水平
5	烟粉尘排放量	衡量废气中主要污染物排放水平
6	一般工业固体废物产生量	衡量地区废物排放水平
7	危险废物产生量	衡量地区废物排放水平
8	城市污水排放量	衡量城市污水排放水平
9	一般工业固体废物综合利用率	衡量地区污染处理能力
10	生活垃圾无害化处理率	衡量城市废物处理效率
11	城市污水日处理能力	衡量城市废水单位处理能力
12	环境污染治理投资占 GDP 比重	衡量污染处理总能力
13	森林覆盖率	衡量地区生态环境现状
14	自然保护区占辖区面积比重	衡量地区生态环境现状
15	建成区绿化覆盖率	衡量地区生态环境现状
16	湿地占辖区面积比重	衡量地区生态环境现状
17	人均公园绿地面积	衡量地区生态环境现状
18	空气质量达到及好于二级天数	衡量地区客观环境改善效果
19	突发环境事件	衡量地区客观环境改善效果
20	水土流失治理面积	衡量地区客观环境改善效果

3.1.3 评价指标体系的设计说明

本章在充分理解区域可持续发展能力内涵的基础上，选择具体的 43 个评价指标，遵循评价指标构建的基本原则构建了区域可持续发展能力评价指标体系（表 3.6）。整个指标体系包含三个层次：第一个层次是综合层，这一层主要需要获取区域可持续发展能力的综合评价指标，以便准确获取区域可持续发展能力的现状；第二层为维度层，这一层分别从区域经济、社会、科技、资源、环境五个维度进行具体划分，以便进一步描述不同维度下的可持续发展能力；第三层是指标层，这一层基于指标的选择原则，根据本书的研究对象和内容选择合适的指标具体地反映不同维度下区域可持续发展能力的本质，对区域可持续发展能力进行客观的描述。

表 3.6 区域可持续发展能力评价指标体系

综合层	维度层	指标层	指标标识	指标属性	单位
区域可持续发展能力	经济可持续发展能力	人均地区生产值	C_1	正向	元/人
		一般公共预算收入	C_2	正向	亿元
		地区生产总值增长率	C_3	正向	%
		人均可支配收入	C_4	正向	元
		第三产业占 GDP 比重	C_5	正向	%
		城乡消费水平比	C_6	反向	倍
		公路里程	C_7	正向	千米
	社会可持续发展能力	年末城镇人口比重	C_8	正向	%
		自然增长率	C_9	正向	‰
		受教育程度	C_{10}	正向	年/人
		文盲率	C_{11}	反向	%
		失业率	C_{12}	反向	%
		职工平均工资	C_{13}	正向	元
	科技可持续发展能力	R&D 人员全时当量	C_{14}	正向	人年
		R&D 经费投入强度	C_{15}	正向	%
		专利申请数	C_{16}	正向	件
		专利授权数	C_{17}	正向	件
		技术市场成交额	C_{18}	正向	万元
	资源可持续发展能力	人均水资源量	C_{19}	正向	米³/人
		供水综合生产能力	C_{20}	正向	万米³/日
		人均用水量	C_{21}	反向	米³/人
		单位 GDP 耗水量	C_{22}	反向	元/米³
		单位 GDP 能源消耗	C_{23}	反向	元/吨标准煤
	环境可持续发展能力	废水排放总量	C_{24}	反向	万吨
		化学需氧量排放总量	C_{25}	反向	万吨
		氨氮排放总量	C_{26}	反向	万吨
		二氧化硫排放量	C_{27}	反向	万吨

续表

综合层	维度层	指标层	指标标识	指标属性	单位
区域可持续发展能力	环境可持续发展能力	烟粉尘排放量	C_{28}	反向	万吨
		一般工业固体废物产生量	C_{29}	反向	万吨
		危险废物产生量	C_{30}	反向	万吨
		城市污水排放量	C_{31}	反向	万立方米
		一般工业固体废物综合利用率	C_{32}	正向	%
		生活垃圾无害化处理率	C_{33}	正向	%
		城市污水日处理能力	C_{34}	正向	万立方米
		环境污染治理投资占GDP比重	C_{35}	正向	%
		森林覆盖率	C_{36}	正向	%
		自然保护区占辖区面积比重	C_{37}	正向	%
		建成区绿化覆盖率	C_{37}	正向	%
		湿地占辖区面积比重	C_{39}	正向	%
		人均公园绿地面积	C_{40}	正向	平方米
		空气质量达到及好于二级天数	C_{41}	正向	天
		突发环境事件	C_{42}	反向	次
		水土流失治理面积	C_{43}	正向	千公顷

3.2 区域可持续发展能力的评价模型

在20世纪60年代末70年代初,由美国科学家Kruskal提出的一种新兴的处理分析高维非线性、非正态数据的方法——投影寻踪模型,在稳健性、抗干扰性和准确性方面都优于一般的传统模型。它的工作机理是通过在低维空间寻找高维数据的特征投影,以此分析高维观测数据[204]。因此本书根据投影寻踪的特点和优点建立了基于实数编码的加速遗传算法投影寻踪模型,对区域可持续发展能力进行评价。

投影寻踪模型具体的建立过程如下[204, 205]。

步骤1:标准化样本指标。设各个指标值的样本集为 $\{x^*(i,j)|i=1,2,\cdots,n; j=1,2,\cdots,p\}$,其中,$x^*(i,j)$ 为第 i 个样本第 j 个指标值;n、p 分别为样本的个

数和指标的数目。由于各指标值量纲不统一，使用下面的方法对数据进行规范化处理。

$$对于正向指标：x(i,j) = \frac{x^*(i,j) - x_{\min}(j)}{x_{\max}(j) - x_{\min}(j)} \quad (3.6)$$

$$对于反向指标：x(i,j) = \frac{x_{\max}(j) - x^*(i,j)}{x_{\max}(j) - x_{\min}(j)} \quad (3.7)$$

其中，$x_{\max}(j), x_{\min}(j)$ 分别为第 j 个样本指标值的最大值和最小值；$x(i,j)$ 为样本指标归一化处理结果。

步骤 2：投影指标函数 $Q(a)$ 的建立。投影寻踪模型通过将 p 维数据 $\{x(i,j)|j=1,2,\cdots,p\}$ 投影到低维子空间，形成最佳投影方向 $a=\{a(1),a(2),a(3),\cdots,a(p)\}$，可以将最佳投影方向的数值理解为权重，基于此便可求得投影值 $z(i)$。

$$z(i) = \sum_{j=1}^{p} a(j)x(i,j), \ i=1,2,\cdots,n \quad (3.8)$$

然后根据得到的投影值绘制一维散点图，a 为单位长度向量，编制一维散点图时要使投影值的分布特性尽量满足：整体分散，局部密集，保证层次清晰。因此，将投影指标函数用式（3.9）表达：

$$Q(a) = S_z D_z \quad (3.9)$$

定义投影值 $z(i)$ 的局部密度为 D_z，标准差为 S_z，则有

$$S_z = \sqrt{\frac{\sum_{i=1}^{n}(z(i) - E_z)^2}{n-1}} \quad (3.10)$$

$$D_z = \sum_{i=1}^{n}\sum_{j=1}^{n}(R - r(i,j)) \times u(R - r(i,j)) \quad (3.11)$$

其中，E_z 为投影值 $z(i)$ 的平均值；R 为局部密度的窗口半径，对于 R 选取既要保证在窗口内的投影点的个数不能过少，又要保证它不会随着 n 的增加而增加得过快，通常 R 可以根据试验来确定；$r(i,j)$ 表示样本之间的距离，$r(i,j) = |z(i) - z(j)|$；$u(t)$ 为一单位阶跃函数，当 $t \geq 0$ 时，其值为 1，当 $t < 0$ 时，其函数值为 0。

步骤 3：优化投影指标函数。对于确定的指标集，投影方向 a 的变化将导致投影指标函数 $Q(a)$ 的变化，所以最佳投影方向能有效地反映高维数据的特点。因此，解决投影指数函数最大化问题的主要目的是估计最佳投影方向。

最大化目标函数为

$$\max Q(a) = S_z \times D_z \quad (3.12)$$

$$\text{s.t.} \sum_{j=1}^{p} a^2(j) = 1 \tag{3.13}$$

步骤 4：将通过步骤 3 求得的最佳投影方向 a^* 代入式（3.8）后即可得到各个样本的投影值 $z^*(i)$，即企业可持续发展能力得分。

最佳投影方向的求解是一个非常复杂的非线性优化问题，对于非线性优化问题的求解已有大量的成熟算法。例如，由美国亚利桑那州大学的 Qingyun Duan 博士在 1992 年提出的一种全局优化算法——SCE-UA 算法能够较好地收敛到全局最优解，但是初始点集的选取具有不确定性，如果选取不当就会出现局部收敛的问题[206, 207]；混沌优化算法可以有效地求解不复杂的非线性优化问题，但是其在目标函数、惩罚因子的设定和选择方面具有很大的复杂性[208]；除此之外，由于长期观察自然现象，许多专家和学者也受到了启发，开发了许多智能优化算法，如遗传算法（genetic algorithm，GA）[209]、微粒子群算法（particle swarm optimization，PSO）[210]、模拟退火算法（simulated annealing，SA）[211]、差分进化算法（differential evolution，DE）[212]、人工蜂群算法（artificial bee colony algorithm，ABC）[213]、免疫克隆算法（immune clone algorithm，ICA）[214]、灰狼优化算法（grey wolf optimization，GWO）[215]、萤火虫算法（firefly algorithm，FA）[216]、引力搜索算法（gravitational search algorithm，GSA）[217]等。但是这些算法在实际的操作中普遍存在早熟收敛的问题，极易陷入局部最优，而且大都计算量很大导致运算速度较慢。基于对此问题的分析，本书选择相对较成熟的遗传算法作为求解最佳投影方向的基础算法。遗传算法的提出者 Holland 教授认为一般情况下长期的自然选择可以被近似地看作一个复杂的寻优过程，因此可通过模拟自然选择的过程来求解非线性优化问题[218]。标准遗传算法（simple genetic algorithm，SGA）编码过程十分烦琐，计算量大，结果十分缓慢，而且容易出现早熟收敛的问题导致解的精度相对较差。因此本书选择应用一种改进的遗传算法——基于实数编码的加速遗传算法来解决投影寻踪模型求解的难题，该方法使得算法的寻优性能大大增强，能够更好地解决二进制算法存在 Hamming 悬崖的问题，该算法的主要目的是压缩 SGA 的寻优区间以此来减少算法时间，提高运算速度，更快地获得最优解[219]。

本算法主要是为求解式（3.12）、式（3.13），具体的建模过程如下：

第一步：优化变量的实数编码。采用下式进行线性变换：

$$x(j) = a(j) + y(j)(b(j) - a(j)), \quad j = 1, 2, \cdots, p \tag{3.14}$$

根据式（3.12）可知 Q 为待优化的目标函数，p 为优化变量的数目。通过式（3.14）将在区间 $[a(j), b(j)]$ 上的第 j 个待优化变量 $x(j)$ 对应到[0, 1]区间上，其在[0, 1]区间上的对应值为实数 $y(j)$，则定义 $y(j)$ 为遗传基因。将按照上述方法获得的所有待优化问题的变量对应的基因都按照顺序串联在一起，即可获得用（$y(1), y(2), \cdots,$

$y(p)$)表示的染色体,染色体表示构成问题解的编码。经过上述的操作过程确保变量的取值范围都落在[0, 1]区间内,然后对各优化变量的基因进行以下的操作。

第二步:定义初始父代群体。设定父代群体的数量为 n,随后即可获得每组 p 个的 n 组在[0, 1]区间上的随机数,即 $\{u(j,i)|j=1,2,\cdots,p; i=1,2,\cdots,n\}$。定义 $u(j,i)$ 为初始群体的父代个体值 $y(j,i)$,将 $y(j,i)$ 代入式(3.14)中即可获得优化变量值 $x(j,i)$。再将通过目标方程获得的目标函数值 $\{Q(i)|i=1,2,\cdots,n\}$ 进行从小到大排序,对应个体 $\{y(j,i)\}$ 也跟着排序。由于目标函数值的大小代表着个体适应能力的强弱,将通过上述排序获得的前 k 个定义为优秀个体,并将其直接记入下一代。

第三步:建立适应度评价函数。用适应度评价函数对种群中每个染色体的概率进行设定,以保证染色体选择的可能性与其适应度成正比。值得注意的是,基于序的评价函数(用 eval$(y(j,i))$ 来表示)不是根据其实际的目标值而是根据染色体的序重新分配。设参数 $\alpha \in (0,1)$ 给定,则基于序的评价函数用式(3.15)表示:

$$\text{eval}(y(j,i)) = \alpha(1-\alpha)^{i-1}, \quad i=1,2,\cdots,N \tag{3.15}$$

其中,$i=1$ 说明染色体是最好的,$i=N$ 说明染色体是最差的。

第四步:选择下一代个体。通过旋转赌轮 N 次,根据每个染色体的适应度,在每次旋转中选择一组新的染色体,由此产生第一代群体 $\{y_1(j,i)|j=1,2,\cdots,p\}$。具体的选择过程可以表述如下:

每个染色体 $y(j,i)$ 计算累积概率 $q_i(i=0,1,2,\cdots,N)$ 为

$$\begin{cases} q_0 = 0 \\ q_i = \sum_{j=1}^{i} \text{eval}(y(j,i)), \quad j=1,2,\cdots,p; \ i=1,2,\cdots,N \end{cases} \tag{3.16}$$

从区间[0, q_i]中产生一个随机数 r,若 $q_{i-1} < r \leq q_i$,则选择第 i 个染色体 $y(j,i)$。重复第二步、第三步共 N 次,可得到 N 个复制的染色体,组成新一代个体。

第五步:杂交父代种群获得第二代群体。将参数 p_c 定义为交叉操作的概率,即在种群中将有 p_cN 个染色体进行交叉操作。通过从 $i=1$ 到 N 重复以下过程来确定交叉操作产生的父代:如果在[0, 1]中随机产生的任意数 $r < p$,则选择 $y(j,i)$ 作为一个父代。用 $y_1'(j,i), y_2'(j,i), \cdots$ 表示选择的父代,并把它们随机进行如下所示的两两配对,$(y_1'(j,i), y_2'(j,i)), (y_3'(j,i), y_4'(j,i)), (y_5'(j,i), y_6'(j,i))$。如果父代个体出现奇数,可删除染色体或添加染色体以确保两两配对。以 $(y_1'(j,i), y_2'(j,i))$ 为例采用算数交叉法来解释整个交叉操作的过程,从(0, 1)中产生一个随机任意数 c,然后在 $y_1'(j,i)$ 和 $y_2'(j,i)$ 之间进行交叉操作可获得 X 和 Y 两个后代,具体的操作过程如下:

$$X = c \times y_1'(j,i) + (1-c) \times y_2'(j,i)$$
$$Y = (1-c) \times y_1'(j,i) + c \times y_2'(j,i) \quad (3.17)$$

交叉运算获得的两个后代可行的前提是两个父代是可行的、可行集呈凸性。但是通常可行集的凹凸性是未知的，因此检验每一后代是否可行就很有必要。操作的准则是用可行后代代替父代，然后重复进行交叉操作。特别注意的是在整个交叉操作的过程中父代只能用可行的后代代替，当新一代个体不可行时，也可以通过一些改进策略使其成为可行的。经过上面复杂的操作过程即可得到第二代群体 $\{y_2(j,i)|j=1,2,\cdots,p;i=1,2,\cdots,n\}$。

第六步：进行变异获得新种群。将参数 p_m 定义为遗传算法中的变异概率，表明种群中将有 $p_m N$ 个染色体要进行变异操作。通过交叉操作选择父代的过程与变异选择非常相似。令 $i=1$ 到 N，选取区间 $[0,1]$ 中产生随机数 r，当 $r<p_m$ 时，则定义染色体 $y(j,i)$ 为变异的父代，并用 $y_3'(j,i)$ 表示，按下面的方法进行变异。在 n 维空间中选择任意方向 d 作为变异方向，则有

$$y_3'(j,i) + Md, \ i=1,2,\cdots,p \quad (3.18)$$

通过设 M 为 $(0,1)$ 上的随机任意数使式（3.18）可行，以此来满足种群的多样性，除此之外还需保证 M 是一个足够大的数。如果在给定的迭代次数中没有可行解，则可通过将 M 设为 0 的方式解决。无论 M 为何值，总用 $X = y_3'(j,i) + Md$ 代替 $y_3'(j,i)$，重复操作此过程则可获得通过变异的新一代种群 $\{y_3(j,i)|j=1,2,\cdots,p;i=1,2,\cdots,n\}$。

值得注意的是通常 SGA 的选择、杂交、变异的过程是依次进行的，这样做的弊端是前面的遗传操作导致后面的遗传操作丢失有用信息。而基于实数编码的加速遗传算法的选择、杂交、变异过程是并行的，也就是说基于实数编码的加速遗传算法一般比 SGA 拥有更广的搜索域，因此获得的最优解相对来说机会更大一些、精度也更高。

第七步：演化迭代。按照适应度函数值大小，将通过选择、杂交和变异所产生的 $3n$ 个子代个体进行排序。选择前 $(n-k)$ 个个体为优秀子代，使之作为新的父代重复第三步，即作为下一阶段的开始，重复整个父代个体评价、选择、杂交和变异的过程。

第八步：加速处理。通过确定第一次和第二次产生优秀个体的区间作为下一代优化变量的迭代区间。由于进化次数过多会削弱搜索算法的寻优能力，可通过再次转入第一步的方法使寻优区间越来越精确，如此加速循环。当最优个体目标函数值达到设定值或达到设定加速次数时结束算法。此时获得的当前全体中最优秀个体就是寻优结果，对于本书模型来说即为最佳投影方向 a^*，以上即基于实数

编码的加速遗传算法的完整过程。

3.3 区域可持续发展能力的综合评价及结果分析

本章在构建区域可持续发展能力评价指标体系基础上，运用基于实数编码的加速遗传算法投影寻踪模型对中国不同地区的可持续发展能力进行评价分析。根据评价结果探索各地区可持续发展能力现状和特征。由于《中国统计年鉴》关于环境等方面的大量数据只更新到 2017 年，本书选择的研究时期为 2008~2017 年。本书将统计年鉴 2008~2017 年数据代入投影寻踪模型，应用基于实数编码的加速遗传算法求解模型。根据式（3.6）~式（3.18），采用 MATLAB2017a 编程处理数据，种群规模 $N=400$，交叉概率 $p_c=0.8$，变异概率 $p_m=0.2$，优化变量数目 $n=47$，变异方向所需随机数 $M=10$，加速次数为 7。

3.3.1 各评价指标的投影方向测算

根据构建的区域可持续发展能力评价指标体系，运用基于实数编码的加速遗传算法投影寻踪模型对中国 31 个地区的区域可持续发展能力进行测算，并获得投影寻踪模型的最佳投影方向 a^*。本章以 2017 年数据为例，获得结果如下。

1. 维度层面的最佳投影方向测算结果

在投影寻踪模型中获得的最佳投影方向 a^* 被用来代表指标所占的权重，因此，对最佳投影方向 a^* 进行排序可知各指标在可持续发展能力评价中的重要程度。本书通过构建的区域可持续发展能力评价模型获得各评价指标最佳投影方向，图 3.1 分别展示了经济、社会、科技、资源和环境五个维度的各评价指标投影方向的折线图。

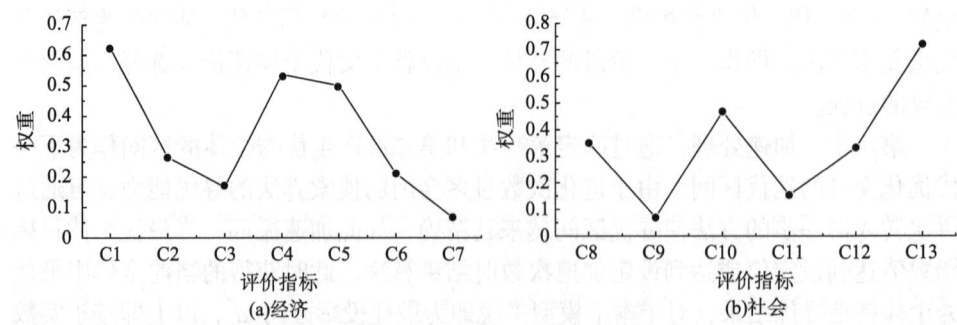

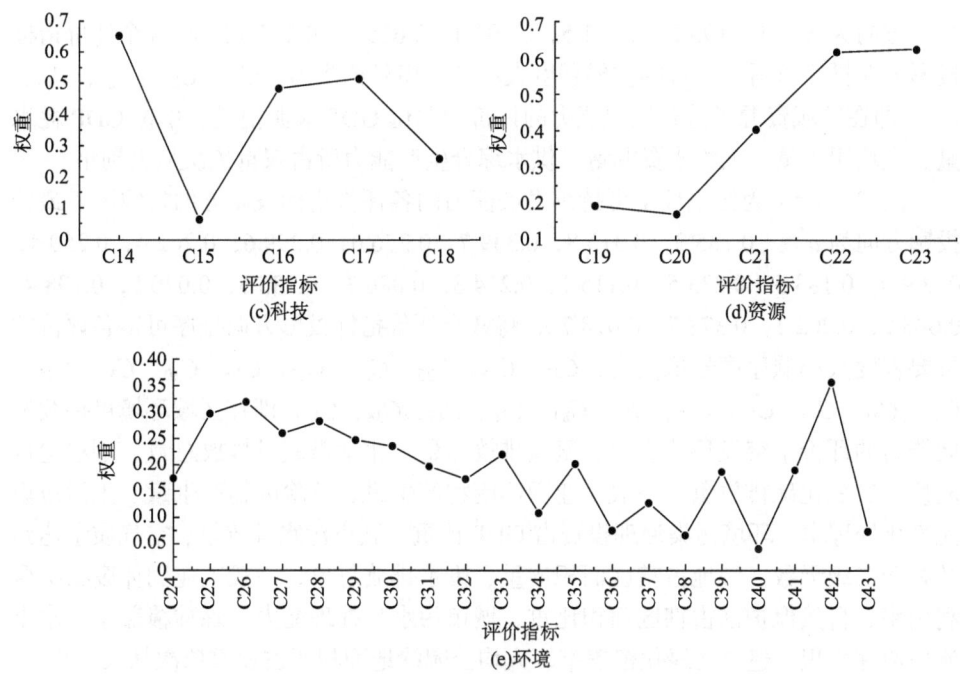

图 3.1 各评价指标投影方向折线图

图 3.1（a）为区域经济可持续发展能力的各评价指标投影方向折线图。最佳投影方向为 $a^* =$（0.620 7，0.233 4，0.128 6，0.525 5，0.485 9，0.175 9，0.020 5），将各个评价指标投影方向排序可得各评价的重要程度大小顺序序号依次为：C_1、C_4、C_5、C_2、C_6、C_3、C_7，即在区域经济可持续发展能力的评价中人均地区生产值、人均可支配收入、第三产业占 GDP 比重、一般公共预算收入、城乡消费水平比、地区生产总值增长率、公路里程所占权重依次从大到小。

图 3.1（b）为区域社会可持续发展能力的各评价指标投影方向折线图。最佳投影方向为 $a^* =$（0.350 6，0.069 8，0.467 9，0.153 8，0.332 4，0.720 6），将各个评价指标投影方向排序可得各评价的重要程度大小顺序序号依次为：C_{13}、C_{10}、C_8、C_{12}、C_{11}、C_9，即在区域社会可持续发展能力的评价中职工平均工资、受教育程度、年末城镇人口比重、失业率、文盲率、自然增长率所占权重依次从大到小。

图 3.1（c）为区域科技可持续发展能力的各评价指标投影方向折线图。最佳投影方向为 $a^* =$（0.652 3，0.066 2，0.484 5，0.516 9，0.261 0），将各个评价指标投影方向排序可得各评价的重要程度大小顺序序号依次为：C_{14}、C_{17}、C_{16}、C_{18}、C_{15}，即在区域科技可持续发展能力的评价中 R&D 人员全时当量、专利授权数、专利申请数、技术市场成交额、R&D 经费投入强度所占权重依次从大到小。

图 3.1（d）为区域资源可持续发展能力的各评价指标投影方向折线图。最佳

投影方向为 $a^* = (0.1939, 0.1715, 0.4034, 0.6159, 0.6253)$，将各个评价指标投影方向排序可得各评价的重要程度大小顺序序号依次为：C_{23}、C_{22}、C_{21}、C_{19}、C_{20}，即在区域资源可持续发展能力的评价中单位 GDP 能源消耗、单位 GDP 耗水量、人均用水量、人均水资源量、供水综合生产能力所占权重依次从大到小。

图 3.1（e）为区域环境可持续发展能力的各评价指标投影方向折线图。最佳投影方向为 $a^* = (0.1853, 0.3158, 0.3397, 0.2766, 0.2996, 0.2624, 0.2504, 0.2090, 0.1835, 0.2335, 0.1151, 0.2148, 0.0803, 0.1355, 0.0705, 0.1984, 0.0432, 0.2021, 0.3787, 0.0787)$，将各个评价指标投影方向排序可得各评价的重要程度大小顺序序号依次为：C_{42}、C_{26}、C_{25}、C_{28}、C_{27}、C_{29}、C_{30}、C_{33}、C_{35}、C_{31}、C_{41}、C_{39}、C_{24}、C_{32}、C_{37}、C_{34}、C_{36}、C_{43}、C_{38}、C_{40}，即在区域环境可持续发展能力的评价中突发环境事件、氨氮排放总量、化学需氧量排放总量、烟粉尘排放量、二氧化硫排放量、一般工业固体废物产生量、危险废物产生量、生活垃圾无害化处理率、环境污染治理投资占 GDP 比重、城市污水排放量、空气质量达到及好于二级天数、湿地占辖区面积比重、废水排放总量、一般工业固体废物综合利用率、自然保护区占辖区面积比重、城市污水日处理能力、森林覆盖率、水土流失治理面积、建成区绿化覆盖率、人均公园绿地面积所占权重依次从大到小。

2. 整体层面的最佳投影方向测算结果

图 3.2 为各维度投影方向折线图，反映了整体层面的各维度最佳投影方向结果。各维度最佳投影方向结果为 $a^* = (0.6533, 0.6606, 0.3229, 0.0256, 0.1785)$。根据图 3.2 可以看出社会、经济、科技、环境、资源在区域可持续发展能力评价中所占权重依次从大到小。因此，推动地区社会进步、经济发展和科技提升是提高区域可持续发展能力最直接和最重要的手段。相比而言，区域的资源和环境的改善对区域可持续发展能力的影响较小。

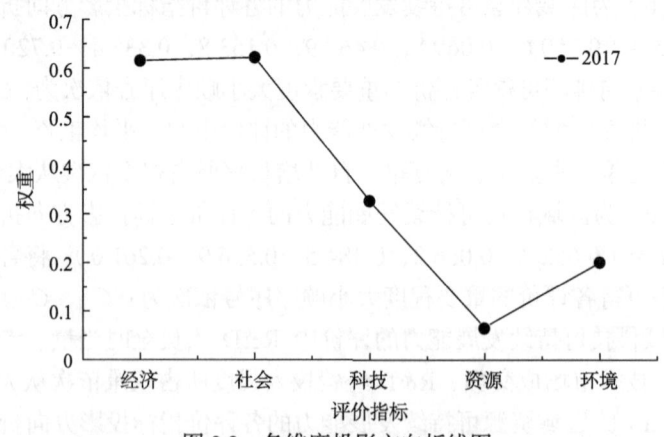

图 3.2　各维度投影方向折线图

3.3.2 区域可持续发展能力测算

本章区域可持续发展能力结果计算基于维度层的结果，即通过分别计算区域经济可持续发展能力、区域社会可持续发展能力、区域科技可持续发展能力、区域资源可持续发展能力和区域环境可持续发展能力的评价值，再根据五个维度的评价值计算区域可持续发展能力的评价值。从维度层面对区域可持续发展能力进行分析有助于从整体上把握区域可持续发展能力的现状。本书将 2008~2017 年各评价指标数据分别代入投影寻踪模型，并应用基于实数编码的加速遗传算法求解模型，可以获得区域经济、社会、科技、资源、环境可持续发展能力及区域可持续发展能力的评价值 $z^*(i)$。

1. 区域经济可持续发展能力测算结果

表 3.7 展示了 2008~2017 年十年的区域经济可持续发展能力评价值，对表 3.7 进行分析发现 2008 年区域经济可持续发展能力评价值排在前 5 位的地区分别为上海、北京、浙江、江苏和广东；2009 年区域经济可持续发展能力评价值排在前 5 位的地区分别为上海、北京、广东、浙江、天津；2010 年区域经济可持续发展能力评价值排在前 5 位的地区分别为北京、上海、浙江、江苏和天津；2011 年区域经济可持续发展能力评价值排在前 5 位的地区分别为北京、上海、江苏、浙江和天津；2012 年区域经济可持续发展能力评价值排在前 5 位的地区分别为北京、上海、江苏、天津和浙江；2013 年区域经济可持续发展能力评价值排在前 5 位的地区分别为北京、上海、天津、江苏和广东；2014 年区域经济可持续发展能力评价值排在前 5 位的地区分别为北京、上海、天津、江苏和浙江；2015 年区域经济可持续发展能力评价值排在前 5 位的地区分别为北京、上海、天津、江苏和浙江；2016 年区域经济可持续发展能力评价值排在前 5 位的地区分别为北京、上海、天津、江苏和浙江；2017 年区域经济可持续发展能力评价值排在前 5 位的地区分别为北京、上海、江苏、天津和浙江。

表 3.7 区域经济可持续发展能力评价值

地区	2008 年	2009 年	2010 年	2011 年	2012 年	2013 年	2014 年	2015 年	2016 年	2017 年
北京	1.773 2	1.776 7	1.818 1	1.897 7	1.868 6	1.776 1	1.862 2	1.871 7	1.865 7	1.910 9
天津	0.847 8	1.127 2	1.228 3	1.341 9	1.422 5	1.404 5	1.505 2	1.332 3	1.388 1	1.231 7
河北	0.591 1	0.470 1	0.584 4	0.707 7	0.625 8	0.533 5	0.593 6	0.458 7	0.571 9	0.485 2
山西	0.560 2	0.405 1	0.549 6	0.644 9	0.630 8	0.540 0	0.535 5	0.462 0	0.509 9	0.497 5
内蒙古	0.721 4	0.791 3	0.751 3	0.863 2	0.843 7	0.773 2	0.904 2	0.741 8	0.826 0	0.649 9
辽宁	0.799 9	0.786 1	0.768 7	0.924 6	0.860 7	0.874 4	0.809 2	0.659 2	0.572 3	0.601 7

续表

地区	2008年	2009年	2010年	2011年	2012年	2013年	2014年	2015年	2016年	2017年
吉林	0.6205	0.5361	0.5370	0.6801	0.6434	0.5459	0.5935	0.4619	0.5821	0.4928
黑龙江	0.7229	0.5017	0.5316	0.6488	0.5746	0.5271	0.5914	0.5357	0.5738	0.5778
上海	1.8961	1.7977	1.8162	1.8211	1.7753	1.6658	1.7361	1.7290	1.8406	1.7755
江苏	1.2855	1.1189	1.3115	1.5251	1.4226	1.3847	1.4086	1.2313	1.3881	1.2411
浙江	1.4368	1.1829	1.4127	1.4490	1.3495	1.1893	1.2865	1.1660	1.2974	1.2317
安徽	0.5694	0.4335	0.4636	0.5658	0.5200	0.5299	0.5761	0.4599	0.5738	0.5001
福建	0.8963	0.7933	0.9112	0.9578	0.9491	0.8846	0.9592	0.8107	0.9118	0.8597
江西	0.5381	0.3745	0.4582	0.5511	0.5015	0.5116	0.5914	0.4612	0.5648	0.4819
山东	0.9591	0.8360	0.9109	1.0779	1.0290	1.0096	0.9813	0.8458	0.9659	0.8134
河南	0.5615	0.4080	0.4655	0.5448	0.4949	0.4814	0.5827	0.4781	0.5853	0.4796
湖北	0.7275	0.5506	0.5881	0.6873	0.6534	0.6857	0.8114	0.6771	0.7569	0.6789
湖南	0.7155	0.5773	0.6002	0.6737	0.6491	0.6399	0.7160	0.5908	0.6659	0.6109
广东	1.2855	1.2572	1.0879	1.2674	1.1970	1.2458	1.2057	1.0821	1.2687	1.1078
广西	0.4425	0.3919	0.4002	0.4446	0.4638	0.4467	0.4776	0.3663	0.4405	0.3952
海南	0.3906	0.4069	0.4615	0.4955	0.5012	0.5353	0.6064	0.5851	0.5723	0.5909
重庆	0.4181	0.5171	0.4584	0.5637	0.6362	0.7244	0.7971	0.7424	0.7715	0.7057
四川	0.5662	0.5559	0.4646	0.5622	0.5646	0.5885	0.6080	0.5255	0.6332	0.5892
贵州	0.1783	0.3344	0.2559	0.3624	0.4459	0.5375	0.4515	0.4172	0.4231	0.3645
云南	0.5051	0.4007	0.3681	0.4591	0.4934	0.5272	0.3890	0.3955	0.4377	0.3952
西藏	0.2656	0.3828	0.3043	0.2375	0.3460	0.4169	0.3543	0.4583	0.3429	0.3110
陕西	0.4639	0.4992	0.4828	0.5587	0.5685	0.5887	0.6058	0.4930	0.5683	0.4956
甘肃	0.2739	0.2724	0.1940	0.3127	0.3267	0.3682	0.3605	0.3573	0.3431	0.2515
青海	0.4235	0.2906	0.4413	0.4884	0.4459	0.3940	0.4981	0.3951	0.4280	0.3949
宁夏	0.4312	0.4121	0.4905	0.5454	0.5518	0.5055	0.5484	0.4634	0.4938	0.4848
新疆	0.3980	0.3342	0.3428	0.4858	0.4839	0.5295	0.5699	0.4774	0.4665	0.3829

2008年区域经济可持续发展能力评价值排在后5位的地区分别为新疆、海南、甘肃、西藏、贵州；2009年区域经济可持续发展能力评价值排在后5位的地区分别为江西、贵州、新疆、青海、甘肃；2010年区域经济可持续发展能力评价值排在后5位的地区分别为云南、新疆、西藏、贵州、甘肃；2011年区域经济可持续发展能力评价值排在后5位的地区分别为云南、广西、贵州、甘肃、西藏；2012年区域经济可持续发展能力评价值排在后5位的地区分别为广西、青海、贵州、西藏、甘肃；2013年区域经济可持续发展能力评价值排在后5位的地区分别为河

南、广西、西藏、青海、甘肃；2014年区域经济可持续发展能力评价值排在后5位的地区分别为广西、贵州、云南、甘肃、西藏；2015年区域经济可持续发展能力评价值排在后5位的地区分别为贵州、云南、青海、广西、甘肃；2016年区域经济可持续发展能力评价值排在后5位的地区分别为云南、青海、贵州、甘肃、西藏；2017年区域经济可持续发展能力评价值排在后5位的地区分别为青海、新疆、贵州、西藏、甘肃。

通过对2008~2017年区域经济可持续发展能力评价结果进行分析发现，以北京、上海、江苏、浙江、天津及广东为代表的京津冀地区、长三角城市群及珠三角城市群等经济发达地区的经济可持续发展能力较强。图3.3展示了以上几个地区的经济可持续发展能力趋势图，由图3.3可知，以北京和天津为代表的京津冀地区整体上经济可持续发展能力呈上升的趋势；以上海、江苏、浙江和广东为代表的长三角地区和珠三角地区的经济可持续发展能力波动较为剧烈，整体保持平稳或下降的趋势。因此，沿海地区的经济可持续发展能力正在减弱，目前对内陆地区的影响较小，这说明寻找可以稳步提升沿海地区经济可持续发展能力的方法十分紧迫。

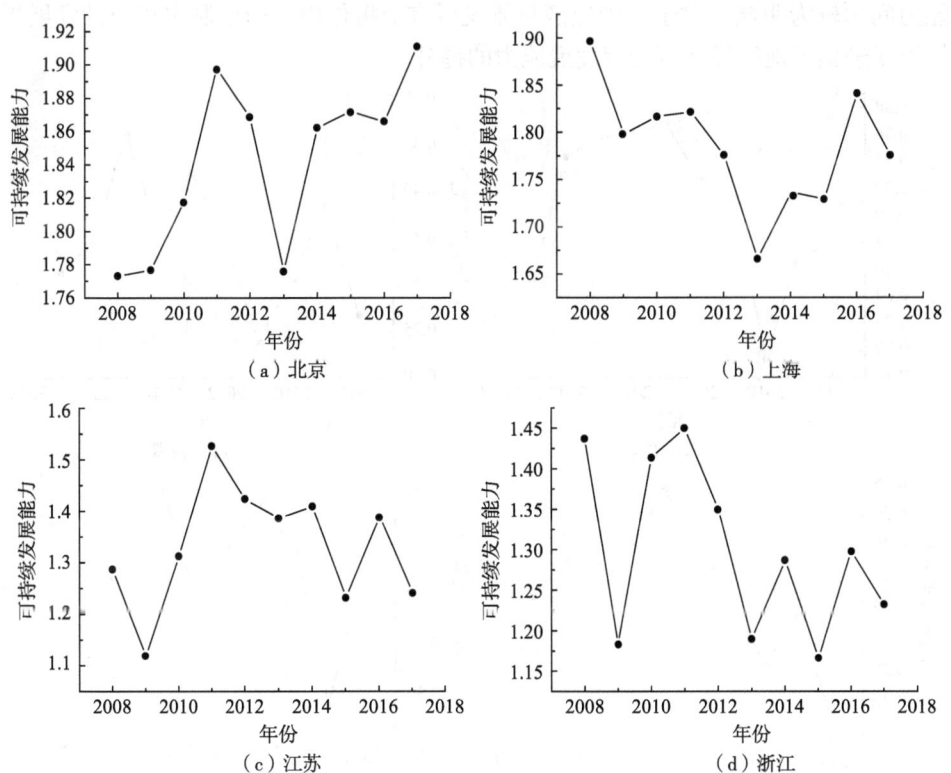

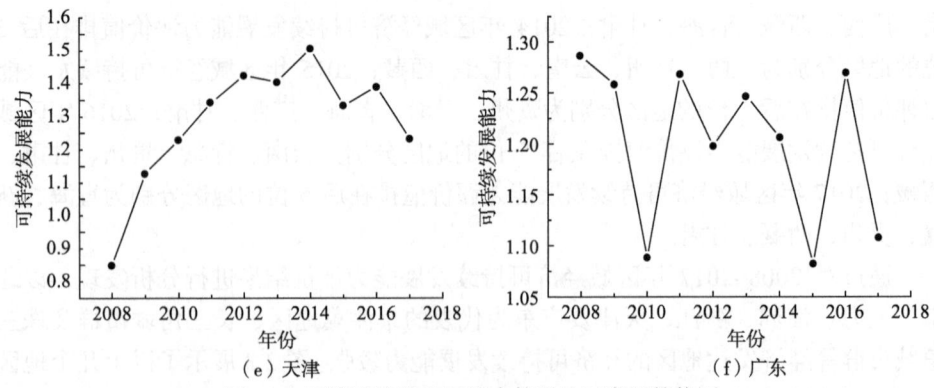

（e）天津　　　　　　　　　　（f）广东

图3.3　经济可持续发展能力较强地区发展趋势图

以甘肃、西藏、贵州、青海、广西和云南为代表的西南和西北偏远落后地区的经济可持续发展能力较低，其中甘肃的经济可持续发展能力最弱。图3.4展示了以上几个地区的经济可持续发展能力趋势图。分析图3.4发现这些地区的经济可持续发展能力的波动都较为明显，除了西藏、贵州在整体上呈上升趋势以外，其他地区都在不同程度上呈整体下降趋势。因此，经济不发达地区的经济可持续发展能力问题较为明显，对于中国经济整体发展有消极作用，应该制定相应的发展规划以促进偏远地区经济可持续发展能力的提升。

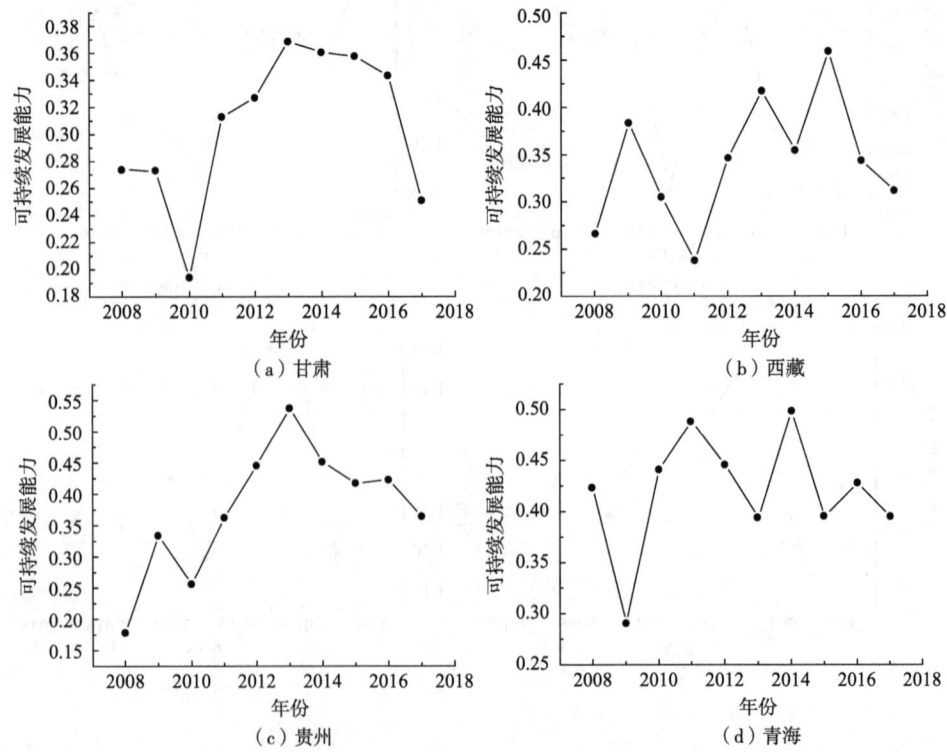

（a）甘肃　　　　　　　　　　（b）西藏

（c）贵州　　　　　　　　　　（d）青海

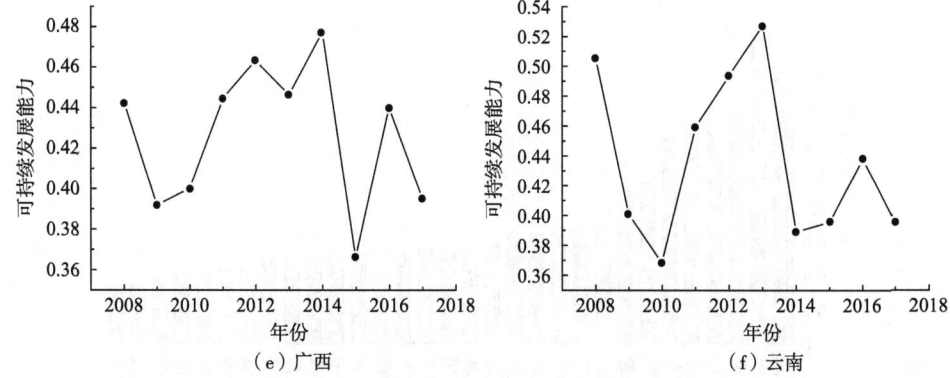

图 3.4 经济可持续发展能力较弱地区发展趋势图

根据中国 31 个地区 2008~2017 年经济可持续发展能力评价值绘制图 3.5 以展示十年间整体的发展趋势。图 3.5（a）为 2008~2017 年年度平均值绘制的发展趋势图，从中可以看出中国各地区经济可持续发展能力在 2009 年、2012 年、2013 年、2015 年、2017 年分别出现了不同程度的下跌，这也导致了从整体上看各地区的经济可持续发展能力呈现颓势。因此，中国的经济转型依旧面临着较大的挑战。图 3.5（b）是各地区十年间经济可持续发展能力平均值的排序图。从图中可以看出北京和上海的经济可持续发展能力是遥遥领先的，这也说明了这两个地区在中国经济发展中的核心地位；其次是江苏、浙江、天津和广东四个地区为中国经济发展的第二梯队，也具有较好的经济可持续发展能力；其余的地区经济可持续发展能力相差并不明显。相对来说京津冀地区及东南沿海地区的经济可持续发展能力相对较强，内陆地区和西南偏远地区的经济可持续发展能力较弱，由此可见中国的经济可持续发展能力依旧存在发展不均衡的问题。

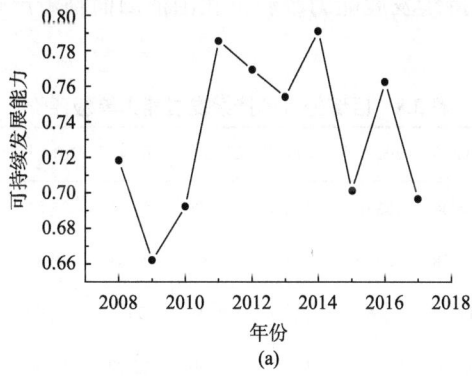

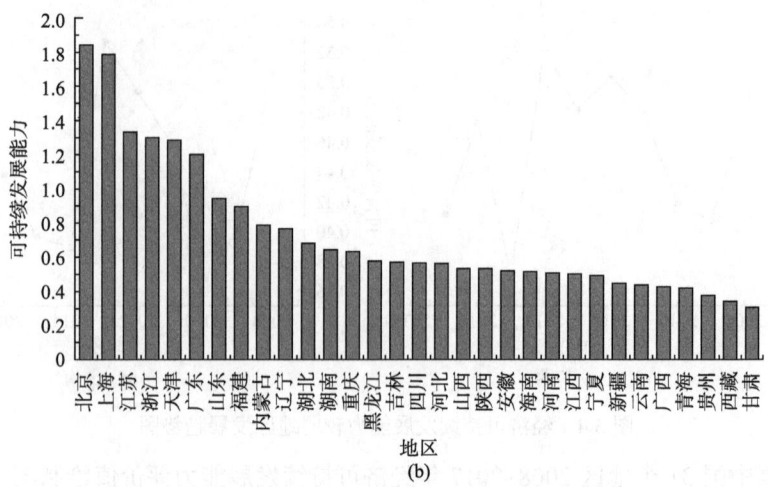

图 3.5 经济可持续发展能力整体发展趋势图

通过获得的 31 个地区的经济可持续发展能力评价值,根据鲁敏和张月华[220]及孙晓等[221]的分级方法,取综合投影区间(~,0.6],(0.6,1.0],(1.0,1.4],(1.4,~)分别表示差、一般、良好、优秀,获得区域经济可持续发展能力等级评定量表(表 3.8)。根据 31 个地区的经济可持续发展能力投影值可获得区域经济可持续发展能力评价指标样本投影值 $z^*(i)$ 的散点图(图 3.6)。根据图 3.6 可以看出我国各地区的经济可持续发展能力在十年间的波动并不明显。此外,通过对等级评价标准的分析发现我国的区域经济可持续发展能力大都处于一般、差这样的中等偏下的层次水平。在 31 个地区中,经济可持续发展能力达到优秀和良好水平的地区仅占总体的两成左右。经济可持续发展能力达到一般水平的地区也仅仅为三成左右。然而经济可持续发展能力较差的地区比例竟高达五成左右。这说明了中国大多数地区经济可持续发展能力较弱,我国依旧面临着严峻的经济可持续发展能力不足的问题。

表 3.8 区域经济可持续发展能力等级评价 单位:%

投影值区间	2008 年	2009 年	2010 年	2011 年	2012 年	2013 年	2014 年	2015 年	2016 年	2017 年
<0.6	38.71	58.06	58.06	32.26	35.48	51.61	25.81	54.84	29.03	48.39
0.6~1.0	41.94	22.58	22.58	41.94	41.94	25.81	48.39	25.81	48.39	32.26
1.0~1.4	9.68	12.90	9.68	12.90	9.68	9.68	12.90	12.90	9.68	12.90
>1.4	9.68	6.45	9.68	12.90	12.90	12.90	12.90	6.45	12.90	6.45

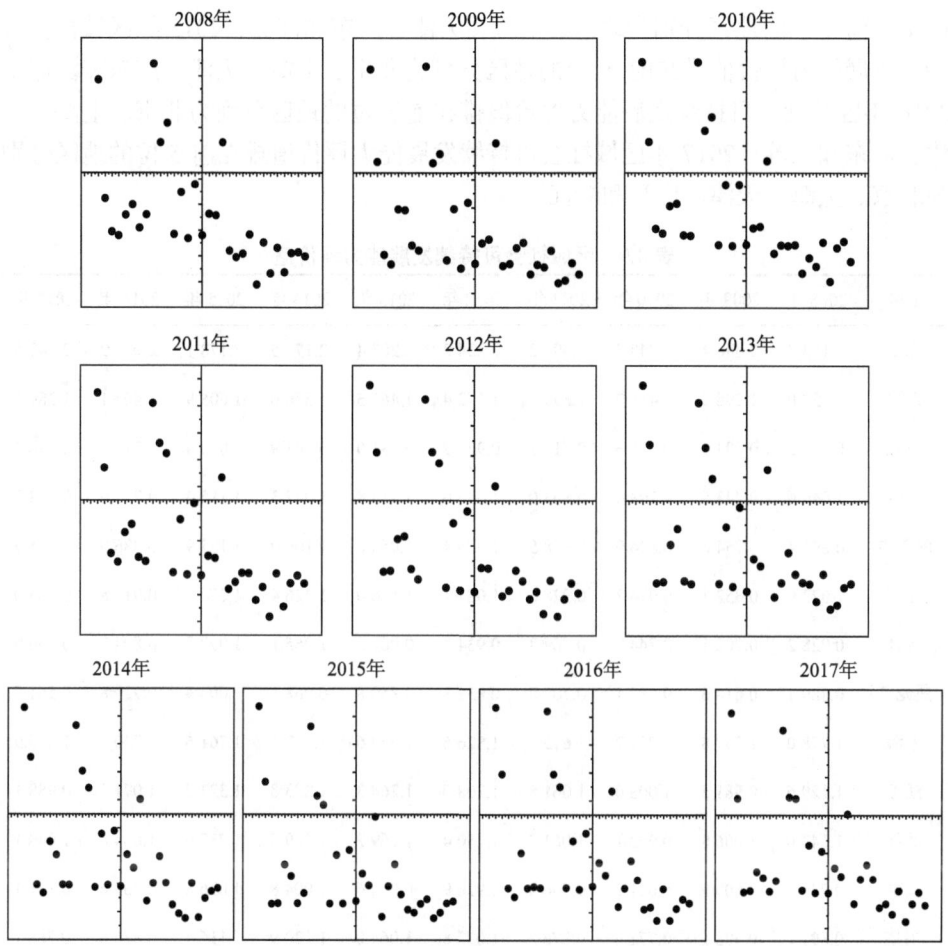

图 3.6 区域经济可持续发展能力评价指标样本投影值散点图

2. 区域社会可持续发展能力测算结果

表 3.9 展示了 2008~2017 年十年的区域社会可持续发展能力评价值，对表 3.9 进行分析发现 2008 年区域社会可持续发展能力评价值排在前 5 位的地区分别为北京、上海、天津、广东和浙江；2009 年区域社会可持续发展能力评价值排在前 5 位的地区分别为北京、上海、天津、广东和浙江；2010 年区域社会可持续发展能力评价值排在前 5 位的地区分别为北京、上海、天津、广东和江苏；2011 年区域社会可持续发展能力评价值排在前 5 位的地区分别为北京、上海、天津、广东和海南；2012 年区域社会可持续发展能力评价值排在前 5 位的地区分别为北京、上海、天津、广东和海南；2013 年区域社会可持续发展能力评价值排在前 5 位的地区分别为北京、上海、天津、广东和海南；2014 年区域社会可持续发展能力评价

值排在前 5 位的地区分别为北京、上海、天津、广东和江苏；2015 年区域社会可持续发展能力评价值排在前 5 位的地区分别为北京、上海、天津、广东和江苏；2016 年区域社会可持续发展能力评价值排在前 5 位的地区分别为北京、上海、天津、广东和江苏；2017 年区域社会可持续发展能力评价值排在前 5 位的地区分别为北京、上海、天津、广东和浙江。

表 3.9 区域社会可持续发展能力评价值

地区	2008 年	2009 年	2010 年	2011 年	2012 年	2013 年	2014 年	2015 年	2016 年	2017 年
北京	2.183 3	2.036 4	2.048 2	2.092 2	2.234 2	2.207 4	2.171 5	2.178 1	2.024 9	2.042 5
天津	1.522 0	1.296 4	1.435 2	1.359 7	1.472 4	1.461 5	1.576 6	1.605 9	1.404 1	1.289 2
河北	0.871 2	0.694 0	0.678 6	0.715 1	0.920 7	0.931 0	0.968 9	1.015 4	0.719 7	0.684 3
山西	1.046 6	0.743 8	0.793 4	0.863 0	1.096 6	1.119 8	1.082 3	1.115 9	0.799 0	0.754 1
内蒙古	0.891 4	0.754 6	0.824 9	0.878 5	1.056 4	1.053 6	1.106 0	1.127 9	0.886 9	0.775 9
辽宁	1.073 0	0.852 3	0.924 3	0.928 6	1.087 1	1.176 0	1.226 4	1.271 5	0.915 8	0.753 0
吉林	0.928 2	0.702 1	0.744 7	0.768 3	0.934 1	0.967 5	1.065 1	1.099 7	0.804 7	0.690 0
黑龙江	0.889 1	0.618 6	0.687 1	0.700 0	0.858 3	0.859 8	0.968 3	1.004 4	0.729 8	0.561 7
上海	1.778 0	1.557 8	1.751 2	1.675 7	1.826 6	1.628 6	1.817 6	1.761 6	1.730 7	1.630 9
江苏	1.129 6	0.981 5	1.003 0	1.061 5	1.208 0	1.268 3	1.283 8	1.323 2	1.071 3	0.988 1
浙江	1.143 0	1.006 8	0.952 1	1.061 0	1.250 4	1.269 5	1.269 8	1.289 0	1.064 8	1.040 1
安徽	0.745 7	0.609 9	0.611 2	0.706 4	0.926 9	0.974 6	1.004 8	1.036 8	0.739 6	0.751 1
福建	0.891 1	0.723 6	0.771 6	0.876 2	1.072 8	1.064 0	1.120 9	1.116 4	0.836 6	0.768 1
江西	0.885 4	0.708 5	0.622 5	0.833 7	1.057 0	1.059 4	1.013 5	1.028 2	0.732 3	0.685 6
山东	0.935 2	0.804 1	0.766 6	0.832 4	1.006 1	1.061 6	1.084 5	1.101 9	0.853 0	0.808 9
河南	0.888 9	0.705 7	0.618 1	0.701 1	0.935 7	0.949 0	0.967 4	0.986 4	0.657 7	0.670 4
湖北	0.776 7	0.603 0	0.720 0	0.716 8	0.934 9	1.027 7	1.094 3	1.195 8	0.912 1	0.871 1
湖南	0.821 8	0.631 5	0.624 8	0.630 0	0.834 4	0.859 6	0.940 2	0.986 8	0.733 6	0.667 4
广东	1.422 2	1.199 5	1.104 0	1.268 0	1.434 3	1.386 3	1.371 5	1.442 8	1.153 2	1.133 7
广西	0.878 7	0.688 0	0.595 3	0.707 8	0.925 5	0.963 5	0.976 7	1.031 6	0.739 0	0.821 3
海南	0.888 3	0.719 0	0.770 4	1.134 6	1.284 5	1.269 7	1.181 5	1.238 2	0.915 1	0.940 0
重庆	0.878 6	0.716 4	0.729 9	0.864 7	1.059 9	1.064 9	1.126 8	1.132 5	0.899 3	0.843 6
四川	0.610 2	0.529 5	0.544 7	0.568 1	0.785 1	0.807 0	0.866 1	0.863 7	0.658 9	0.611 3

续表

地区	2008年	2009年	2010年	2011年	2012年	2013年	2014年	2015年	2016年	2017年
贵州	0.6048	0.5285	0.4067	0.5442	0.7875	0.8674	0.8577	0.8092	0.6542	0.6750
云南	0.5843	0.4249	0.3784	0.4885	0.6476	0.7303	0.7515	0.7695	0.6111	0.6650
西藏	0.6099	0.5831	0.4198	0.4825	0.5839	0.5711	0.3718	0.5127	0.6114	0.7548
陕西	0.8612	0.7131	0.7582	0.7800	1.0406	1.0562	1.0528	1.1138	0.8187	0.7561
甘肃	0.7281	0.6186	0.5182	0.6493	0.9340	1.0497	0.9683	0.9875	0.7161	0.6920
青海	0.8235	0.6978	0.6225	0.7147	0.9330	0.9554	0.9673	0.8605	0.7313	0.7785
宁夏	0.8816	0.7050	0.7192	0.7030	0.9358	0.9396	0.9769	0.9857	0.8263	0.7494
新疆	0.9447	0.7340	0.7374	0.8783	1.0967	1.0592	1.0846	1.1121	0.8529	0.8818

2008 年区域社会可持续发展能力评价值排在后 5 位的地区分别为甘肃、四川、西藏、贵州和云南；2009 年区域社会可持续发展能力评价值排在后 5 位的地区分别为湖北、西藏、四川、贵州和云南；2010 年区域社会可持续发展能力评价值排在后 5 位的地区分别为四川、甘肃、西藏、贵州和云南；2011 年区域社会可持续发展能力评价值排在后 5 位的地区分别为湖南、四川、贵州、云南和西藏；2012 年区域社会可持续发展能力评价值排在后 5 位的地区分别为湖南、贵州、四川、云南和西藏；2013 年区域社会可持续发展能力评价值排在后 5 位的地区分别为黑龙江、湖南、四川、云南和西藏；2014 年区域社会可持续发展能力评价值排在后 5 位的地区分别为湖南、四川、贵州、云南和西藏；2015 年区域社会可持续发展能力评价值排在后 5 位的地区分别为四川、青海、贵州、云南和西藏；2016 年区域社会可持续发展能力评价值排在后 5 位的地区分别为四川、河南、贵州、西藏和云南；2017 年区域社会可持续发展能力评价值排在后 5 位的地区分别为河南、湖南、云南、四川和黑龙江。

根据 2008~2017 年区域社会可持续发展能力评价值结果可知，北京、上海、天津、广东、浙江及江苏等经济发达地区的社会可持续发展能力整体较强。图 3.7 展示了以上几个地区的社会可持续发展能力趋势图，由图 3.7 可知，这些地区的变化波动都较为明显，特别是上海尤为明显，整体来看除上海以外的另外五个地区的变化趋势相似，但是这六个地区从整体上看 2017 年的社会可持续发展能力都远低于 2008 年的社会可持续发展能力。其中，2008 年和 2015 年跌势最为明显，在 2009~2015 年基本上呈上升趋势。

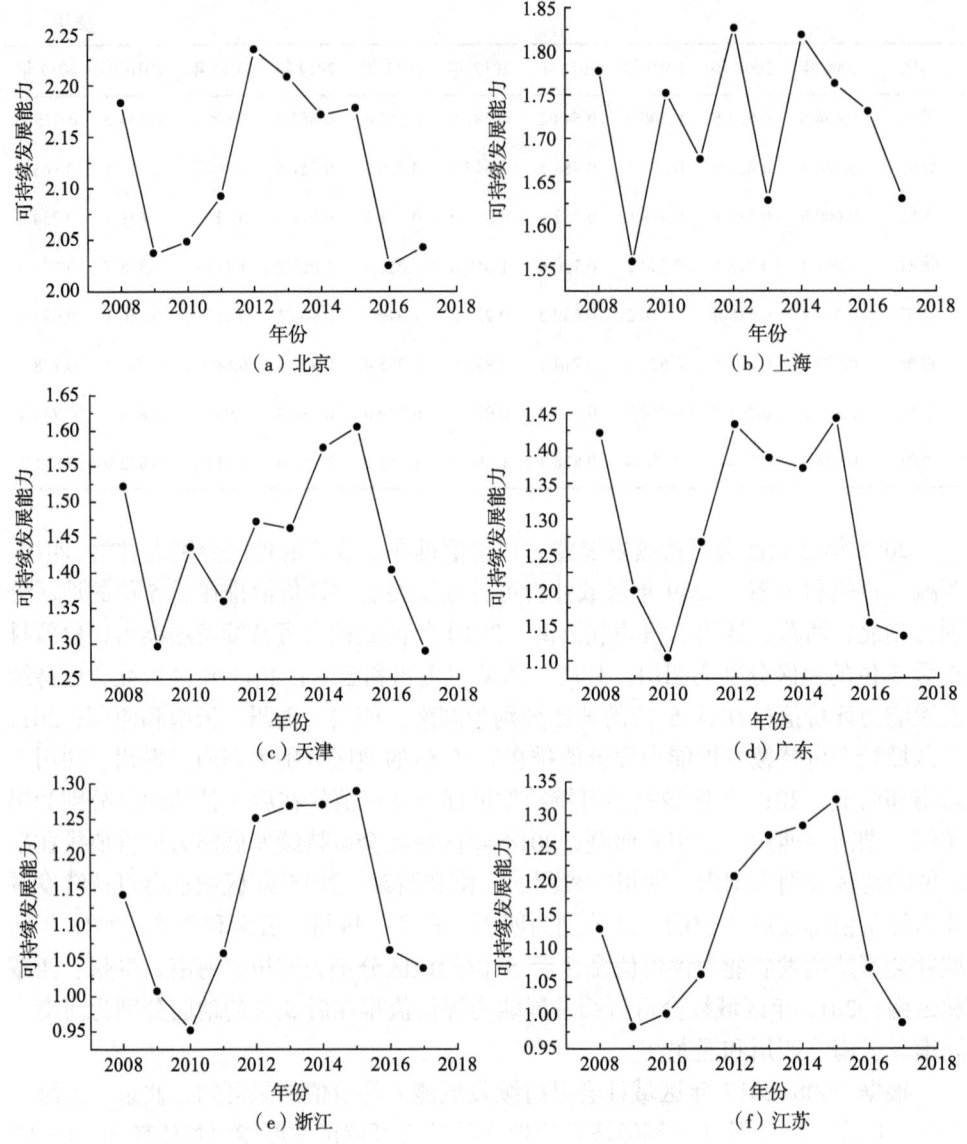

图 3.7 社会可持续发展能力较强地区发展趋势图

西藏、云南、贵州、四川、湖南和甘肃的社会可持续发展能力较低,其中,西藏的社会可持续发展能力最低。图 3.8 展示了以上几个地区十年间的社会可持续发展能力趋势图。除湖南 2017 年的社会可持续发展能力较 2008 年有明显下降以外,其他地区均表现出不同程度的上升趋势或保持平稳发展。社会可持续发展能力最为落后的西藏地区除有几次短暂的下落以外,整体上表现为幅度较大的上升趋势。与社会可持续发展能力较强的地区相类似,这些地区也在 2010 和 2015 年左右发生了不同程度的下跌,这意味着社会可持续发展能力的下降可能是受到其他外部环境的影响,与地理位置并无较大关系。相比于社会可持续发展能力较强的地区,社会可持续发展能力较弱的地区的进步较为明显,说明中国正在努力消除地区间的不平衡。

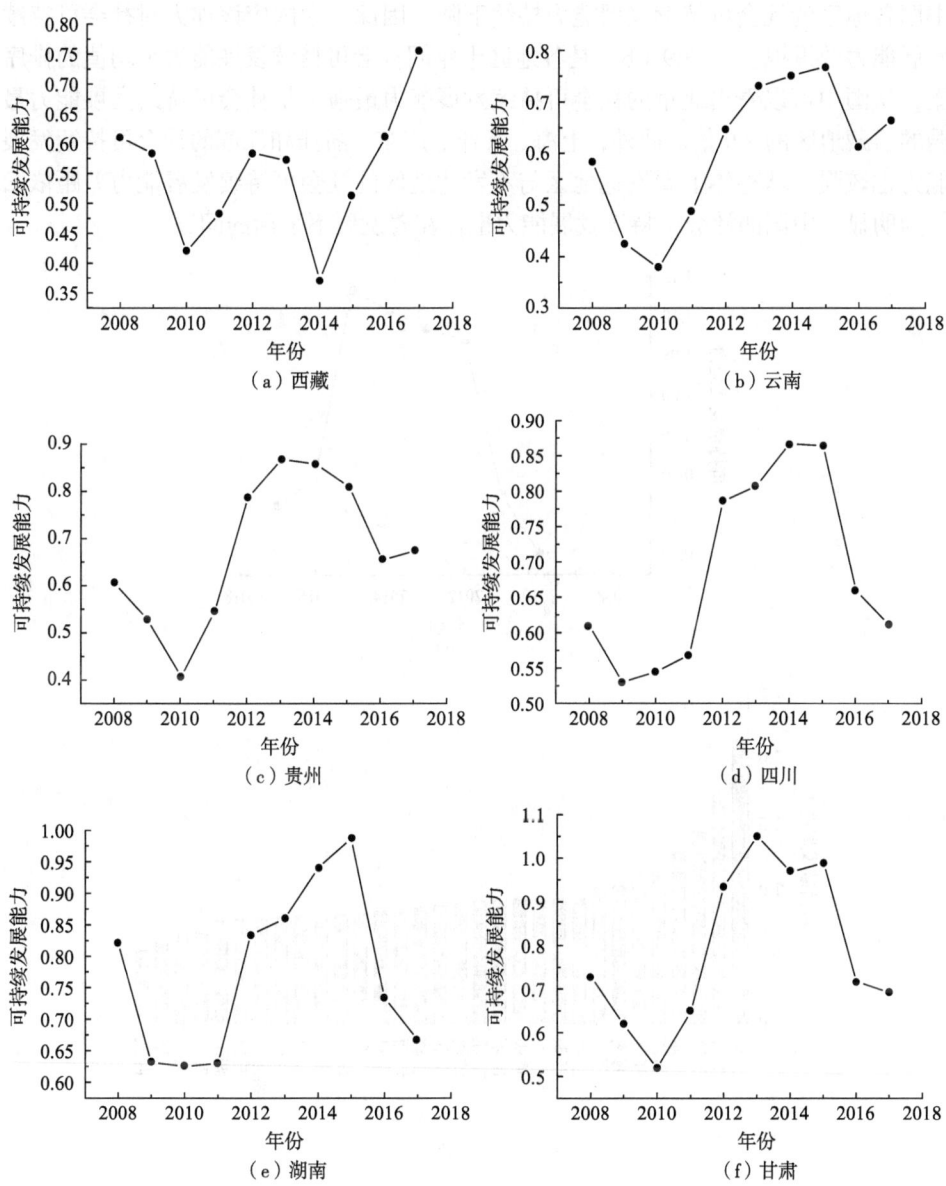

图 3.8 社会可持续发展能力较弱地区发展趋势图

根据中国 31 个地区 2008~2017 年社会可持续发展能力评价值绘制图 3.9 以展示十年间整体的发展趋势。图 3.9（a）为 2008~2017 年年度平均值绘制的发展趋势图，从中可以看出在整体上各地区的社会可持续发展能力在从 2008 年和 2015 年开始有较大的下降，2009~2015 年有较大的增长。然而从 2015 年急剧下降之后中国各地区的社会可持续发展能力持续下降。因此，中国应该加大对社会可持续发展能力的重视。图 3.9（b）是各地区十年间社会可持续发展能力平均值的排序图，从图中可以看出北京的社会可持续发展能力最强，是社会可持续发展能力最弱的西藏地区的 3.9 倍。此外，上海、天津、广东、浙江和江苏的社会可持续发展能力也较强。从整体上看发达地区与不发达地区的社会可持续发展能力差距依旧较为明显，中国的社会可持续发展能力也存在着发展不平衡的问题。

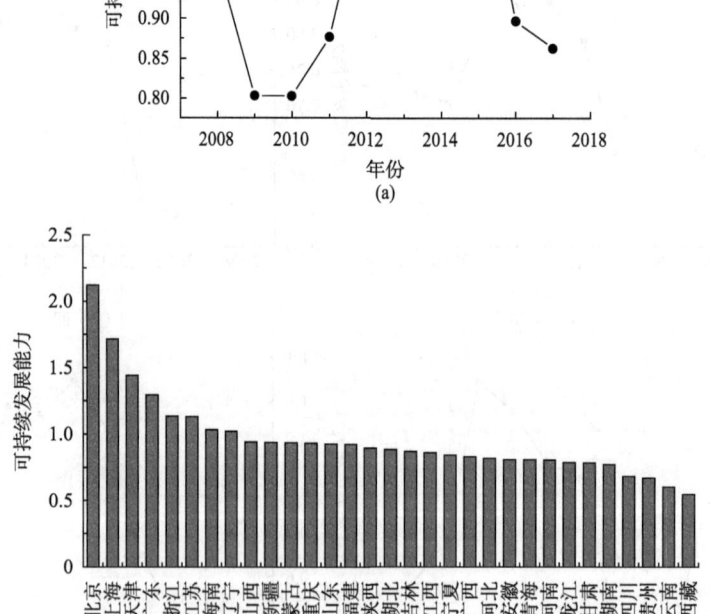

图 3.9　社会可持续发展能力整体发展趋势图

通过获得的 31 个地区的社会可持续发展能力评价值，取综合投影区间（~,

0.9], (0.9, 1.3], (1.3, 1.7], (1.7, ~) 分别表示差、一般、良好、优秀, 并获得区域社会可持续发展能力等级评定量表 (表 3.10)。根据 31 个地区的社会可持续发展能力投影值可获得区域社会可持续发展能力评价指标样本投影值 $z^*(i)$ 的散点图 (图 3.10)。通过对表 3.10 和图 3.10 的分析可以发现, 中国各地区的社会可持续发展能力大都集中在中等偏下的水平, 能够达到良好以上水平的地区不足两成。尤其以 2009 年、2010 年、2016 年和 2017 年最为严重, 大多数地区的社会可持续发展能力都较差。社会稳定、正常发展是一切发展的前提, 因此应该加大对这方面的重视。

表 3.10 区域社会可持续发展能力等级评价　　　　单位: %

投影值区间	2008年	2009年	2010年	2011年	2012年	2013年	2014年	2015年	2016年	2017年
≤0.9	29.03	77.42	77.42	58.06	16.13	9.68	6.45	9.68	58.06	70.97
0.9~1.3	58.06	12.90	12.90	29.03	64.52	67.74	74.19	67.74	32.26	19.35
1.3~1.7	6.45	6.45	3.23	6.45	12.90	19.35	12.90	16.13	3.23	6.45
>1.7	6.45	3.23	6.45	6.45	6.45	3.23	6.45	6.45	6.45	3.23

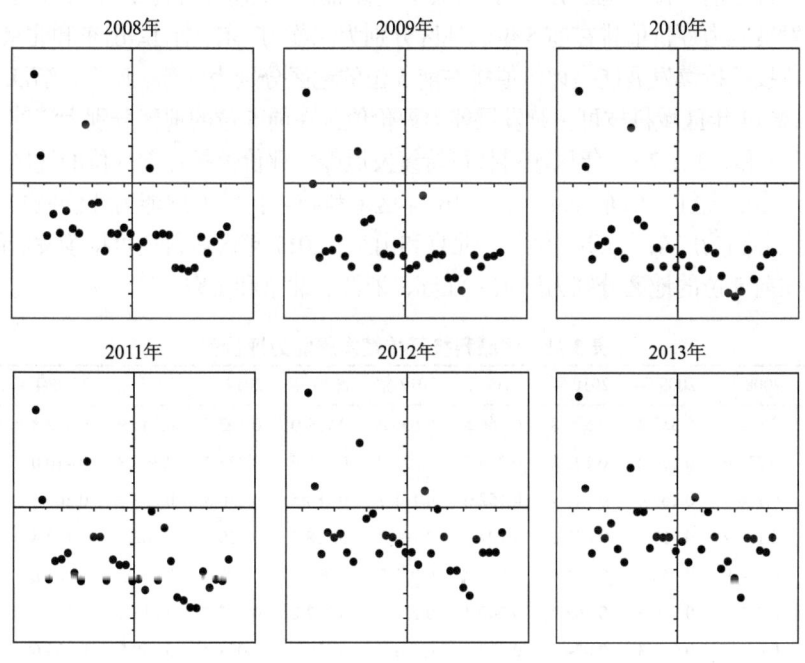

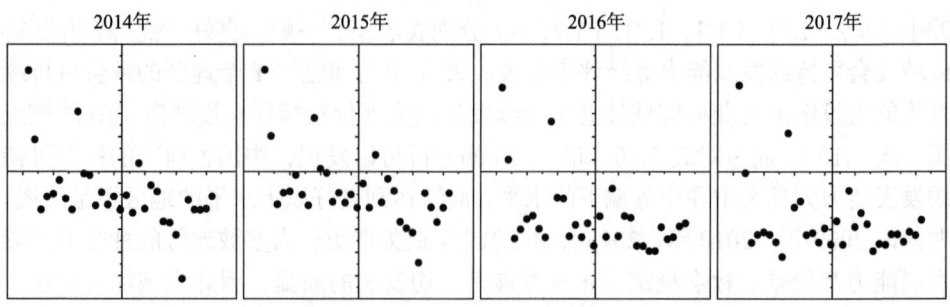

图 3.10 区域社会可持续发展能力评价指标样本投影值散点图

3. 区域科技可持续发展能力测算结果

表 3.11 展示了 2008~2017 年十年的区域科技可持续发展能力评价值，对表 3.11 进行分析发现2008年区域科技可持续发展能力评价值排在前5位的地区分别为广东、江苏、浙江、山东和北京；2009年区域科技可持续发展能力评价值排在前5位的地区分别为江苏、广东、浙江、山东和上海；2010年区域科技可持续发展能力评价值排在前5位的地区分别为江苏、广东、浙江、山东和上海；2011年区域科技可持续发展能力评价值排在前5位的地区分别为江苏、广东、浙江、山东和北京；2012年区域科技可持续发展能力评价值排在前5位的地区分别为江苏、广东、浙江、山东和北京；2013年区域科技可持续发展能力评价值排在前5位的地区分别为江苏、广东、浙江、山东和北京；2014年区域科技可持续发展能力评价值排在前5位的地区分别为江苏、广东、浙江、山东和北京；2015年区域科技可持续发展能力评价值排在前5位的地区分别为江苏、广东、浙江、山东和北京；2016 年区域科技可持续发展能力评价值排在前 5 位的地区分别为广东、江苏、浙江、北京和山东；2017年区域科技可持续发展能力评价值排在前5位的地区分别为广东、江苏、浙江、北京和山东。

表 3.11 区域科技可持续发展能力评价值

地区	2008 年	2009 年	2010 年	2011 年	2012 年	2013 年	2014 年	2015 年	2016 年	2017 年
北京	0.664 9	0.532 2	0.570 8	0.666 5	0.656 3	0.719 0	0.802 5	0.845 9	0.832 8	0.710 8
天津	0.231 4	0.196 2	0.192 8	0.254 9	0.278 0	0.315 6	0.377 2	0.399 3	0.410 0	0.272 5
河北	0.168 9	0.166 4	0.145 9	0.152 0	0.161 7	0.183 5	0.230 5	0.253 2	0.266 4	0.231 4
山西	0.133 2	0.119 5	0.098 0	0.104 2	0.109 2	0.118 0	0.129 1	0.102 2	0.107 8	0.092 0
内蒙古	0.054 9	0.043 7	0.044 8	0.049 4	0.062 7	0.066 7	0.073 4	0.076 2	0.081 8	0.058 7
辽宁	0.333 0	0.290 6	0.262 7	0.240 3	0.224 7	0.232 2	0.245 7	0.215 5	0.232 6	0.190 3
吉林	0.080 6	0.083 3	0.074 4	0.072 5	0.081 7	0.079 7	0.093 9	0.088 8	0.099 0	0.081 7
黑龙江	0.164 2	0.136 7	0.123 3	0.158 5	0.161 9	0.164 6	0.168 8	0.152 9	0.145 9	0.101 6
上海	0.664 9	0.645 3	0.570 8	0.516 8	0.459 6	0.468 2	0.525 0	0.515 4	0.535 2	0.433 6
江苏	1.378 7	1.643 9	1.619 1	1.676 8	1.654 3	1.729 8	1.769 7	1.747 4	1.717 3	1.474 0

续表

地区	2008年	2009年	2010年	2011年	2012年	2013年	2014年	2015年	2016年	2017年
浙江	1.1629	1.1792	1.0680	1.0256	1.0509	1.2160	1.3397	1.3606	1.3627	1.1447
安徽	0.1746	0.1948	0.2598	0.2969	0.3291	0.3868	0.4558	0.4647	0.5019	0.4095
福建	0.2314	0.2256	0.2242	0.2550	0.2798	0.3199	0.3812	0.4020	0.4520	0.3763
江西	0.0810	0.0826	0.0736	0.0856	0.0884	0.1042	0.1381	0.1613	0.2040	0.1864
山东	0.8539	0.7474	0.6659	0.6665	0.6563	0.7190	0.8025	0.8459	0.8326	0.7108
河南	0.3114	0.2929	0.2598	0.2674	0.2781	0.3236	0.3936	0.3993	0.4116	0.3705
湖北	0.2922	0.2856	0.2590	0.2777	0.2810	0.3097	0.3640	0.3887	0.4086	0.3709
湖南	0.2052	0.1882	0.1902	0.2064	0.2247	0.2377	0.2828	0.2909	0.3008	0.2811
广东	1.6214	1.5328	1.4171	1.2672	1.2569	1.3547	1.5441	1.6073	1.7268	1.7375
广西	0.0581	0.0545	0.0522	0.0676	0.0738	0.0852	0.1130	0.1135	0.1328	0.0972
海南	0.0067	0.0061	0.0071	0.0124	0.0159	0.0152	0.0197	0.0163	0.0208	0.0118
重庆	0.1561	0.1570	0.1656	0.1747	0.1730	0.1999	0.2445	0.2773	0.2631	0.2060
四川	0.3585	0.3599	0.3282	0.2600	0.2810	0.3236	0.3852	0.3996	0.4144	0.3719
贵州	0.0449	0.0430	0.0427	0.0501	0.0549	0.0686	0.0896	0.0807	0.0817	0.0820
云南	0.0572	0.0511	0.0477	0.0511	0.0571	0.0587	0.0738	0.0843	0.0949	0.0869
西藏	0.0002	0.0000	0.0000	0.0000	0.0000	0.0000	0.0000	0.0000	0.0000	0.0000
陕西	0.1783	0.1716	0.1755	0.2016	0.2152	0.2613	0.2962	0.3203	0.3284	0.2687
甘肃	0.0524	0.0455	0.0417	0.0544	0.0666	0.0699	0.0849	0.0820	0.0919	0.0674
青海	0.0058	0.0074	0.0097	0.0214	0.0214	0.0179	0.0202	0.0146	0.0206	0.0153
宁夏	0.0175	0.0174	0.0133	0.0232	0.0285	0.0290	0.0383	0.0316	0.0417	0.0321
新疆	0.0372	0.0322	0.0321	0.0331	0.0333	0.0375	0.0456	0.0490	0.0497	0.0347

2008年区域科技可持续发展能力评价值排在后5位的地区分别为新疆、宁夏、海南、青海和西藏；2009年区域科技可持续发展能力评价值排在后5位的地区分别为新疆、宁夏、青海、海南和西藏；2010年区域科技可持续发展能力评价值排在后5位的地区分别为新疆、宁夏、青海、海南和西藏；2011年区域科技可持续发展能力评价值排在后5位的地区分别为新疆、宁夏、青海、海南和西藏；2012年区域科技可持续发展能力评价值排在后5位的地区分别为新疆、宁夏、青海、海南和西藏；2013年区域科技可持续发展能力评价值排在后5位的地区分别为新疆、宁夏、青海、海南和西藏；2014年区域科技可持续发展能力评价值排在后5位的地区分别为新疆、宁夏、青海、海南和西藏；2015年区域科技可持续发展能力评价值排在后5位的地区分别为新疆、宁夏、海南、青海和西藏；2016年区域科技可持续发展能力评价值排在后5位的地区分别为新疆、宁夏、海南、青海和西藏；2017年区域科技可持续发展能力评价值排在后5位的地区分别为新疆、宁夏、青海、海南和西藏。

根据2008~2017年区域科技可持续发展能力的评价值可知，江苏、广东、浙江、山东、北京及上海的科技可持续发展能力较强,除北京以外,其他地方都集中在东南沿海一带。图 3.11 为中国区域科技可持续发展能力较强地区的发展趋势图,通过对图 3.11 的分析发现,除浙江、山东和上海以外,其余地区的科技可持续发展能力整体上呈上升趋势。特别是上海的科技可持续发展能力逐年走低,说明上海的科技竞争力正在逐渐变弱。因此上海应该加大对科技的投入和科技人才、资金的引进以提升区域的科技可持续发展能力。与此相反,江苏近年来科技可持续发展能力除受大环境影响在 2016 年有明显下降以外,在过去的十年间整体基本保持增长态势。

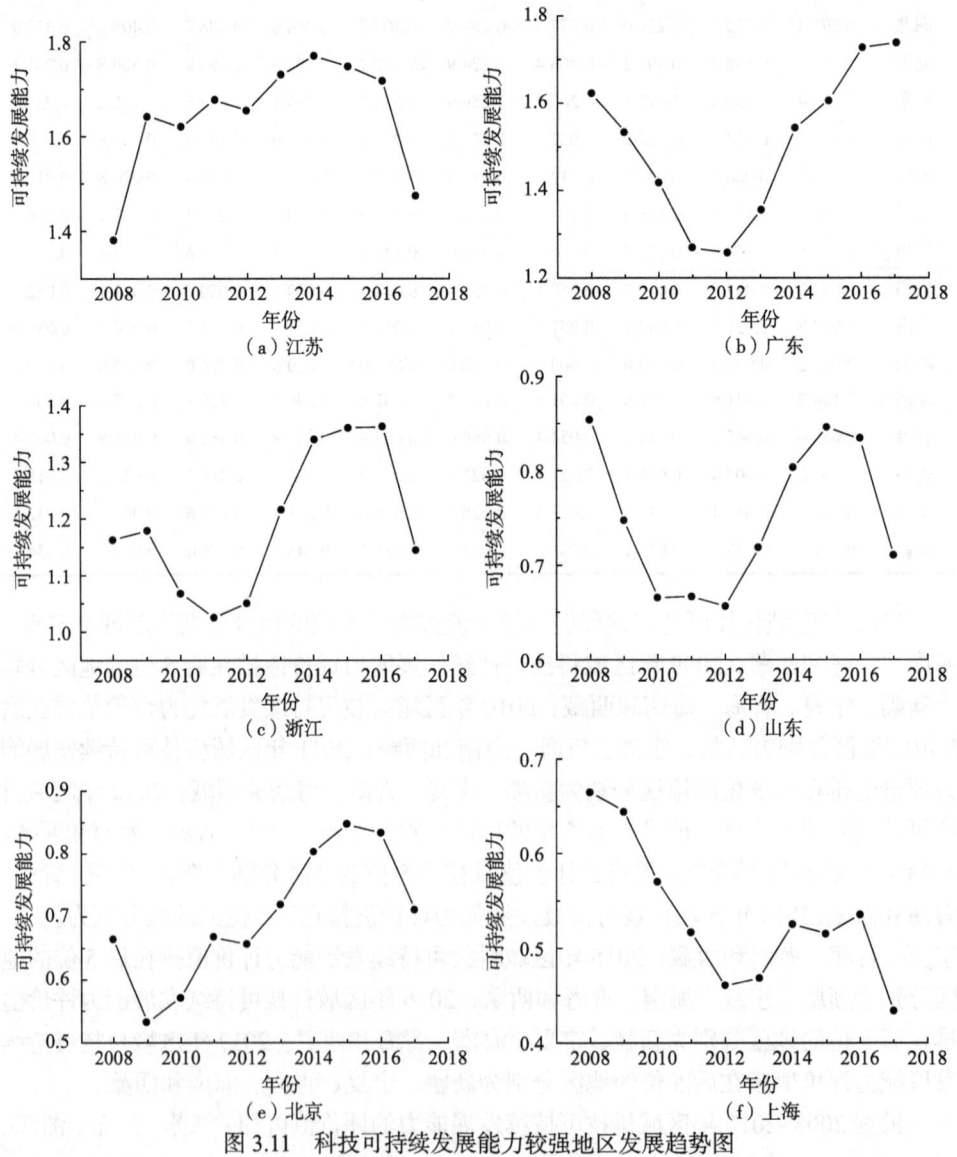

图 3.11 科技可持续发展能力较强地区发展趋势图

西藏、海南、青海、宁夏、新疆和内蒙古的科技可持续发展能力较弱，其中，西藏的科技可持续发展能力最弱。图 3.12 展现了中国科技可持续发展能力较弱地区的发展趋势图，通过分析发现中国科技可持续发展能力较弱的地区主要集中在中国内陆经济欠发达地区。西藏的科技可持续发展能力几乎为 0，可见西藏的科技创新能力较弱，这也是阻碍西藏发展的重要原因。此外，除新疆外，其他几个科技可持续发展能力较弱的地区在整体上均呈上升趋势，说明中国科技落后地区的科技创新能力正在逐步增强，中国落后地区与发达地区的科技可持续发展能力正在从不均衡发展向均衡发展过渡。

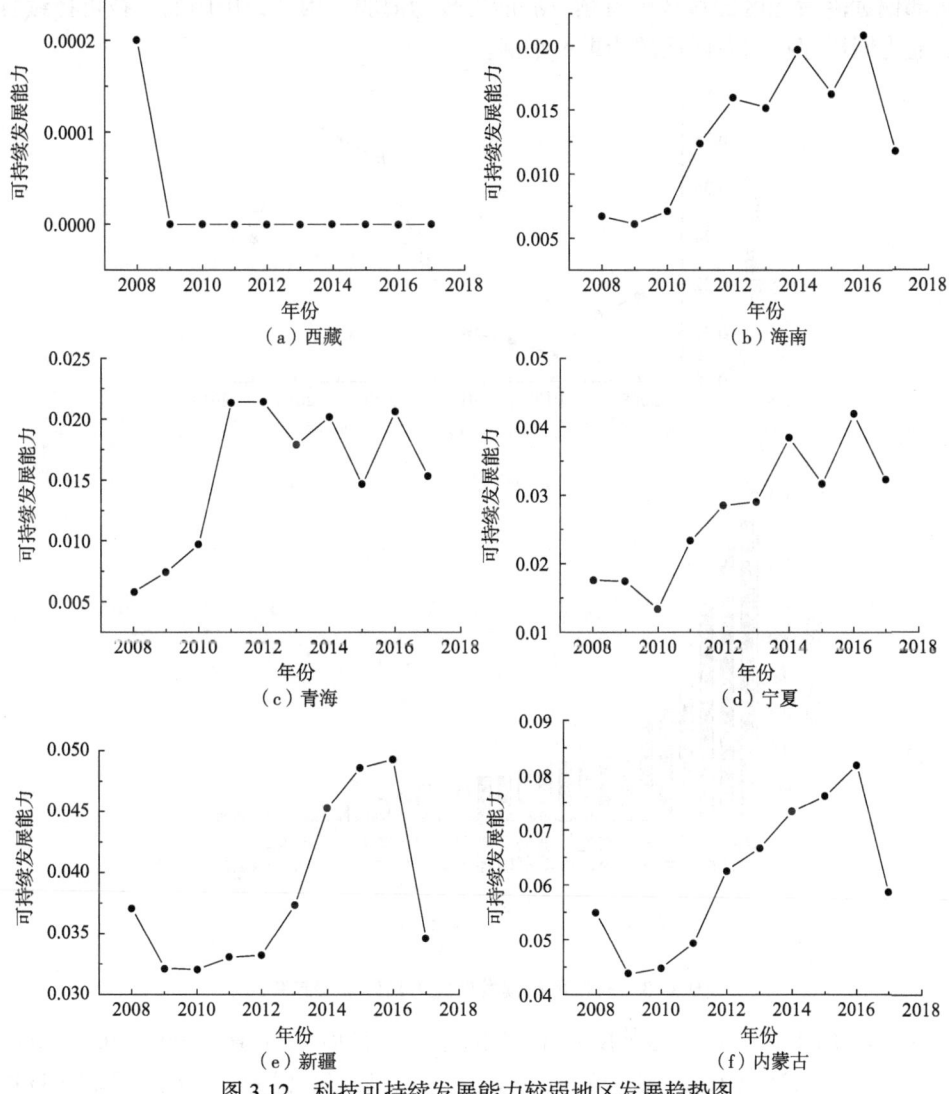

图 3.12 科技可持续发展能力较弱地区发展趋势图

图 3.13 是根据 2008~2017 年各地区的科技可持续发展能力平均值绘制的科技可持续发展能力整体趋势图。其中,图 3.13(a)展示了十年间各地区科技可持续发展能力整体趋势图,通过分析发现各地区的科技可持续发展能力在整体上呈上升趋势,说明中国的科技创新能力近十年间发展迅速,有明显的增强。在此基础上中国应该加大对科技创新的投入,以保持这种发展趋势。图 3.13(b)展示了各地区科技可持续发展能力从大到小的排序。通过分析可以看出中国各地区之间科技可持续发展能力差异较大。以江苏、广东、浙江等长三角地区和珠三角地区为代表的发达地区的科技可持续发展能力依旧较为强势,以青海、西藏等为代表的西部偏远落后地区的科技可持续发展能力较为薄弱。因此,中国的科技可持续发展能力同样存在东高西低的严重不平衡。

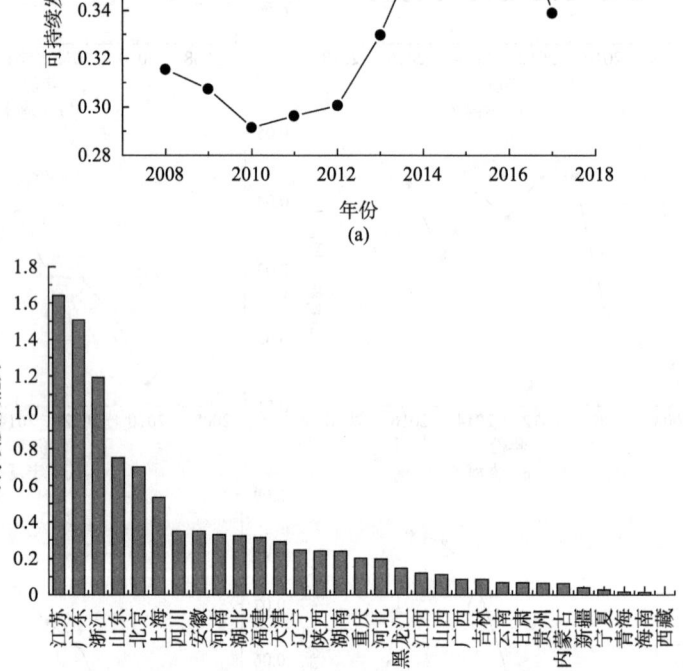

图 3.13 科技可持续发展能力整体发展趋势图

根据中国 31 个地区的科技可持续发展能力评价值,取投影区间(~,0.4],(0.4,0.8],(0.8,1.2],(1.2,~)分别表示差、一般、良好、优秀,并获得区域科技可持续发展能力等级评定量表(表 3.12)。图 3.14 为各地区 2008~2017 年区域科技可持续发展能力评价指标样本投影值 $z^*(i)$ 的散点图。通过对表 3.12 和图 3.14 的分析可以看出，中国科技可持续发展能力在十年间的变化并没有过大的波动，绝大多数地区的科技可持续发展能力依旧处于较差的水平，在中国 31 个地区中科技可持续发展能力能够达到优秀和良好的仅占整体的一成左右。然而，从整体上看科技可持续发展能力较差地区占比已经从 2008 年的 77.42%下降到 2017 年的 64.52%，同时科技可持续发展能力处于一般水平的占比已经从 2008 年的 9.68%上升到 2017 年的 25.81%，这说明中国的科技可持续发展能力正在逐步提升，并且由不平衡向平衡转变。

表 3.12　区域科技可持续发展能力等级评价　　　　　　　单位：%

投影值区间	2008 年	2009 年	2010 年	2011 年	2012 年	2013 年	2014 年	2015 年	2016 年	2017 年
≤0.4	77.42	77.42	80.65	80.65	80.65	77.42	61.29	61.29	61.29	64.52
0.4~0.8	9.68	12.90	9.68	9.68	9.68	12.90	22.58	22.58	22.58	25.81
0.8~1.2	3.23	0.00	3.23	3.23	3.23	0.00	6.45	6.45	6.45	3.23
>1.2	9.68	9.68	6.45	6.45	6.45	9.68	9.68	9.68	9.68	6.45

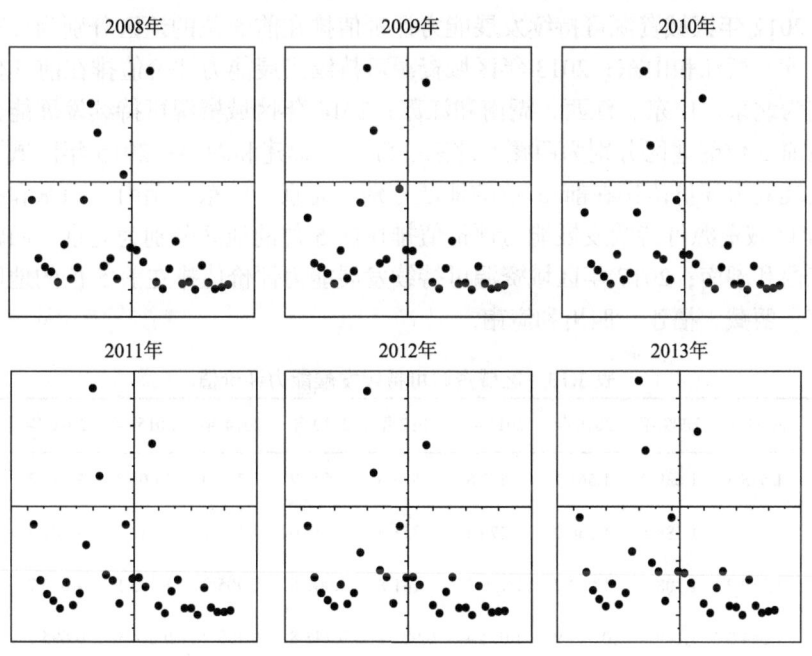

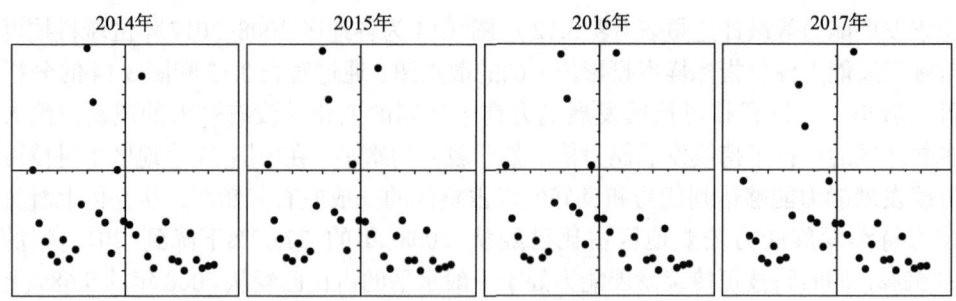

图 3.14 区域科技可持续发展能力评价指标样本投影值散点图

4. 区域资源可持续发展能力测算结果

表 3.13 展示了 2008~2017 年十年的区域资源可持续发展能力评价值,对表 3.13 进行分析发现 2008 年区域资源可持续发展能力评价值排在前 5 位的地区分别为北京、山东、海南、云南和河南;2009 年区域资源可持续发展能力评价值排在前 5 位的地区分别为北京、山东、河南、浙江和江西;2010 年区域资源可持续发展能力评价值排在前 5 位的地区分别为北京、江西、陕西、天津和四川;2011 年区域资源可持续发展能力评价值排在前 5 位的地区分别为北京、西藏、陕西、江西和四川;2012 年区域资源可持续发展能力评价值排在前 5 位的地区分别为广东、北京、江苏、浙江和山东;2013 年区域资源可持续发展能力评价值排在前 5 位的地区分别为北京、广东、江西、湖南和江苏;2014 年区域资源可持续发展能力评价值排在前 5 位的地区分别为西藏、北京、江西、福建和湖南;2015 年区域资源可持续发展能力评价值排在前 5 位的地区分别为北京、广东、湖南、山东和福建;2016 年区域资源可持续发展能力评价值排在前 5 位的地区分别为北京、西藏、福建、江西和湖南;2017 年区域资源可持续发展能力评价值排在前 5 位的地区分别为北京、西藏、福建、四川和海南。

表 3.13 区域资源可持续发展能力评价值

地区	2008 年	2009 年	2010 年	2011 年	2012 年	2013 年	2014 年	2015 年	2016 年	2017 年
北京	1.525 3	1.639 9	1.561 2	1.559 8	1.563 8	1.595 7	1.363 0	1.606 3	1.534 8	1.589 2
天津	1.218 5	1.388 5	1.356 2	1.270 4	1.238 3	1.151 6	1.132 7	1.311 7	1.281 8	1.333 9
河北	1.219 2	1.308 6	1.092 7	1.190 2	1.141 8	1.007 6	0.905 9	1.103 5	1.056 2	1.206 8
山西	1.084 9	1.149 4	0.977 9	1.074 4	0.922 2	0.743 1	0.595 8	0.864 1	0.695 3	0.960 6
内蒙古	1.222 0	1.217 8	1.104 0	1.164 5	0.994 4	0.969 8	0.900 5	0.998 5	0.941 2	0.955 4
辽宁	0.894 1	0.994 9	0.952 3	1.098 6	1.143 9	0.916 6	0.839 1	1.127 3	0.802 8	1.031 6

续表

地区	2008年	2009年	2010年	2011年	2012年	2013年	2014年	2015年	2016年	2017年
吉林	1.0973	1.2935	1.1678	1.1794	1.1537	1.0823	1.0539	1.2204	1.1965	1.2094
黑龙江	0.6628	0.7235	0.6466	0.8162	0.9383	0.6992	0.6597	0.8438	0.7826	0.8394
上海	0.9615	1.0106	0.9093	1.2078	1.2839	1.1442	1.0940	1.2987	1.2644	1.3287
江苏	1.2245	1.3079	1.0963	1.1644	1.4191	1.2255	1.0537	1.3117	1.1905	1.2101
浙江	1.2760	1.4080	1.2964	1.2789	1.3655	1.1446	1.0367	1.2868	1.1923	1.2067
安徽	0.7553	1.2113	1.0758	1.1402	1.2374	1.0931	1.0298	1.2239	1.1684	1.2205
福建	1.2247	1.2913	1.2958	1.2750	1.2474	1.1426	1.1493	1.3182	1.3266	1.4227
江西	1.2633	1.3988	1.4281	1.3385	1.2757	1.2711	1.2346	1.3067	1.3043	1.3278
山东	1.3579	1.4717	1.2881	1.2745	1.3237	1.1892	1.0534	1.3191	1.1903	1.2103
河南	1.3189	1.4127	1.2782	1.2750	1.2528	1.1382	1.0693	1.3049	1.2786	1.3855
湖北	1.0997	1.2185	1.0757	1.1579	1.2282	1.1333	1.0252	1.2255	1.1374	1.1990
湖南	1.1531	1.3375	1.2000	1.2710	1.2751	1.2409	1.1446	1.3243	1.2897	1.3897
广东	1.2612	1.3969	1.0974	1.2749	1.5831	1.3433	1.0539	1.4239	1.2818	1.3287
广西	0.8684	1.0505	0.9534	0.8763	1.0257	0.7511	0.7788	1.0509	1.0130	0.9413
海南	1.3522	1.2185	1.1861	1.3009	1.2364	1.0683	1.0446	1.2635	1.2612	1.3957
重庆	1.2295	1.3374	1.2602	1.2758	1.1929	1.1315	1.0642	1.2785	1.2608	1.2872
四川	1.2979	1.3968	1.2974	1.3220	1.2420	1.2214	1.1313	1.3124	1.2819	1.4214
贵州	1.1566	1.2932	1.0963	1.2252	1.0224	1.0951	1.0420	1.2109	1.1905	1.3811
云南	1.3387	1.3470	1.2353	1.2680	1.1439	1.1444	1.0592	1.2235	1.1844	1.2463
西藏	1.2220	1.2178	1.2930	1.5598	1.0224	1.2255	1.4880	1.3123	1.4008	1.5892
陕西	1.2785	1.3972	1.3885	1.3832	1.2531	1.2255	1.1046	1.2535	1.1978	1.0493
甘肃	0.6404	0.8747	0.6925	0.9808	0.9189	0.7081	0.7187	0.9145	0.9429	1.0453
青海	0.7639	0.8666	0.6101	0.6197	0.5977	0.2624	0.2395	0.5502	0.4633	0.4666
宁夏	0.3703	0.3514	0.2786	0.3562	0.4943	0.1759	0.1472	0.3970	0.3281	0.4836
新疆	0.6522	0.4363	0.4537	0.4303	0.4218	0.3954	0.3015	0.2194	0.1892	0.3944

2008年区域资源可持续发展能力评价值排在后5位的地区分别为安徽、黑龙江、新疆、甘肃和宁夏；2009年区域资源可持续发展能力评价值排在后5位的地区分别为甘肃、青海、黑龙江、新疆和宁夏；2010年区域资源可持续发展能力评价值排在后5位的地区分别为甘肃、黑龙江、青海、新疆和宁夏；2011年区域资源可持续发展能力评价值排在后5位的地区分别为广西、黑龙江、青海、新疆和宁夏；2012年区域资源可持续发展能力评价值排在后5位的地区分别为山西、甘肃、青海、宁夏和新疆；2013年区域资源可持续发展能力评价值排在后5位的地区分别为甘肃、黑龙江、新疆、青海和宁夏；2014年区域资源可持续发展能力评价值排在后5位的地区分别为黑龙江、山西、新疆、青海和宁夏；2015年区域资源可持续发展能力评价值排在后5位的地区分别为山西、黑龙江、青海、宁夏和新疆；2016年区域资源可持续发展能力评价值排在后5位的地区分别为黑龙江、山西、青海、宁夏和新疆；2017年区域资源可持续发展能力评价值排在后5位的地区分别为广西、黑龙江、宁夏、青海和新疆。

通过对2008~2017年区域资源可持续发展能力评价结果分析发现，北京、西藏、江西、广东、四川和河南的资源可持续发展能力较强。图3.15展示了资源可持续发展能力较强地区2008~2017年十年间的发展趋势图，从图3.15中可以看出北京的资源可持续发展能力除在2014年有一次大幅下滑外基本上保持较好的水平，呈现稳中有升的趋势；西藏的资源可持续发展能力在整体上呈现上升趋势，近十年间的增长趋势较为明显；江西的资源可持续发展能力呈现先升后降的趋势，在2008~2010年的上升幅度较大，在2010~2014年连续下降，自2014年又呈上升趋势；广东资源可持续发展能力的波动幅度较大，十年间能平均保持在一个较好的水平；四川和河南资源可持续发展能力的变化趋势较为相似，虽然在十年间有下降的趋势，但在整体上呈上升的趋势。

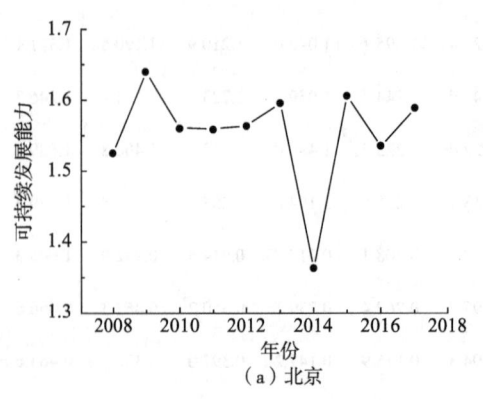
（a）北京

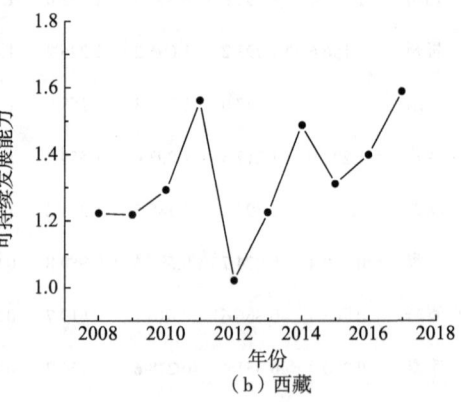
（b）西藏

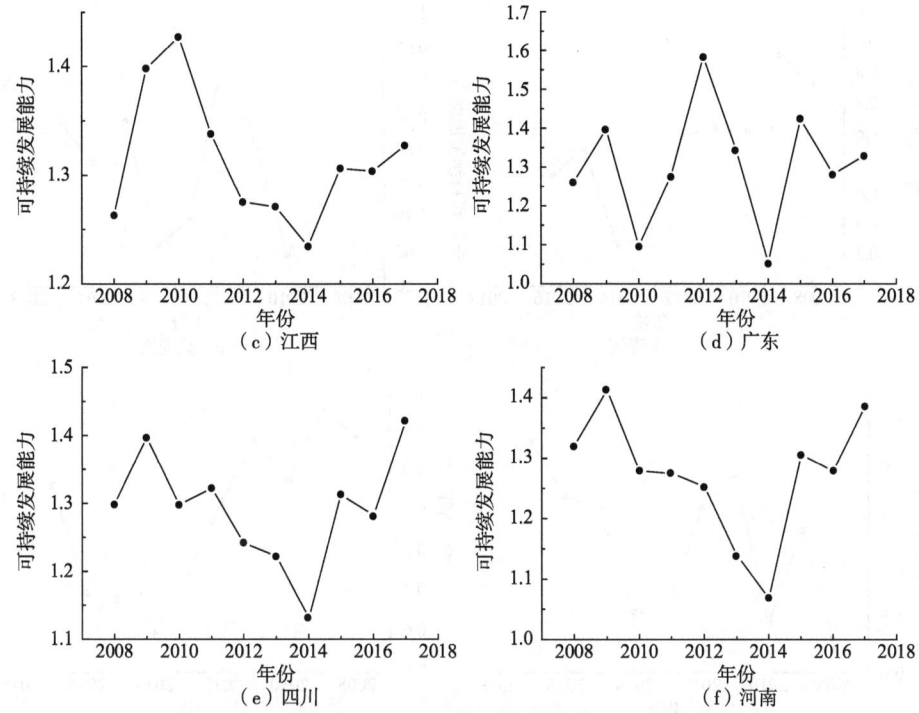

图 3.15 资源可持续发展能力较强地区发展趋势图

宁夏、新疆、青海、黑龙江、甘肃和山西的资源可持续发展能力较弱，主要集中在西北或东北的欠发达地区，并且资源匮乏或资源消耗过快导致这些地区一直处于资源可持续发展能力较弱的地位。图 3.16 展现了以上几个资源可持续发展能力较弱地区的发展趋势图，其中，宁夏、黑龙江和甘肃在整体上呈上升趋势，风能、水能等新能源的利用及经济的发展促进了这些地区资源的利用效率，进而导致其资源可持续发展能力得到了提升。相比之下，新疆、青海和山西的资源可持续发展能力在整体上呈下降趋势，这意味着当地政府应该意识到自身在政策制定上的不足，积极调整资源的保护和消耗策略以提升地区的资源可持续发展能力。

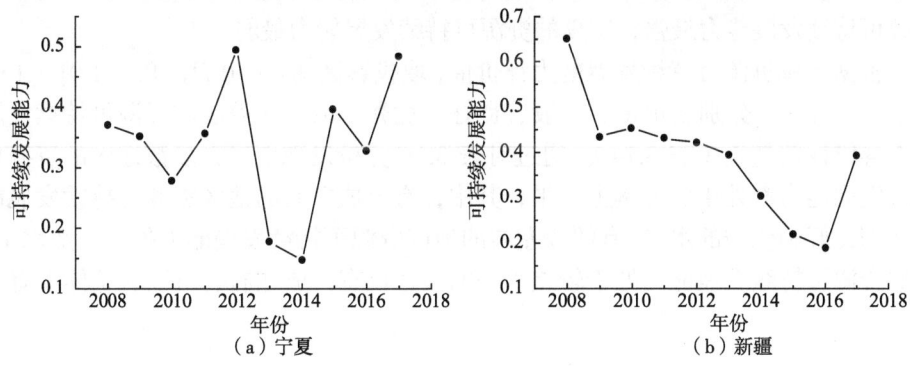

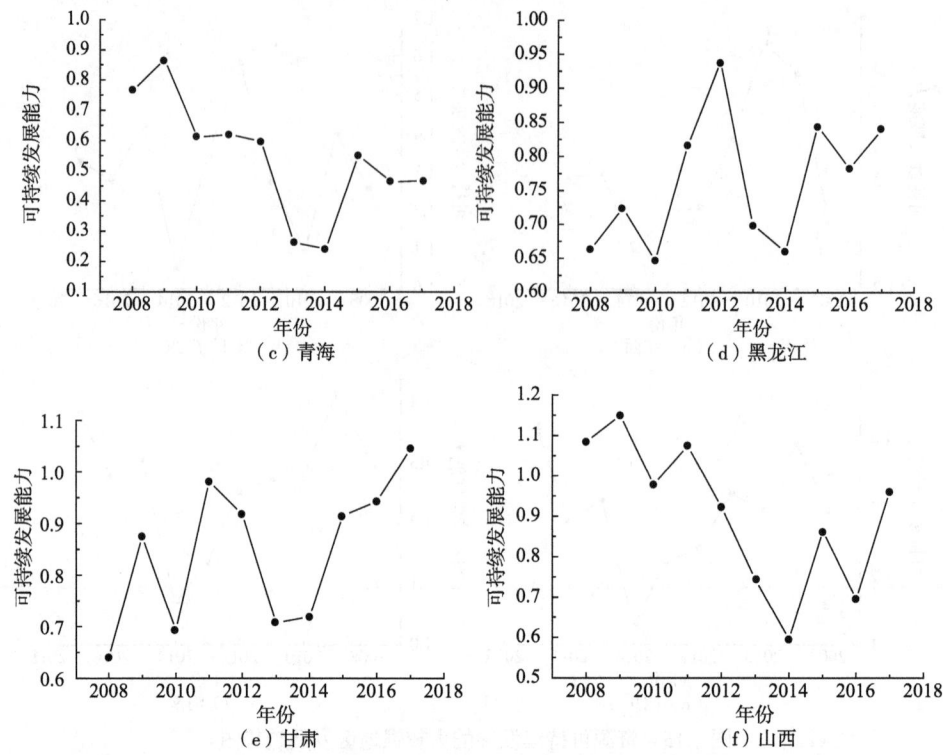

图 3.16 资源可持续发展能力较弱地区发展趋势图

根据中国 31 个地区 2008~2017 年资源可持续发展能力评价值绘制图 3.17 以展示资源可持续发展能力十年间整体的发展趋势。其中，图 3.17（a）是根据资源可持续发展能力 2008~2017 年年度平均值绘制而成，其代表了资源可持续发展能力十年间的发展趋势，通过分析发现中国各地区的资源可持续发展能力在 2008~2017 年波动明显，从 2008 年和 2017 年结果看各地区的资源可持续发展能力是增高的。图 3.17（b）展现了各地区 2008~2017 年资源可持续发展能力平均值的排序图，从图中可以看出中国大多数地区的资源可持续发展能力相差并不明显，其中北京的资源可持续发展能力最强，宁夏的资源可持续发展能力最弱。

根据区域资源可持续发展能力评价值，取投影区间(~, 0.7]，(0.7, 1.0]，(1.0, 1.3]，(1.3，~)分别表示差、一般、良好、优秀，以此获得区域资源可持续发展能力等级评定量表（表 3.14）。通过对表 3.14 分析发现中国大多数地区的资源可持续发展能力都处于中等偏上水平，其中，有七成左右的地区资源可持续发展能力达到良好和优秀的水平，有两成左右的地区资源可持续发展能力处于一般水平，区域资源可持续发展能力处于较差水平的地区仅有一成左右。所以从整体上看中

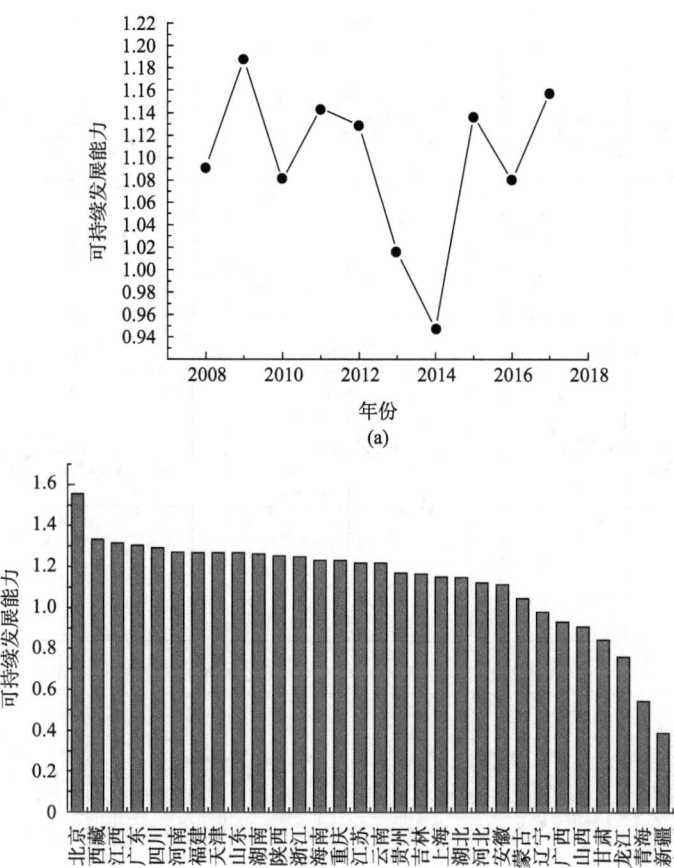

图 3.17 资源可持续发展能力整体发展趋势图

国各地区的资源可持续发展能力较好,因此政府应该制定相关政策以保持资源可持续的优势。图 3.18 是区域资源可持续发展能力评价指标样本投影值 $z^*(i)$ 的散点图。通过图 3.18 也可以看出各地区的资源可持续发展能力基本上都处于中等偏上的水平。

表 3.14 区域资源可持续发展能力等级评价   单位:%

投影值区间	2008 年	2009 年	2010 年	2011 年	2012 年	2013 年	2014 年	2015 年	2016 年	2017 年
<0.7	6.45	6.45	12.90	9.68	9.68	9.68	12.90	9.68	9.68	9.68
0.7~1.0	19.35	9.68	6.45	6.45	9.68	16.13	19.35	9.68	16.13	6.45
1.0~1.3	41.94	29.03	45.16	35.48	48.39	64.52	61.29	29.03	35.48	41.94
>1.3	32.26	54.84	35.48	48.39	32.26	9.68	6.45	51.61	38.71	41.94

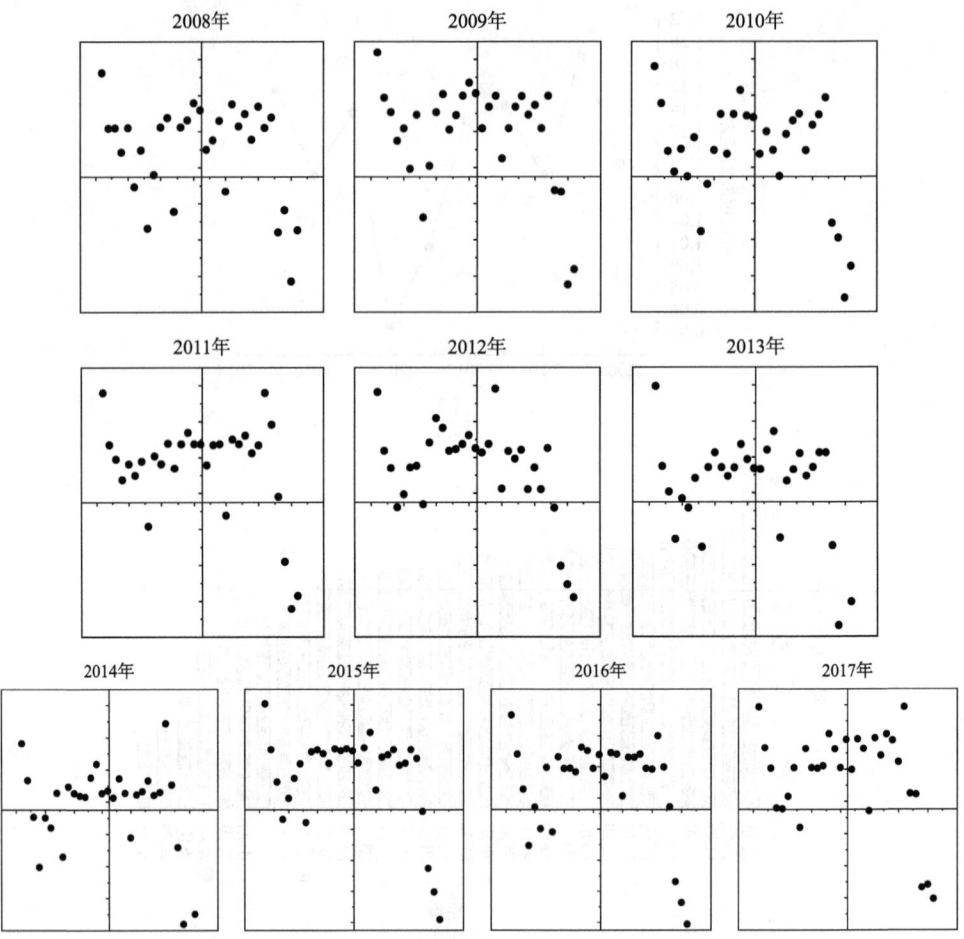

图 3.18 区域资源可持续发展能力评价指标样本投影值散点图

5. 区域环境可持续发展能力测算结果

表 3.15 展示了 2008~2017 年十年的区域环境可持续发展能力评价值,对表 3.15 进行分析发现 2008 年区域环境可持续发展能力评价值排在前 5 位的地区分别为海南、天津、宁夏、西藏和北京;2009 年区域环境可持续发展能力评价值排在前 5 位的地区分别为海南、北京、宁夏、天津和福建;2010 年区域环境可持续发展能力评价值排在前 5 位的地区分别为海南、宁夏、北京、天津和重庆;2011 年区域环境可持续发展能力评价值排在前 5 位的地区分别为西藏、海南、宁夏、青海和天津;2012 年区域环境可持续发展能力评价值排在前 5 位的地区分别为海南、北京、西藏、重庆和宁夏;2013 年区域环境可持续发展能力评价值排在前 5 位的地区分别为西藏、宁夏、海南、北京和甘肃;2014 年区域环境可持续发展能力评价

值排在前 5 位的地区分别为海南、北京、重庆、宁夏和西藏；2015 年区域环境可持续发展能力评价值排在前 5 位的地区分别为海南、宁夏、北京、西藏和重庆；2016 年区域环境可持续发展能力评价值排在前 5 位的地区分别为海南、西藏、福建、北京和云南；2017 年区域环境可持续发展能力评价值排在前 5 位的地区分别为西藏、海南、北京、上海和天津。

表 3.15 区域环境可持续发展能力评价值

地区	2008 年	2009 年	2010 年	2011 年	2012 年	2013 年	2014 年	2015 年	2016 年	2017 年
北京	2.614 2	2.979 8	3.050 5	2.809 8	2.888 5	2.789 6	2.966 8	2.847 2	2.621 2	3.089 1
天津	2.723 5	2.685 9	2.920 3	2.910 9	2.712 7	2.658 6	2.723 6	2.620 3	2.504 8	2.930 2
河北	1.515 0	1.934 4	2.131 2	1.822 3	1.631 0	1.556 6	1.541 0	1.609 2	1.805 9	1.889 5
山西	1.619 9	2.078 3	2.260 0	2.261 7	2.093 8	2.162 6	2.057 6	2.130 5	2.218 4	2.075 1
内蒙古	1.999 7	2.301 2	2.479 6	2.471 0	2.286 5	2.370 9	2.294 9	2.437 1	2.611 3	2.538 6
辽宁	1.691 0	1.926 4	2.122 9	2.141 8	2.085 9	1.852 4	1.858 7	1.856 9	2.252 9	2.207 3
吉林	2.385 6	2.432 0	2.683 4	2.586 4	2.549 0	2.375 8	2.504 5	2.449 2	2.611 7	2.541 7
黑龙江	2.240 4	2.433 1	2.596 2	2.359 5	2.283 9	2.297 5	2.323 2	2.330 5	2.607 3	2.546 5
上海	2.614 2	2.427 3	2.476 8	2.579 5	2.452 8	2.378 6	2.499 1	2.627 1	2.506 7	3.067 7
江苏	1.845 2	1.791 1	1.919 0	1.950 3	1.822 3	1.749 1	1.735 5	1.844 4	1.647 5	2.072 2
浙江	2.360 2	2.317 1	2.483 0	2.349 7	2.436 7	2.128 6	2.398 0	2.429 3	2.307 0	2.538 8
安徽	2.049 8	2.309 0	2.468 5	2.356 9	2.332 4	2.380 5	2.280 9	2.354 1	2.282 7	2.543 8
福建	2.614 0	2.673 8	2.864 5	2.605 7	2.719 8	2.658 0	2.665 5	2.754 6	2.696 0	2.684 7
江西	2.415 9	2.673 8	2.890 6	2.647 8	2.718 9	2.378 0	2.580 8	2.622 5	2.513 2	2.548 6
山东	1.522 9	1.704 8	1.810 3	1.519 4	1.509 5	1.451 1	1.276 5	1.209 8	1.395 7	1.705 4
河南	1.651 3	1.715 6	1.933 8	1.870 4	1.691 5	1.613 5	1.709 7	1.623 5	1.925 2	2.319 0
湖北	1.970 6	2.122 5	2.259 9	2.257 1	2.206 1	2.012 0	2.196 7	2.182 5	2.106 7	2.380 5
湖南	1.905 2	1.924 3	2.135 9	2.142 4	2.091 0	1.802 7	2.055 5	2.158 8	2.229 0	2.382 3
广东	1.701 7	1.693 0	1.918 9	1.709 8	1.835 9	1.463 0	1.739 0	1.856 9	1.691 8	1.671 5
广西	2.054 8	2.217 3	2.396 5	2.562 9	2.558 0	2.314 1	2.498 0	2.620 1	2.553 6	2.629 0
海南	3.000 1	3.155 8	3.330 5	3.048 4	3.155 5	2.818 8	3.221 5	3.221 3	3.011 4	3.151 7
重庆	2.421 8	2.665 6	2.918 0	2.852 9	2.887 6	2.657 7	2.894 9	2.767 4	2.610 1	2.762 2
四川	2.050 9	2.004 2	2.132 7	2.218 6	2.083 9	1.951 9	2.061 8	2.129 2	2.148 9	2.164 5
贵州	2.085 7	2.108 8	2.580 5	2.579 5	2.452 8	2.411 0	2.645 7	2.719 9	2.608 1	2.550 0
云南	2.421 4	2.668 0	2.890 6	2.579 3	2.532 9	2.326 3	2.500 2	2.628 9	2.620 2	2.541 7

续表

地区	2008年	2009年	2010年	2011年	2012年	2013年	2014年	2015年	2016年	2017年
西藏	2.6148	2.6729	2.9173	3.2061	2.8876	3.0360	2.8911	2.8318	2.9066	3.2001
陕西	2.2388	2.5832	2.6913	2.5863	2.4366	2.2808	2.3478	2.4282	2.3663	2.3935
甘肃	2.2383	2.3126	2.4769	2.5715	2.4586	2.6591	2.5999	2.6261	2.6118	2.8143
青海	2.6134	2.4844	2.8940	2.9137	2.7144	2.6582	2.5884	2.5306	2.6163	2.9239
宁夏	2.6203	2.9557	3.1793	2.9249	2.8750	2.9611	2.8923	2.8898	2.6154	2.8395
新疆	2.0646	2.2468	2.4684	2.3710	2.2135	2.3788	2.2541	2.3302	2.2927	2.5417

2008年区域环境可持续发展能力评价值排在后5位的地区分别为辽宁、河南、山西、山东和河北；2009年区域环境可持续发展能力评价值排在后5位的地区分别为湖南、江苏、河南、山东和广东；2010年区域环境可持续发展能力评价值排在后5位的地区分别为辽宁、河南、江苏、广东和山东；2011年区域环境可持续发展能力评价值排在后5位的地区分别为江苏、河南、河北、广东和山东；2012年区域环境可持续发展能力评价值排在后5位的地区分别为广东、江苏、河南、河北和山东；2013年区域环境可持续发展能力评价值排在后5位的地区分别为江苏、河南、河北、广东和山东；2014年区域环境可持续发展能力评价值排在后5位的地区分别为广东、江苏、河南、河北和山东；2015年区域环境可持续发展能力评价值排在后5位的地区分别为广东、江苏、河南、河北和山东；2016年区域环境可持续发展能力评价值排在后5位的地区分别为河南、河北、广东、江苏和山东；2017年区域环境可持续发展能力评价值排在后5位的地区分别为山西、江苏、河北、山东和广东。

通过对2008~2017年区域环境可持续发展能力评价结果分析可知，海南、西藏、宁夏、北京、重庆和天津的环境可持续发展能力较强。图3.19展现了上述地区2008~2017年的环境可持续发展能力变化趋势图，根据对图3.19的分析发现海南作为环境可持续发展能力最强的地区虽然经历了较多次的上下波动，但在整体上保持着一个平稳的波动趋势；西藏的环境可持续发展能力有较大幅度的上升，说明西藏的环境治理方面在十年间进步明显；宁夏的环境可持续发展能力在整体上保持上升的趋势；同时北京、重庆和天津也在整体上呈现上升趋势。通过上述分析可以发现各地区的环境可持续发展能力在整体上保持上升的趋势，这说明了我国在环境治理和生态保护等方面的投入有明显的效果。

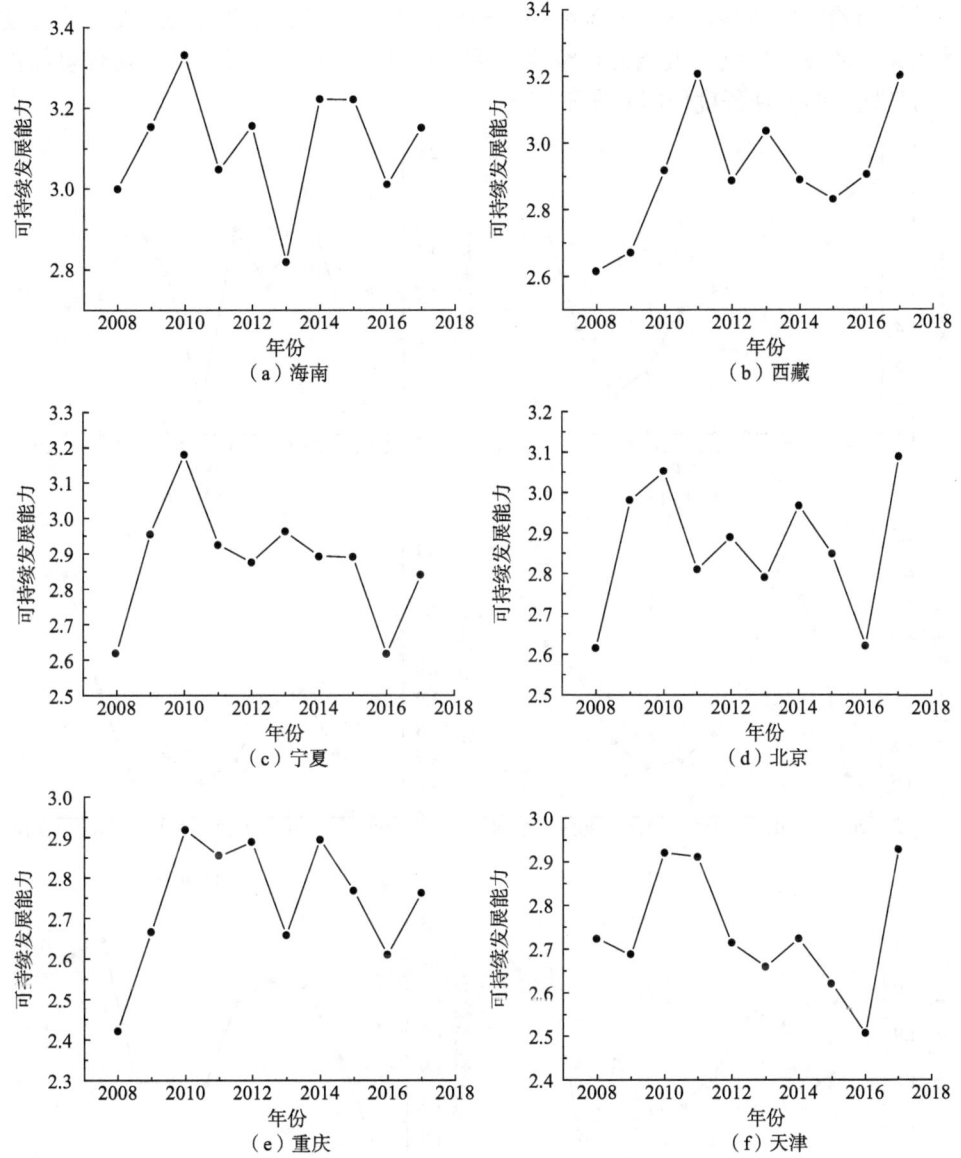

图 3.19 环境可持续发展能力较强地区发展趋势图

山东、广东、河北、河南、江苏和辽宁是中国环境可持续发展能力较弱的地区，这些地区通常经济发展较快、能源消耗巨大，加之对生态环境保护缺乏足够重视，导致这些地区的环境可持续发展能力一直较差。根据 2008~2017 年环境可持续发展能力投影值绘制环境可持续发展能力较弱地区趋势图，从图 3.20 中可以看出河南、江苏和辽宁的环境可持续发展能力提升幅度较大；山东和河北经历过一段下降趋势后在整体上呈上升趋势；相比之下，广东的环境可持续发展能力波动较大，环境可持续发展能力在整体上保持着稳定的水平，说明广东对环境保护和污染处理的重视程度依旧有所不够。

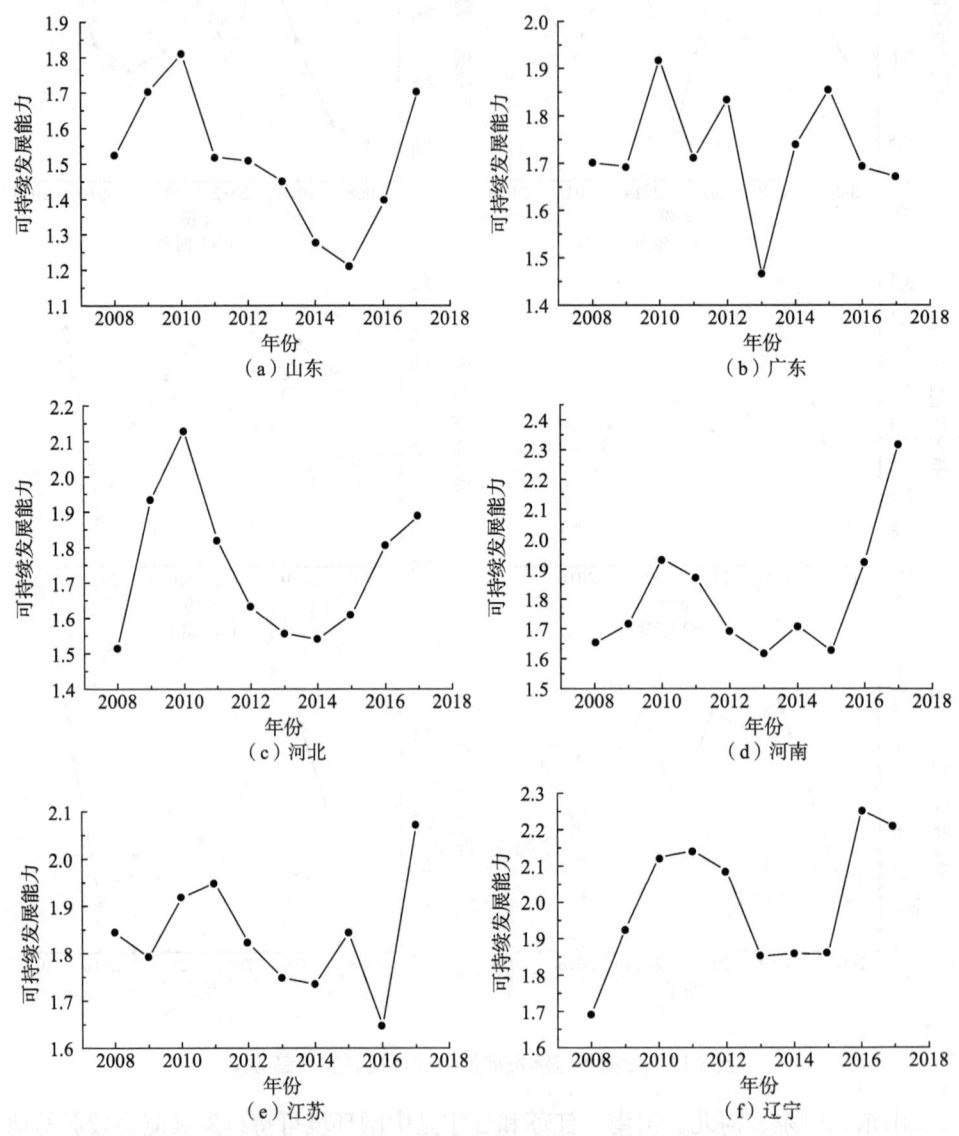

图 3.20　环境可持续发展能力较弱地区发展趋势图

根据中国 31 个地区 2008~2017 年环境可持续发展能力评价值的年度平均值和地区平均值绘制整体的发展趋势图（图 3.21）。其中，图 3.21（a）和图 3.21（b）分别表示 2008~2017 年年度平均值绘制的发展趋势图和各地区十年间环境可持续发展能力平均值的排序图。从图3.21（a）可以看出在2010~2013年各地区的环境可持续发展能力呈下降趋势，在这近三年的时间内中国环境污染问题频发，尤其是以2013年的雾霾问题最为严重，导致了中国环境质量持续下降。基于此中国政府也相继出台了相关的环境保护政策，环境得到了改善。图3.21（a）显示自2013年后中国各地区的环境可持续发展能力持续提升，这也证明了中国对环境治理和生态文明建设所做出的努力。通过对图3.21（b）的分析可以看出中国各地区的环境可持续发展能力没有较为明显的差距，其中，海南的环境可持续发展能力最强，山东的环境可持续发展能力最弱。各地区的环境可持续发展能力不存在较大的发展失衡问题，这说明了各地区政府都为环境治理和生态保护做出了积极的努力。

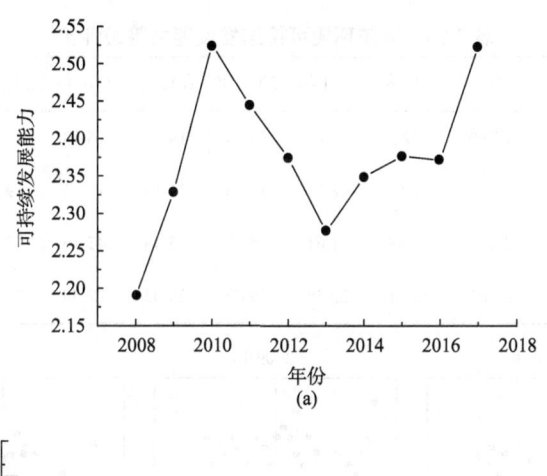

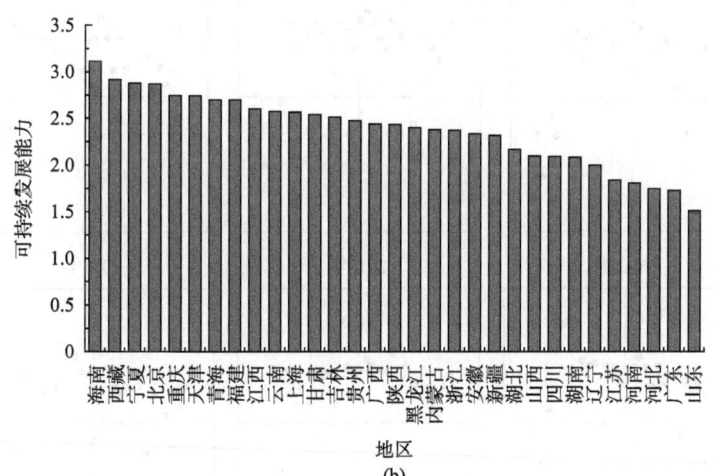

图 3.21　环境可持续发展能力整体发展趋势图

根据各地区的环境可持续发展能力评价值，取投影区间（~，1.9]，(1.9，2.3]，(2.3，2.7]，(2.7，~)分别表示差、一般、良好、优秀的环境可持续发展能力水平，并基于此获得区域环境可持续发展能力等级评定量表，如表 3.16 所示。根据 2008~2017 年各地区环境可持续发展能力投影值 $z^*(i)$ 的散点图（图 3.22）可以看出各地区的环境可持续发展能力处于中等偏上水平。表 3.16 展现了具体的等级划分占比，通过分析发现区域环境可持续发展能力能够达到优秀水平的地区已经从 2008 年的 6.45%上升至 2017 年的 32.26%，能够达到良好水平的地区已经从 2008 年的 35.48%上升至 2017 年的 45.16%，处于一般水平的地区已经从 2008 年的 35.48%下降至 2017 年的 16.13%，处于较差水平的地区已经从 2008 年的 22.58%下降至 2017 年的 6.45%。这说明了在 2008~2017 年，中国的环境可持续发展能力有较大幅度的提升，中国环境治理政策的效果正在凸显。

表 3.16　区域环境可持续发展能力等级评价　　　　　单位：%

投影值区间	2008年	2009年	2010年	2011年	2012年	2013年	2014年	2015年	2016年	2017年
≤1.9	22.58	12.90	3.23	9.68	16.13	19.35	16.13	12.90	12.90	6.45
1.9~2.3	35.48	29.03	22.58	16.13	19.35	16.13	16.13	19.35	16.13	16.13
2.3~2.7	35.48	29.03	35.48	51.61	35.48	35.48	45.16	45.16	61.29	45.16
>2.7	6.45	29.03	38.71	22.58	29.03	29.03	22.58	22.58	9.68	32.26

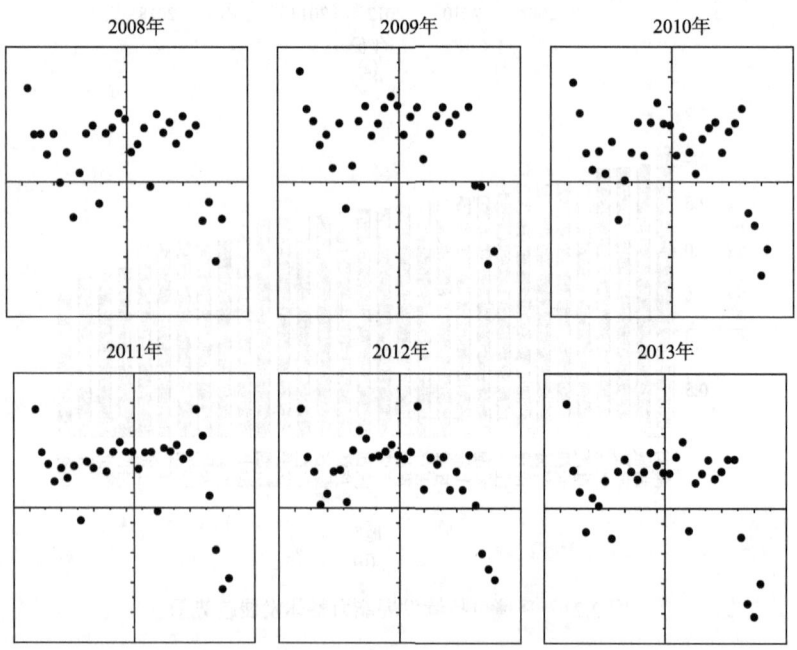

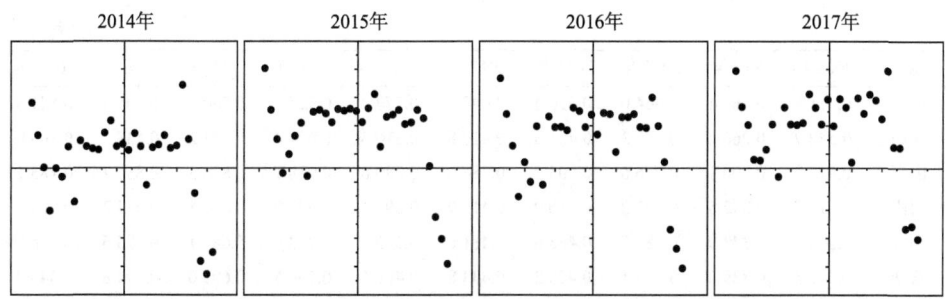

图 3.22 区域环境可持续发展能力评价指标样本投影值散点图

6. 区域可持续发展能力总体测算结果

表 3.17 展示了 2008~2017 年十年的区域可持续发展能力评价值，对表 3.17 进行分析可以发现 2008 年区域可持续发展能力评价值排在前 5 位的地区分别为北京、广东、上海、浙江和江苏；2009 年区域可持续发展能力评价值排在前 5 位的地区分别为北京、上海、广东、江苏和浙江；2010 年区域可持续发展能力评价值排在前 5 位的地区分别为北京、上海、江苏、广东和浙江；2011 年区域可持续发展能力评价值排在前 5 位的地区分别为北京、江苏、上海、广东和浙江；2012 年区域可持续发展能力评价值排在前 5 位的地区分别为北京、江苏、上海、广东和浙江；2013 年区域可持续发展能力评价值排在前 5 位的地区分别为北京、江苏、上海、广东和天津；2014 年区域可持续发展能力评价值排在前 5 位的地区分别为北京、江苏、上海、广东和浙江；2015 年区域可持续发展能力评价值排在前 5 位的地区分别为北京、江苏、广东、上海和浙江；2016 年区域可持续发展能力评价值排在前 5 位的地区分别为北京、上海、广东、江苏和浙江；2017 年区域可持续发展能力评价值排在前 5 位的地区分别为北京、上海、广东、浙江和天津。

表 3.17 区域可持续发展能力评价值

地区	2008 年	2009 年	2010 年	2011 年	2012 年	2013 年	2014 年	2015 年	2016 年	2017 年
北京	1.620 5	1.451 6	1.541 2	1.495 6	1.551 1	1.731 2	1.746 3	1.669 8	1.777 5	1.637 2
天津	0.915 2	0.800 3	0.969 8	0.904 5	0.949 0	1.154 2	1.247 9	1.097 2	1.170 2	0.928 2
河北	0.525 9	0.311 4	0.421 6	0.432 4	0.399 6	0.356 2	0.542 1	0.462 7	0.458 7	0.232 6
山西	0.539 3	0.276 8	0.412 9	0.411 2	0.409 4	0.445 1	0.469 3	0.387 8	0.342 2	0.259 0
内蒙古	0.544 1	0.407 8	0.505 0	0.500 6	0.474 9	0.591 4	0.706 4	0.553 7	0.579 8	0.376 6
辽宁	0.615 8	0.503 9	0.582 2	0.592 4	0.571 0	0.639 7	0.699 8	0.601 8	0.474 6	0.334 8
吉林	0.524 4	0.313 9	0.435 0	0.411 1	0.399 2	0.470 1	0.640 5	0.485 2	0.525 6	0.286 5
黑龙江	0.419 1	0.241 3	0.352 6	0.355 1	0.337 7	0.390 8	0.514 9	0.418 1	0.395 9	0.259 0
上海	1.310 8	1.267 5	1.329 0	1.256 3	1.261 9	1.332 6	1.413 7	1.337 6	1.500 3	1.340 6
江苏	1.220 5	1.165 8	1.329 0	1.390 6	1.375 9	1.332 6	1.468 8	1.400 2	1.339 7	0.918 0
浙江	1.221 2	1.052 6	1.200 0	1.148 4	1.146 2	1.145 0	1.332 5	1.254 8	1.237 0	0.930 7
安徽	0.353 0	0.272 2	0.415 9	0.421 4	0.450 1	0.544 6	0.706 4	0.589 2	0.584 5	0.378 0

续表

地区	2008年	2009年	2010年	2011年	2012年	2013年	2014年	2015年	2016年	2017年
福建	0.6718	0.4694	0.6640	0.6304	0.6474	0.7784	0.9252	0.7801	0.8054	0.5418
江西	0.5427	0.2662	0.4203	0.4033	0.4108	0.5103	0.6974	0.5232	0.5452	0.3030
山东	0.9152	0.7001	0.7766	0.8054	0.7840	0.7806	0.9187	0.8843	0.8362	0.4851
河南	0.6137	0.3425	0.4222	0.4169	0.4169	0.3956	0.6469	0.5661	0.5472	0.3040
湖北	0.5442	0.3439	0.4817	0.4686	0.4816	0.5730	0.7839	0.6871	0.6786	0.4753
湖南	0.5425	0.3390	0.4451	0.4332	0.4338	0.4696	0.7065	0.6050	0.5948	0.3452
广东	1.4274	1.2651	1.2000	1.2022	1.2478	1.1753	1.3413	1.3403	1.3510	0.9352
广西	0.3728	0.2223	0.2875	0.2520	0.3051	0.3678	0.5023	0.3980	0.4016	0.3140
海南	0.5393	0.2451	0.4243	0.4237	0.4575	0.5930	0.7046	0.5789	0.5776	0.4989
重庆	0.5304	0.3430	0.4623	0.4400	0.4816	0.6651	0.8153	0.7027	0.6982	0.4893
四川	0.5316	0.3587	0.4397	0.4005	0.4011	0.4688	0.6747	0.5835	0.5795	0.3038
贵州	0.2932	0.1584	0.2078	0.2268	0.2455	0.4422	0.5413	0.4162	0.4004	0.2340
云南	0.4311	0.1582	0.2787	0.2602	0.2414	0.3909	0.4796	0.4009	0.3932	0.2387
西藏	0.3420	0.1804	0.2592	0.2004	0.1312	0.3853	0.5022	0.3865	0.4018	0.3137
陕西	0.5482	0.3444	0.4910	0.4413	0.4677	0.5691	0.7066	0.5827	0.5761	0.3311
甘肃	0.2120	0.1352	0.1512	0.1954	0.2344	0.3904	0.4369	0.3402	0.3269	0.2180
青海	0.3206	0.1585	0.2675	0.2193	0.2129	0.3048	0.3357	0.2137	0.2178	0.3038
宁夏	0.2277	0.1716	0.2790	0.2004	0.2414	0.3908	0.3615	0.2433	0.2480	0.3198
新疆	0.3155	0.1582	0.2284	0.2268	0.2453	0.3864	0.3910	0.2131	0.1955	0.3026

2008年区域可持续发展能力评价值排在后5位的地区分别为青海、新疆、贵州、宁夏和甘肃；2009年区域可持续发展能力评价值排在后5位的地区分别为青海、贵州、云南、新疆和甘肃；2010年区域可持续发展能力评价值排在后5位的地区分别为青海、西藏、新疆、贵州和甘肃；2011年区域可持续发展能力评价值排在后5位的地区分别为贵州、青海、宁夏、西藏和甘肃；2012年区域可持续发展能力评价值排在后5位的地区分别为云南、宁夏、甘肃、青海和西藏；2013年区域可持续发展能力评价值排在后5位的地区分别为新疆、西藏、广西、河北和青海；2014年区域可持续发展能力评价值排在后5位的地区分别为山西、甘肃、新疆、宁夏和青海；2015年区域可持续发展能力评价值排在后5位的地区分别为西藏、甘肃、宁夏、青海和新疆；2016年区域可持续发展能力评价值排在后5位的地区分别为山西、甘肃、宁夏、青海和新疆；2017年区域可持续发展能力评价值排在后5位的地区分别为山西、云南、贵州、河北和甘肃。

通过对2008~2017年的区域可持续发展能力评价值进行分析可知，北京、上海、江苏、广东、浙江和天津的可持续发展能力较强。图3.23展示了以上几个地区2008~2017年的区域可持续发展能力趋势图，其中，江苏、广东和浙江的可持续发展能力有衰退的趋势，2017年的可持续发展能力远小于2008年的值，这种衰退的趋势意味着政府应该加大对地区可持续发展能力的重视，制定相应的政策去调节；北京、上海和天津的可持续发展能力的波动幅度较大，在整体上基本保持同等水平。中国各地区的可持续发展能力的被重视程度仍然不够，各地区应该加大对经济、社会、科技、资源和环境的投入，以促进区域可持续发展能力的提升。

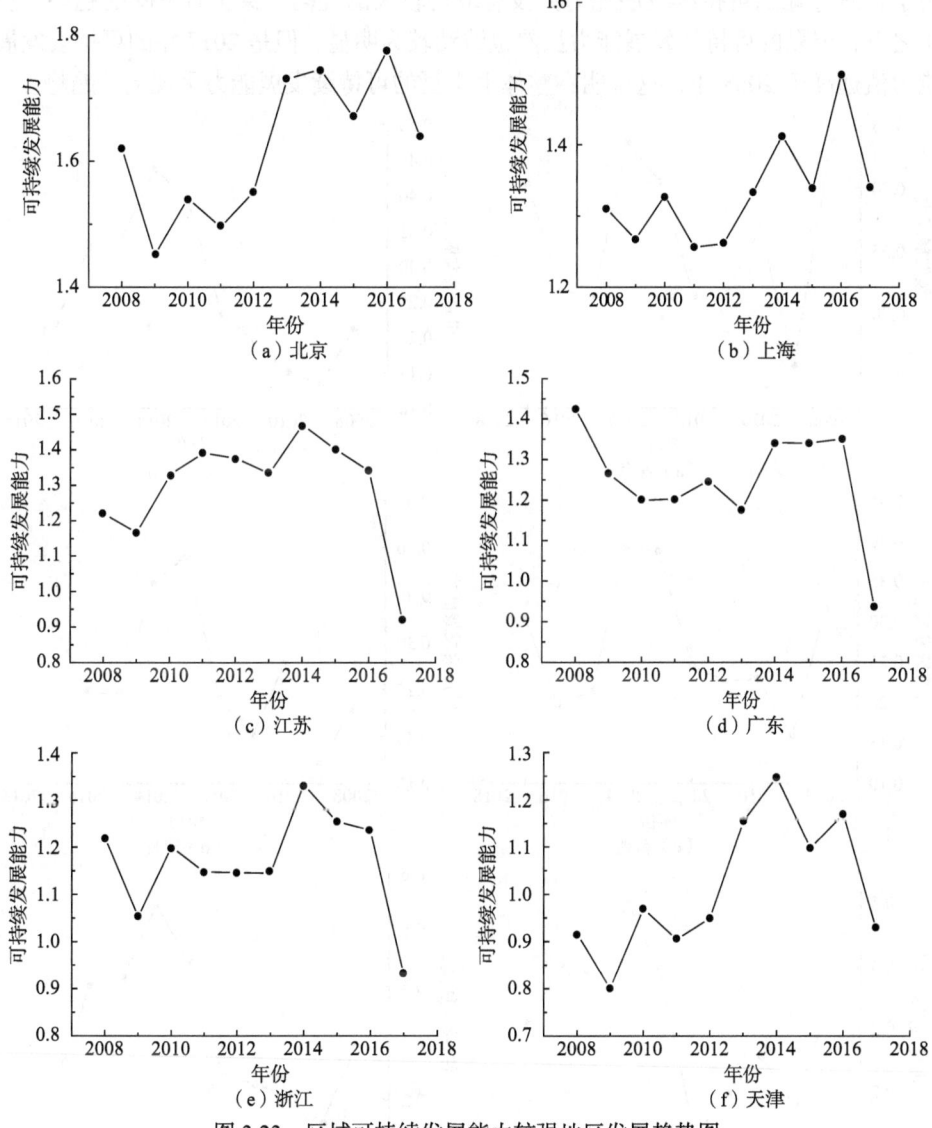

图 3.23　区域可持续发展能力较强地区发展趋势图

青海、甘肃、新疆、宁夏、西藏和贵州的可持续发展能力较弱，其中青海的可持续发展能力最弱。这些地区主要集中在西北和西南等偏远地区，通常经济水平较低,科技和文化较为落后,自然资源和环境较为匮乏。因此,这些地区的可持续发展能力一直处于较差的水平。图 3.24 展示了区域可持续发展能力较差地区的发展趋势图,通过对图 3.24 进行分析发现青海、新疆、西藏和贵州的可持续发展能力波动起伏较大,但是 2017 年的可持续发展能力值低于 2008 年的值,这说明了青海等地的可持续发展能力并没有取得较大的提高,甚至有下降的趋势。相比之下,宁夏的可持续发展能力虽然也波动较为明显,但是 2017 年的可持续发展能力值远高于 2008 年,这说明在整体上宁夏的可持续发展能力呈现上升趋势。

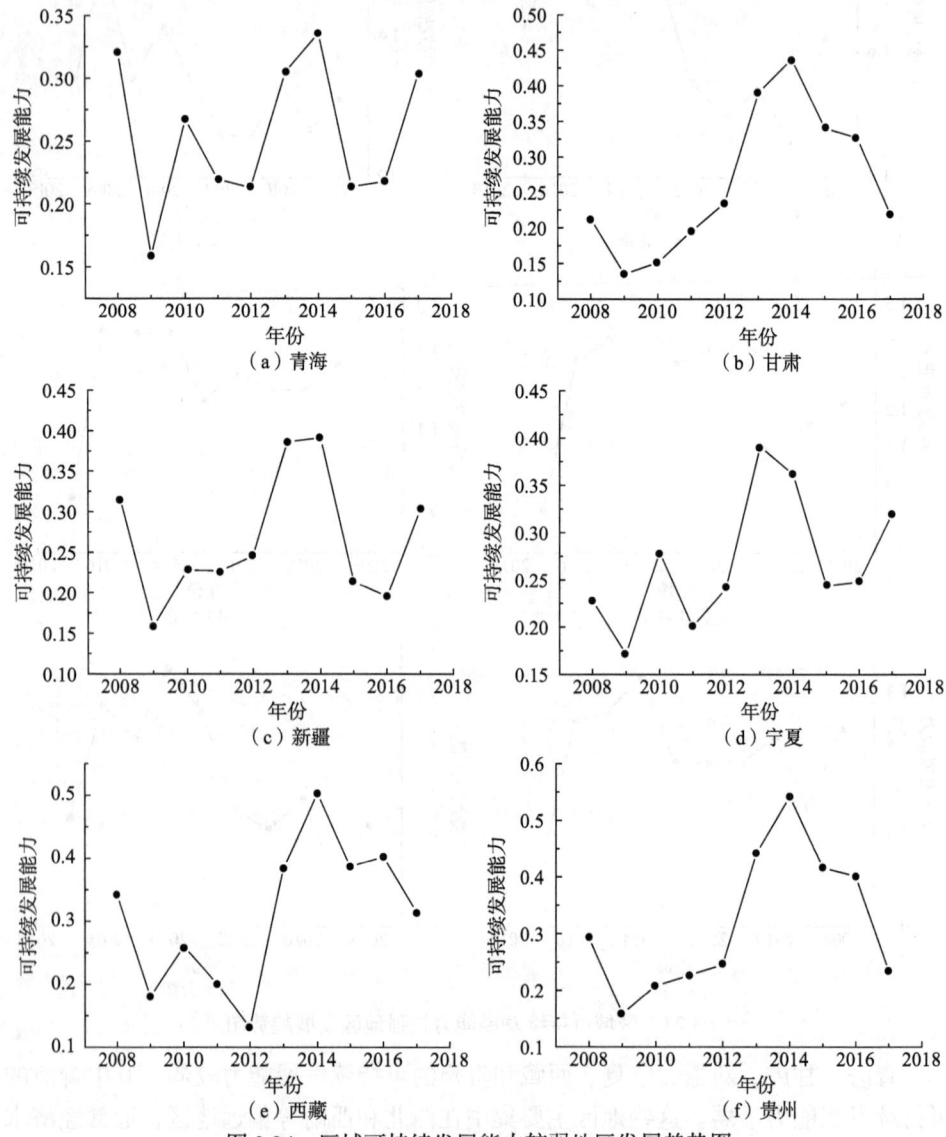

图 3.24　区域可持续发展能力较弱地区发展趋势图

根据区域可持续发展能力评价值绘制图 3.25 以展现区域可持续发展能力的整体特征。其中，图 3.25（a）为 2008~2017 年区域可持续发展能力年度平均值绘制的发展趋势图，通过图 3.25（a）可知中国的区域可持续发展能力在 2009 年最低，在 2014 年最高。从 2009 年到 2014 年中国各地区的区域可持续发展能力整体上呈持续上升的趋势，然而自 2014 年之后持续下降。因此，从整体上看目前中国的区域可持续发展能力呈衰退趋势。图 3.25（b）为各地区十年间可持续发展能力平均值的排序图，由图 3.25（b）可以看出北京、上海、江苏、广东等京津冀地区、长三角地区和珠三角地区的可持续发展能力较强，而宁夏、新疆、甘肃、青海等西南和西北偏远欠发达地区的可持续发展能力较弱。因此，中国各地区的可持续发展能力存在发展不平衡的问题。

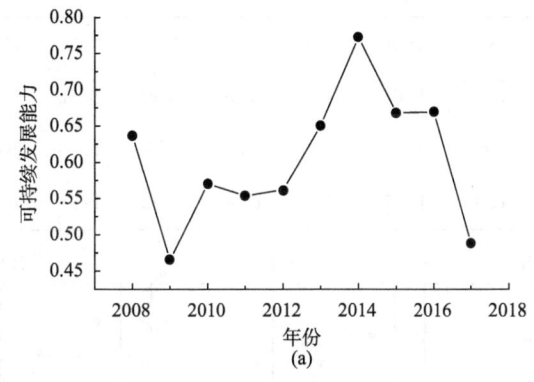

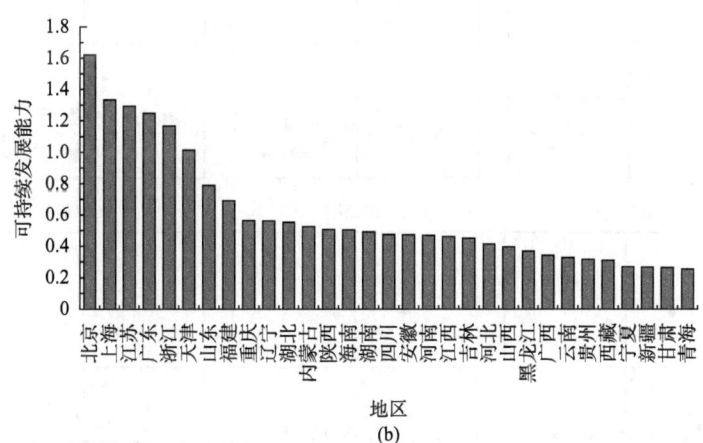

图 3.25 区域可持续发展能力整体发展趋势图

根据区域可持续发展能力评价值，取投影值区间（~，0.4]，（0.4，0.8]，（0.8，1.2]，（1.2，~）分别表示差、一般、良好、优秀。表 3.18 展现了各地区的可持续发展能力等级评价结果，由表 3.18 可知大约有 75%的地区的可持续发展能力处于一般或差的水平，仅有大约25%的地区的可持续发展能力处于优秀或良好的水平。此外，区域可持续发展能力处于优秀水平的地区从2008年的16.13%下降到6.45%，处于良好水平的地区从2008年的6.45%上升到12.90%，处于一般水平的地区从2008年的58.06%下降到22.58%，处于差水平的地区从2008年的19.35%上升到58.06%。图3.26展示了各年度的区域可持续发展能力评价值 $z^*(i)$ 的散点图，通过对图3.26的分析可知中国各地区的可持续发展能力大多数分布在中等偏下的水平。这说明了中国各地区的可持续发展能力正在呈现衰退的趋势，各地政府应该对此引起重视，并制定相应的政策以促进各地区可持续发展能力的提升。

表3.18 区域可持续发展能力等级评价　　　　　　　　单位：%

投影值区间	2008年	2009年	2010年	2011年	2012年	2013年	2014年	2015年	2016年	2017年
<0.4	19.35	64.52	25.81	25.81	29.03	3.23	3.23	12.90	16.13	58.06
0.4~0.8	58.06	16.13	51.61	51.61	48.39	70.97	64.52	61.29	58.06	22.58
0.8~1.2	6.45	6.45	6.45	9.68	9.68	9.68	12.90	9.68	6.45	12.90
>1.2	16.13	12.90	16.13	12.90	12.90	16.13	19.35	16.13	19.35	6.45

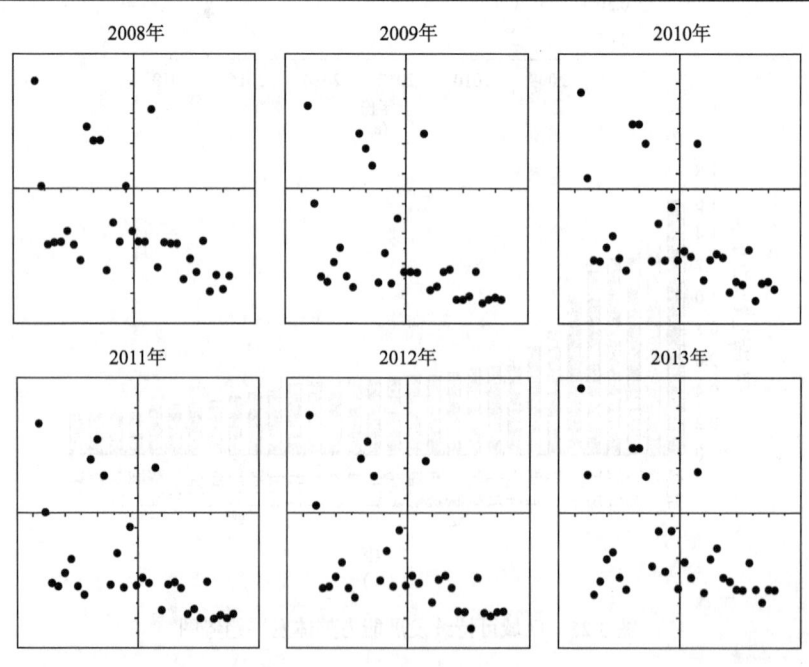

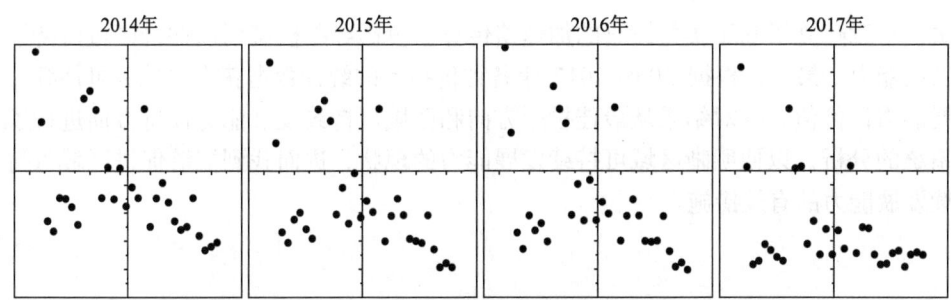

图 3.26　区域可持续发展能力评价指标样本投影值散点图

本书将 31 个地区划分为东北、华北、华东、华中、华南、西南、西北七个大的区域[222]，并对各地区的可持续发展能力水平进行划分，结果如表 3.19 所示。由表 3.19 可知东北地区和华中地区的可持续发展能力整体处于一般的水平；华北地区和华东地区的可持续发展能力处于整体偏上的水平，不存在较差水平的地区；华南地区的可持续发展能力除广东以外的其余地区处于中等偏下的水平；西南地区和西北地区的可持续发展能力较弱，整体处于中等偏下水平。因此，中国的可持续发展能力整体呈现东高西低的现象，西部地区与东南沿海地区的可持续发展能力差距较为明显，应该引起政府等相关部门的重视。

表 3.19　区域可持续发展能力区域划分结果

地区	范围	较差	一般	良好	优秀
东北	辽宁，吉林，黑龙江	0	3	0	0
华北	河北，山西，内蒙古，北京，天津	0	3	1	1
华东	山东，江苏，安徽，浙江，福建，江西，上海	0	3	1	3
华中	河南，湖北，湖南	0	3	0	0
华南	广东，广西，海南	1	1	0	1
西南	云南，贵州，四川，西藏，重庆	3	2	0	0
西北	新疆，陕西，宁夏，青海，甘肃	4	1	0	0

3.4　本章小结

首先，通过对区域可持续发展能力内涵和特征的理解，遵循科学性原则、系统性原则、典型性原则、可行性原则、动态性原则，从经济、社会、科技、资源、环境五个维度，选择 43 个评价指标构建了区域可持续发展能力评价指标体系。其次，本章建立了基于实数编码的加速遗传算法投影寻踪模型用以评价区域可持续发展能力。最后，根据 2008~2017 年各评价指标的统计数据获得各地区可持续发展能力评价值，并对结果从最佳投影方向和区域可持续发展能力评价方面进行了系统的分析，以便明晰区域可持续发展能力的现状，进而找到能够促进区域可持续发展能力的有效措施。

第4章 新能源产业要素和区域可持续发展能力的空间特征研究

新能源产业要素和区域可持续发展能力具有空间性是进行二者空间关系研究的前提。本章首先运用 Global Moran's I 指数分别对新能源产业和区域可持续发展能力进行空间特征检验，并在此基础上对新能源产业要素和区域可持续发展能力的空间特征进行研究，为促进新能源产业发展和区域可持续发展的提升提供理论依据。本书以中国 31 个地区为研究对象（不包括香港、台湾、澳门），选择中国概念板块 498 家上市公司为研究基础，具体包括新能源、锂电池、核能核电、太阳能、风能、页岩气、地热能、燃料电池、可燃冰。以新能源上市公司注册地址为区域划分依据，上市公司相关数据选自上市公司年报，专利数据取自国家知识产权局专利检索及分析系统，其他区域数据选自2014~2018 年的《中国统计年鉴》《中国科技统计年鉴》，地区的经纬度数据来自国家基础地理信息系统[223]。

4.1 新能源产业和区域可持续发展能力的空间特征检验

空间分布特征包括集聚、随机和离散三种情况，检验新能源产业和区域可持续发展能力是对其进行空间分析的前提。因此，本章通过计算 Global Moran's I 指数，并绘制 Moran 散点图和 LISA 集聚图来分析新能源产业要素和区域可持续发展能力的空间特征。

4.1.1 空间特征检验结果

1. 全域空间相关性检验

空间相关性（spatial dependence）是指相邻地区的特定对象之间具有外溢或扩散等空间关联效应。空间相关性的检验可以通过计算空间自相关系数 Global Moran's I 指数来确定，它可以检验各相邻区域之间是否具有相似关系、相异关系抑或是独立关系。Global Moran's I 指数的计算公式如式（4.1）所示[224, 225]：

$$I = \frac{n\sum_{i=1}^{n}\sum_{j=1}^{n}w_{ij}(x_i-\bar{x})}{\sum_{i=1}^{n}\sum_{j=1}^{n}w_{ij}(x_i-\bar{x})^2} = \frac{\sum_{i=1}^{n}\sum_{j\neq 1}^{n}w_{ij}(x_i-\bar{x})(x_j-\bar{x})}{S^2\sum_{i=1}^{n}\sum_{j=1}^{n}w_{ij}} \quad (4.1)$$

其中，n 代表地区总数；w_{ij} 代表空间权重，当区域 i 和区域 j 相邻时，取值为 1，否则取值为 0；x_i 和 x_j 分别为区域 i 和区域 j 的区域可持续发展能力的值（新能源企业数）；$\bar{x} = \frac{1}{n}\sum_{i=1}^{n}x_i$ 是区域可持续发展能力的平均值（新能源企业数的平均值）；$S^2 = \frac{1}{n}\sum_{i=1}^{n}(x_i-\bar{x})^2$ 是区域可持续发展能力的方差（新能源企业数的方差）。

Global Moran's I 指数的取值范围是[-1,1]，大于 0 时表示研究对象在空间中处于聚集状态，表示正相关；小于 0 时表示负相关，值接近-1 时表明相异的研究对象聚集在一起；如果值接近 0，则表明研究对象是随机分布的，或者不存在空间自相关性[226]。

2. 局部空间相关性检验

局部空间相关性又被称为空间关联局部指标（local indicators of spatial association，LISA）。Anselin[227]认为 LISA 分析应该满足两个条件：每个空间单元的 LISA 描述了在一定显著性条件下，围绕该空间单元的其他相似空间单元之间所具有的空间集聚程度；所有空间单元的 LISA 之和与对应的全域空间相关性指标成比例。常用的局部空间相关性的检测指标包括局部 Moran's I 指数和局部 Geary 指数，本书选择局部 Moran's I 指数，计算公式如式（4.2）所示[228]：

$$I = \frac{n(x_i-\bar{x})\sum_{i}\omega_{ij}(x_j-\bar{x})}{\sum_{i}(x_j-\bar{x})^2} \quad (4.2)$$

其中，当 $I>0$ 时表示地区与相邻地区之间呈"高-高"或"低-低"型集聚状态；当 $I<0$ 时地区与相邻地区之间呈"高-低"或"低-高"型集聚状态。

4.1.2 新能源产业空间特征检验结果

本章运用空间自相关 Global Moran's I 指数及其散点图来分析新能源产业在空间中是否存在集聚现象。根据 2017 年末存在的 498 家新能源上市企业的数据计算区域新能源企业空间自相关统计量（表 4.1），由表 4.1 可知，Global Moran's I 指数值为 0.184 247，并且显著。因此，区域新能源企业存在空间集聚现象。

表 4.1 区域新能源企业空间自相关统计量

年份	Moran's I	Z 值	P 值
2017	0.184 247	2.133 103	0.032 916

Moran's I 散点图常用来研究局域的空间不稳定性[229]。图 4.1 是根据 2017 年新能源企业数量绘制的 Moran's I 散点图，Moran's I 散点图通过描述局域空间相关性进而反映出新能源企业的空间集聚效应。通常 Moran's I 散点图将平面分为四个象限，即新能源企业分为四种类型：高-高、低-高、低-低、高-低，分别对应于第一、第二、第三和第四象限，其中，第一、第三象限体现出正的空间自相关性，第二、第四象限表示为负的空间自相关性。通过分析图 4.1 可知，大多数地区都集中在第三象限，由此可知中国新能源企业呈正相关。因此，Moran's I 散点图进一步证明区域新能源企业具有显著的空间集聚性。

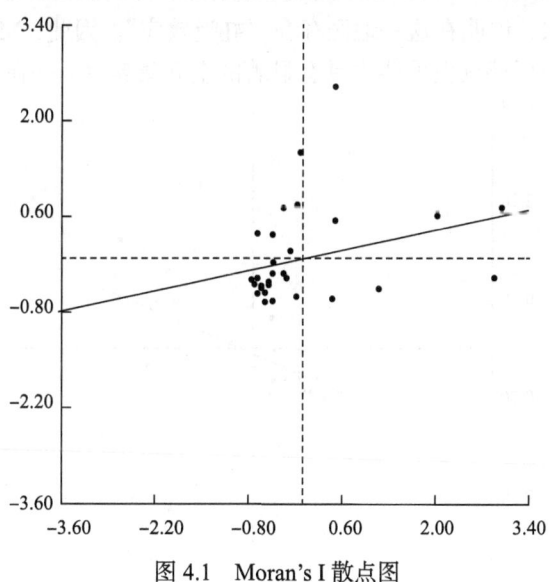

图 4.1 Moran's I 散点图

4.1.3 区域可持续发展能力空间特征检验结果

表 4.2 为 2013~2017 年区域可持续发展能力的空间自相关统计量,用以分析区域可持续发展能力在空间中是否存在集聚现象。由表 4.2 可知,Global Moran's I 指数值均显著,因此,区域可持续发展能力存在较为明显的空间相关性,有必要对其进行空间计量回归分析。

表 4.2 区域可持续发展能力的空间自相关统计量

统计量	2013 年	2014 年	2015 年	2016 年	2017 年	平均值
Moran's I	0.284 286	0.328 112	0.314 935	0.310 185	0.262 774	0.304 744
Z 值	2.998 396	3.360 203	3.237 173	3.209 915	2.888 877	3.177 973
P 值	0.002 714	0.000 779	0.001 207	0.001 328	0.003 866	0.001 483

本章运用 Moran's I 散点图来进一步地检验区域可持续发展能力的空间特征。图 4.2 为区域可持续发展能力 2013~2017 年平均值的 Moran's I 散点图。通过分析图 4.2 可知,大多数地区都集中在第一、第三象限,因此中国大多数地区的区域可持续发展能力呈正相关。此外,Moran's I 散点图显示区域可持续发展能力处于高—高、低—低的分布,即在沿海发达地区,一个地区的可持续发展能力越高,周围地区的可持续发展能力也会越高,而西南和西北落后地区是地区的可持续发展能力越低,周围地区的可持续发展能力也越低。特别值得注意的是在北京周围存在低—高的现象,说明在这一地区存在"虹吸效应"。因此,Moran's I 散点图进一步证明中国区域可持续发展能力具有显著的空间集聚性,并在空间上呈正相关。

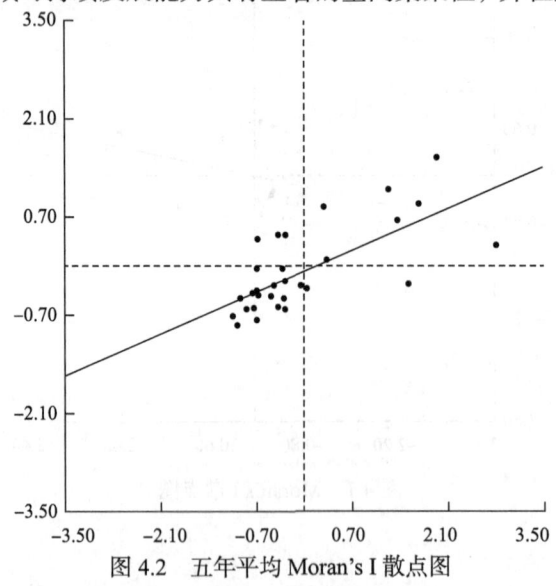

图 4.2 五年平均 Moran's I 散点图

4.2 新能源产业要素空间特征分析

本章在检验了新能源产业具有空间集聚性的基础上进一步研究新能源产业的空间特征。首先,对新能源产业的空间分布情况进行分析,其次,根据产业集聚要素分别从新能源专利技术空间集聚、新能源从业人员空间集聚及新能源资本空间集聚三个维度对新能源产业要素空间集聚特征进行具体研究。

4.2.1 新能源产业空间分布情况

运用 ArcMap 绘制中国新能源产业空间集聚的四分位图,分析中国新能源产业分布结构特征,将地区的新能源产业数量按四分位数划分,颜色由浅到深表示新能源企业的数量由少到多,颜色深表示该地区拥有较多的新能源企业,颜色较浅则表示该地区没有或者拥有较少的新能源企业。通过分析可以发现中国新能源产业在空间上主要集中在东南部的沿海地区,中国新能源产业在空间上存在集聚效应。中国经历了很长时间的以东部地区为重点的非均衡经济发展时期,中国新能源产业和经济活动区域也呈现出明显的"东高西低"的非均衡状态[230]。

4.2.2 新能源产业要素分布的空间特征

为了进一步检验新能源产业空间集聚的特征,本书从新能源专利技术、新能源从业人员及新能源资本三个角度研究新能源产业要素空间集聚特征。通常计算产业集聚的方法包括集中度、区位熵、赫芬达尔指数、空间基尼系数等,由于区位熵方法简单易行,并且可以衡量区域的要素空间分布状况,以此来反映某一产业部门的专业化程度,以及某一区域在高层次区域的地位和作用。因此本书采用区位熵作为计算新能源产业要素空间集聚指数的计算方法[231~233],计算公式如式(4.3)所示:

$$SteLQ_{it} = \frac{Ste_{it} / All_{it}}{Ste_t / All_t} \quad (4.3)$$

其中,$SteLQ_{it}$ 为区位熵,值越大说明集聚程度越高;Ste_{it} 是 i 地区 t 年新能源就业人数(新能源专利数、新能源资本);All_{it} 是 i 地区 t 年各行业总的就业人数(总的专利数、总资本);Ste_t 是 t 年所有地区新能源的就业人数(所有地区新能源的专利数、所有地区新能源的资本);All_t 是 t 年所有地区各行业总的就业人数(所有地区总的专利数、所有地区的总资本)。

1. 新能源专利技术空间集聚

本书根据新能源企业专利数和地区规模以上工业企业有效发明专利数计算新能源产业专利技术空间集聚指数。表 4.3 展示了中国各地区 2013~2017 年新能源专利技术空间集聚结果。根据五年新能源专利技术空间集聚指数的平均值绘制新能源专利技术空间集聚指数排序图(图 4.3),由图 4.3 可以看出,青海的新能源专利技术集聚程度最高,海南的新能源专利技术集聚程度最低,两者之间相差高达 90 倍。此外,青海比新能源专利技术空间集聚指数排名第二的新疆高出一倍,由此可见青海的新能源专利技术专业化程度非常高。

表 4.3 新能源专利技术空间集聚结果

地区	2013 年	2014 年	2015 年	2016 年	2017 年	平均值
北京	2.408 4	3.105 2	3.378 1	3.916 7	4.103 7	3.382 4
天津	0.620 0	0.669 9	0.601 1	0.591 0	0.673 4	0.631 1
河北	1.219 3	1.464 4	1.257 2	1.102 3	1.273 8	1.263 4
山西	3.261 1	3.465 5	3.102 8	3.001 0	2.498 5	3.065 8
内蒙古	1.013 5	1.187 9	1.100 8	1.035 0	1.041 9	1.075 8
辽宁	1.858 7	1.767 3	1.832 5	1.676 3	1.438 3	1.714 6
吉林	0.065 6	0.124 3	0.123 9	0.122 9	0.174 2	0.122 2
黑龙江	1.120 1	1.062 1	1.139 7	0.930 8	0.802 9	1.011 1
上海	1.477 6	1.425 0	1.560 7	1.663 5	1.699 7	1.565 3
江苏	0.503 5	0.503 8	0.578 0	0.598 6	0.626 8	0.562 1
浙江	1.174 4	1.195 5	1.315 8	1.417 2	1.313 4	1.283 3
安徽	0.274 4	0.254 0	0.260 1	0.274 8	0.297 3	0.272 1
福建	0.531 8	0.549 7	0.530 8	0.542 3	0.512 6	0.533 4
江西	2.411 6	2.147 9	1.949 7	1.720 8	1.285 3	1.903 1
山东	1.176 4	1.116 0	1.081 4	1.049 2	1.003 0	1.085 2
河南	1.286 3	1.202 7	1.062 9	0.964 8	0.892 6	1.081 9
湖北	0.340 4	0.337 9	0.356 3	0.372 7	0.457 3	0.372 9
湖南	0.618 9	0.589 7	0.566 5	0.625 9	0.600 4	0.600 2
广东	0.855 1	0.877 1	0.818 5	0.827 0	0.836 4	0.842 8
广西	0.170 1	0.201 2	0.237 7	0.218 1	0.260 3	0.217 5

续表

地区	2013年	2014年	2015年	2016年	2017年	平均值
海南	0.1540	0.0888	0.0772	0.0728	0.0934	0.0972
重庆	4.3037	3.9752	4.4642	4.1343	3.1128	3.9980
四川	0.6396	0.5116	0.6192	0.6284	0.5738	0.5945
贵州	0.8418	0.7136	0.6711	0.6495	0.5870	0.6926
云南	0.6252	0.6265	0.4776	0.4553	0.4742	0.5317
西藏	0.2739	0.8186	0.7554	0.8870	1.1854	0.7841
陕西	0.2021	0.2131	0.2343	0.2187	0.3236	0.2384
甘肃	2.4267	2.6621	2.0804	2.0378	1.9495	2.2313
青海	7.8658	8.2720	9.3476	8.5027	10.0190	8.8014
宁夏	1.2455	1.0849	1.0906	1.2062	1.1043	1.1463
新疆	5.3632	4.6276	4.3701	4.6657	4.7859	4.7625

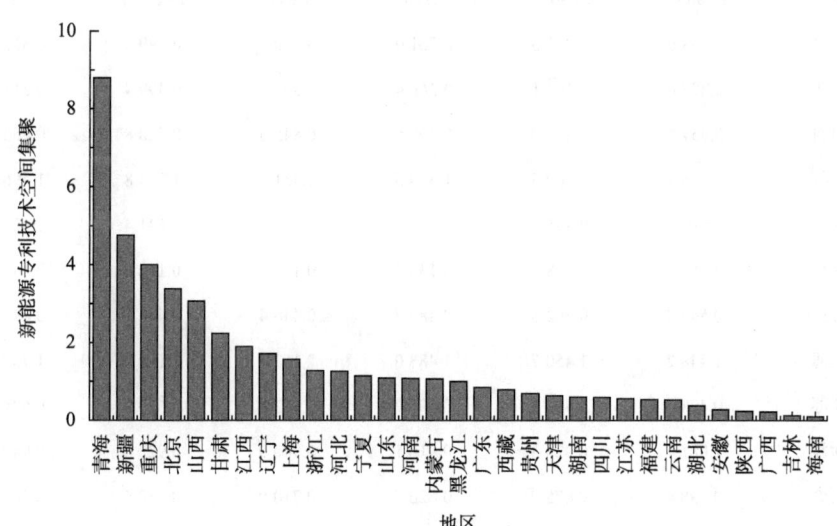

图4.3 新能源专利技术空间集聚指数排序图

根据新能源专利技术空间集聚指数 2013~2017 年的平均值得到了新能源专利技术空间集聚指数四分位图。根据四分位图展现的各区域新能源专利技术空间集聚情况可以看出，以新疆、甘肃、青海等为代表的西北地区新能源专利技术集聚程度较高，除吉林以外的东北地区及京津冀地区的新能源专利技术集聚程度稍次之。从整体上看中国北部的新能源专利技术集聚程度较高，而南部的新能源专利技术集聚程度较低。

2. 新能源从业人员空间集聚

根据企业年报中员工总数汇总得到各地区的新能源从业人员数和地区规模以上工业企业平均用工人数，计算获得新能源产业从业人员空间集聚指数。表 4.4 为 2013~2017 年新能源工业人员空间集聚指数计算结果。根据表 4.4 中五年新能源从业人员空间集聚指数的平均值绘制新能源从业人员空间集聚指数排序图（图 4.4），从图 4.4 可以看出北京的新能源从业人员集聚程度最高，而吉林的新能源从业人员集聚程度最低。北京的新能源从业人员集聚程度是吉林的 115 倍，比青海的新能源从业人员集聚水平高出 3 倍，由此可见，北京的新能源人员空间集聚程度非常高，集聚水平远远超过其他地区。除北京、青海以外的其他地区的新能源从业人员集聚程度都较低，其中河南、广西和吉林的新能源从业人员集聚程度最低。

表 4.4　新能源从业人员空间集聚结果

地区	2013 年	2014 年	2015 年	2016 年	2017 年	平均值
北京	12.989 1	15.565 8	18.720 6	17.807 5	16.877 7	16.392 1
天津	0.793 9	0.781 5	0.761 0	0.749 9	0.999 4	0.817 1
河北	0.297 0	0.244 1	0.266 4	0.352 9	0.399 4	0.312 0
山西	0.957 6	0.868 9	0.899 5	0.845 6	0.768 8	0.868 1
内蒙古	1.555 7	1.500 5	1.369 5	1.331 0	1.724 8	1.496 3
辽宁	0.990 9	0.995 8	1.370 5	1.615 0	1.641 4	1.322 7
吉林	0.164 5	0.138 7	0.138 4	0.127 7	0.142 6	0.142 4
黑龙江	0.549 9	0.502 5	0.483 7	0.446 4	0.406 1	0.477 7
上海	1.448 2	1.450 7	1.483 0	2.107 0	2.198 2	1.737 4
江苏	0.498 0	0.493 3	0.498 7	0.563 8	0.619 3	0.534 6
浙江	1.081 7	0.928 3	0.916 1	0.900 9	0.920 4	0.949 5
安徽	0.698 4	0.675 0	0.626 7	0.710 9	0.630 6	0.668 3
福建	0.422 9	0.442 8	0.407 5	0.380 1	0.370 7	0.404 8
江西	0.673 3	0.605 2	0.582 7	0.524 6	0.460 5	0.569 3
山东	0.817 6	0.837 3	0.716 3	0.710 3	0.731 3	0.762 6
河南	0.175 1	0.147 0	0.150 4	0.138 5	0.153 4	0.152 9
湖北	0.467 3	0.442 8	0.498 7	0.494 6	0.514 6	0.483 6
湖南	0.832 8	0.783 4	0.762 0	0.628 8	0.560 0	0.713 4

续表

地区	2013年	2014年	2015年	2016年	2017年	平均值
广东	1.5712	1.5699	1.4492	1.4517	1.4050	1.4894
广西	0.1928	0.1761	0.1400	0.1268	0.1159	0.1503
海南	1.9776	2.0516	1.7154	1.5283	1.5575	1.7661
重庆	1.6517	1.4715	1.3463	1.2920	1.3265	1.4176
四川	0.7652	0.7155	0.7167	0.7326	0.6919	0.7244
贵州	0.6897	0.5614	0.4497	0.4201	0.4018	0.5045
云南	0.4814	0.6619	0.6078	0.5967	0.6107	0.5917
西藏	3.0818	2.4547	2.1989	1.9780	1.7560	2.2939
陕西	0.5727	1.1234	1.1896	1.3264	1.3392	1.1103
甘肃	1.0184	1.0585	0.9969	0.9198	0.9732	0.9934
青海	6.2886	6.0859	6.0079	5.6189	5.6240	5.9251
宁夏	0.7820	0.6035	0.4725	0.3898	0.3614	0.5218
新疆	1.8753	1.7064	1.7136	1.5972	1.4914	1.6768

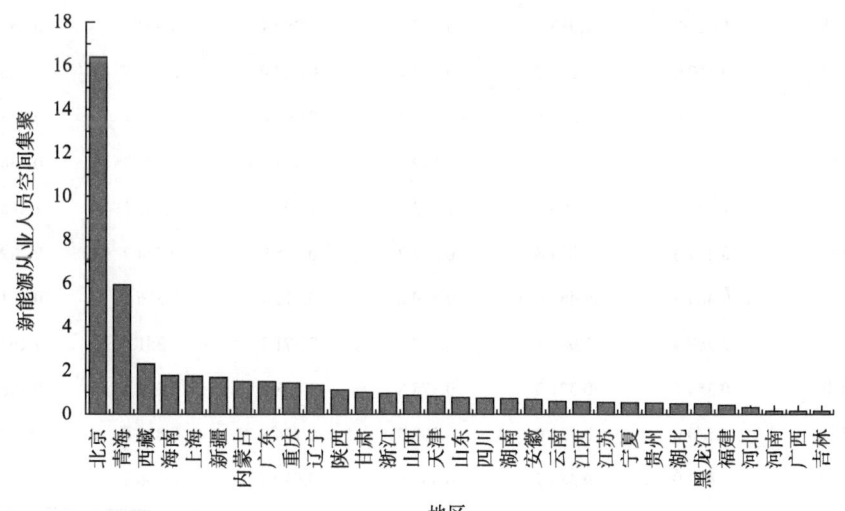

图 4.4　新能源从业人员空间集聚指数排序图

根据 2013~2017 年各地区新能源从业人员空间集聚指数绘制新能源从业人员空间集聚四分位图。从四分位图中可以看出新疆、西藏、青海等西北地区的新能源从业人员集聚程度较高，此外北京、上海、广东等一线地区的新能源从业人员集聚程度也较高。以黑龙江和吉林为代表的东北地区和北京周边地区表现出较低的新能源从业人员集聚程度。中国的中部内陆地区新能源从业人员集聚程度呈中等水平。

3. 新能源资本空间集聚

根据各地区新能源企业总资产和地区规模以上工业企业总资产计算新能源资本空间集聚指数。表4.5为各地区2013~2017年新能源产业资本空间集聚指数计算结果。根据表4.5中各地区的新能源资本空间集聚指数五年平均值绘制新能源资本空间集聚指数排序图（图4.5），通过对图4.5分析发现，北京、上海、青海、西藏和重庆的新能源资本空间集聚较高，而云南、宁夏、河北、吉林和河南的新能源资本集聚程度较低。其中，北京的新能源资本集聚程度最高，而河南的新能源资本集聚程度最低，两者之间相差40倍；上海的新能源资本空间集聚程度仅次于北京，但北京却是其的2.1倍，这说明北京的新能源资本集聚水平远超中国其他地区。

表4.5 新能源资本空间集聚结果

地区	2013年	2014年	2015年	2016年	2017年	平均值
北京	6.6156	7.1282	7.2459	6.5735	6.0115	6.7149
天津	1.0133	1.0151	0.9651	0.8594	0.9541	0.9614
河北	0.1609	0.1433	0.1840	0.3280	0.3607	0.2355
山西	0.9399	0.8765	0.9473	0.8986	0.8164	0.8957
内蒙古	0.7296	0.6638	0.5490	0.4991	0.4893	0.5862
辽宁	1.5763	1.4999	1.4629	1.5099	1.3801	1.4858
吉林	0.2393	0.2338	0.2042	0.2259	0.2447	0.2296
黑龙江	0.4633	0.4679	0.3994	0.3114	0.3167	0.3917
上海	2.9694	3.0471	3.1777	3.2717	3.3514	3.1634
江苏	0.3540	0.3713	0.3788	0.4389	0.5001	0.4086
浙江	0.7100	0.7385	0.7025	0.7343	0.8186	0.7407
安徽	0.4049	0.3839	0.3469	0.4107	0.3961	0.3885
福建	0.3866	0.4598	0.4391	0.3943	0.3880	0.4136
江西	0.7136	0.6391	0.5407	0.5673	0.5793	0.6080
山东	0.7091	0.7007	0.6075	0.6645	0.6654	0.6694
河南	0.1735	0.1794	0.1536	0.1417	0.1529	0.1603
湖北	0.4068	0.4188	0.5116	0.4860	0.4620	0.4570

续表

地区	2013年	2014年	2015年	2016年	2017年	平均值
湖南	1.0135	0.9234	0.8880	0.8880	1.1136	0.9653
广东	1.2781	1.2820	1.2317	1.2213	1.1859	1.2398
广西	0.3590	0.3426	0.4773	0.3949	0.3479	0.3843
海南	0.3018	0.3446	0.2864	0.2856	0.2643	0.2965
重庆	1.7592	1.8321	1.8697	1.7477	1.8972	1.8212
四川	0.6639	0.6822	0.6360	0.6551	0.6048	0.6484
贵州	0.5194	0.4423	0.3359	0.2927	0.2400	0.3661
云南	0.3038	0.2789	0.2790	0.2598	0.2600	0.2763
西藏	3.0863	2.8933	1.9332	1.2868	1.0807	2.0561
陕西	0.2117	0.3833	0.4060	0.4967	0.5197	0.4035
甘肃	0.4649	0.4914	0.4359	0.4357	0.4820	0.4620
青海	2.9718	2.8147	2.7313	2.5963	2.3229	2.6874
宁夏	0.3165	0.3108	0.2295	0.2160	0.2569	0.2659
新疆	1.0694	1.0926	1.0481	1.0079	0.9615	1.0359

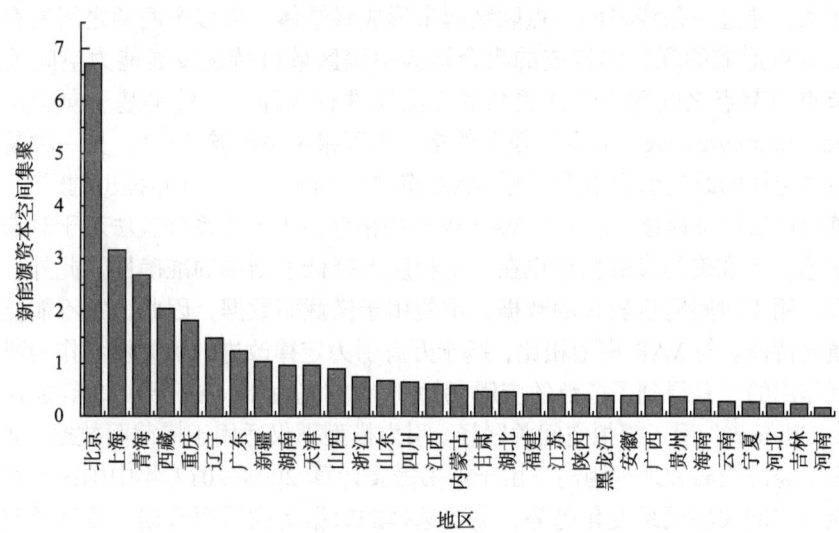

图 4.5 新能源资本空间集聚指数排序图

根据各地区 2013~2017 年新能源资本空间集聚指数的平均值获得新能源资本空间集聚指数四分位图。根据四分位图可以看出依然是以新疆、西藏和青海为代表的西北地区新能源资本集聚程度较高，北上广等发达地区的新能源资本空间集聚程度也较高。此外，四川、重庆、浙江等长江流域沿岸拥有较为丰富的水资源，所以新能源资本空间集聚程度也处于中等偏上水平。相比之下，吉林、河北及河南等地没有结合自身资源优势吸引投资，所以其新能源资本集聚水平处于较低的状态。

4.3 区域可持续发展能力空间特征分析

基于区域可持续发展能力具有的空间关联性特征，本章运用社会网络分析方法，构建改进的引力模型计算区域可持续发展能力空间关联强度，进而构建区域可持续发展能力的空间关联网络以研究区域可持续发展能力的空间特征。在此基础上，从整体网网络特征分析、中心性分析及空间溢出效应分析三个维度分别对中国区域可持续发展能力空间关联网络的空间特征进行分析。

4.3.1 区域可持续发展能力空间关联网络构建

将中国各省区市定义为网络节点，节点与节点之间由于具有相互作用关系而建立联系，通过一条线将两节点联结起来形成联结体。由多个两两之间具有关联关系的节点形成的联结体构成的集合即为中国区域可持续发展能力空间关联网络。节点与节点之间建立空间关联的方法通常有两种，一种是基于向量自回归（vector autoregressive，VAR）模型的格兰杰因果关系检验法[234]，另一种是基于万有引力定律的改进引力模型[235]。VAR 模型是 Sims 在 1980 年提出的[236]，是一种传统的计量经济模型，但基于 VAR 模型的格兰杰因果关系检验法对于时滞要求较为敏感，不准确的参数估计也在一定程度上降低了结果的准确性。此外，VAR 模型只适用于时间跨度较长的数据，不能用于横截面数据，因此，它不能显示网络的演化特征。与 VAR 模型相比，基于万有引力定律改进的引力模型作为研究空间相互作用的工具得到了广泛的应用，引力模型首先由 Stewart 于 1948 年提出[237]，随后由 Ullman[238]用于模拟空间关联场。引力模型不仅适用于横截面数据，而且综合考虑了经济距离和地理距离。由于本书需要计算 2008~2017 年中国区域可持续发展能力空间关联网络变化趋势，需要选择的数据是横截面数据，故选择改进的引力模型来构建中国区域可持续发展能力空间关联网络[239]，具体模型如式（4.4）所示：

$$F_{ij} = k\frac{\sqrt[3]{P_iV_iG_i}\sqrt[3]{P_jV_jG_j}}{D_{ij}^2}, \quad k = \frac{V_i}{V_i+V_j} \quad (i=1,2,\cdots,n;\ j=1,2,\cdots,n) \quad （4.4）$$

其中，F_{ij} 表示各地区之间环境可持续发展能力的引力大小，即任意两地区之间的环境可持续发展能力空间联系强度；k 表示各地区之间环境可持续发展能力的结构差异；P_i 和 P_j 分别表示地区 i 和地区 j 的年末人口数；V_i 和 V_j 分别表示地区 i 和地区 j 的区域可持续发展能力评价值；G_i 和 G_j 分别表示地区 i 和地区 j 的生产总值；D_{ij} 表示地区 i 和地区 j 之间的地理距离，用 ArcGIS 中任意两地区省会之间直线距离表示。运用获取的 2018 年统计年鉴数据，计算 2017 年任意两地之间的引力大小，获得引力矩阵。然后将引力矩阵进行二值化处理，即将矩阵的每一行中的每一个数值分别与该行的平均值比较，大于该行平均值的数值定义为 1，表示两地区环境可持续发展能力之间存在关联关系，小于该行平均值的数值定义为 0，表示两地区环境可持续发展能力之间不存在关联关系。基于此获得 1-mode 有向网络，并构建中国 2017 年区域可持续发展能力空间关联强度矩阵。

本书以 2017 年为主要研究年限，根据式（4.4）计算所获得的中国 2017 年区域可持续发展能力空间关联强度矩阵，运用 UCINET 6.0 软件绘制中国区域可持续发展能力空间关联网络。UCINET 作为社会网络分析软件具有强大的功能，其中包括海量的社会网络分析指标、QAP 分析、多维标度、对应分析、聚类分析、多元回归等功能，它是由美国加州大学欧文分校社会网络研究权威学者林顿·弗里曼（Linton Freeman）创建的[240]。从获得的中国区域可持续发展能力空间关联网络图可以看出网络中各地区普遍存在空间关联关系，而且网络中的各区域在空间上是紧密相连的。

4.3.2 中国区域可持续发展能力空间关联网络特征研究

对中国区域可持续发展能力空间关联网络特征进行研究有助于把握中国各地区现阶段可持续发展能力现状及变化趋势，为促进未来中国区域可持续发展能力的提升提供有力的参考。本章主要运用整体网网络特征分析指标、中心性分析指标及空间溢出效应分析指标对中国区域可持续发展能力空间关联网络特征进行研究，为促进地区可持续发展能力的提升提供理论依据。

1. 整体网网络特征分析

社会网络分析中主要包括个体网和整体网两大研究领域，其中大多数专家学者的重要研究成果主要表现在对整体网的深入研究。通过对个体网的研究有助于获取个体的类型、分类等信息，进而获得网络个体的同质性和异质性等个体特征。然而通常情况下个体之间是有相互联系作用的，他们能够构成有明确边界的行动者集合（如一个组织、一个区域等）。因此，当该集合被视为一个整体时，这个整体会表现一定的结构特征，这会对整体网络中的行动者产生一定的影响，即"社会结构"影响"能动作用"。由于个体网的研究通常不考虑这些，故本书主要探讨整体网网络特征。整体网网络特征的分析指标主要包括网络密度、网络关联度、网络等级和网络效率。

1）网络密度

整体网网络密度是衡量网络成员之间整体联系紧密程度的指标[241]，通常整体网网络密度越大意味着网络成员之间的关系越多，表现为网络中各成员越紧密、网络对网络成员的态度和行为等的影响力越大[242,243]。联系紧密的整体网不仅为其中的个体提供各种社会资源，同时也成为限制其发展的重要力量。整体网网络密度的计算公式通常如式（4.5）所示：

$$D = \frac{M}{N(N-1)} \tag{4.5}$$

其中，D表示整体网网络密度；M表示实际关系数；N表示网络中节点数；$N(N-1)$表示最大的可能关系数。

2）网络关联度

整体网网络关联度是衡量网络脆弱性和稳健性的指标，通过计算两节点之间的可达性确定，两节点之间是否可达是两节点是否存在关联性的必要条件。可达性是指两个节点之间至少存在一条路径，路径越多，网络的关联度就越大。通常网络中的任意两点都可以建立联系，即两点之间是可达的，因此，如果一个图中存在多个点之间不可达，这说明图的关联性较小。整体网网络关联度计算公式如式（4.6）所示：

$$C = 1 - \left[\frac{V}{N(N-1)/2}\right] \tag{4.6}$$

其中，C表示整体网网络关联度；V表示网络中不可达的点对数目；N表示网络规模；$N(N-1)/2$表示理论上的最大关系数。

3）网络等级

整体网网络等级是衡量网络节点之间非对称可达程度的指标，通常网络等级度越大，网络越具有等级结构。整体网网络等级的计算公式通常如式（4.7）所示：

$$GH = 1 - \frac{V}{\max(V)} \tag{4.7}$$

其中，GH表示整体网网络等级；V表示网络中对称可达的点对数；$\max(V)$表示i可达j或者j可达i的点对数。

4）网络效率

整体网网络效率是衡量网络中存在多余连线程度的指标。当网络中存在大量冗余连线时说明网络紧密,这样的网络不会因为任意两个连接之间的断开而完全崩溃。整体网网络效率的计算公式通常如式(4.8)所示:

$$GE = 1 - \frac{V}{\max(V)} \quad (4.8)$$

其中,V为多余线的条数;$\max(V)$为最大可能的多余线的条数。

为了了解区域可持续发展能力的现状和变化趋势,本书选取 2008~2017 年相关数据对区域可持续发展能力空间关联网络的整体网网络特征的演变趋势进行研究。运用 UCINET 6.0 软件计算获得相关结果(表 4.6),在此基础上绘制整体网网络结构特征演变趋势图(图 4.6)。根据图 4.6 可以看出,中国区域可持续发展能力空间关联网络的网络密度整体呈上升趋势,说明现阶段各地区普遍对可持续发展的重视程度呈明显上升趋势,网络中各节点的联结趋于紧密,从整体上看,区域可持续发展能力的网络密度在 2012 年之后有一个明显上涨的趋势,在 2013 年达到了峰值 0.250 5,随后又呈现一个下降趋势。中国区域可持续发展能力空间关联网络的网络关联度在 2008~2017 年的十年间一直保持在同一水平,而且网络关联度为 1,这说明在中国区域可持续发展能力空间关联网络内的任意两点都是可达的,网络内不存在孤立的点。同时中国区域可持续发展能力空间关联网络的网络等级也一直保持在 0.171 7 的水平,属于较小的网络等级,这说明了中国区域可持续发展能力空间关联网络不存在严格的等级结构,即中国各地区对于可持续发展普遍存在溢出效应,整体上并没有非常严格的等级划分。中国区域可持续发展能力空间关联网络的网络效率整体呈下降趋势,从 2008 年的 0.314 9 下降到 2017 年的 0.301 1,说明网络中存在较多冗余的线,网络较为稳定,即这种情况下不会出现由于某对节点间关系的断裂造成整个网络的失衡,说明中国对于可持续发展水平的投入整体大环境是欣欣向荣的,各地区都已经认识到了区域可持续发展的重要性。

表 4.6 2008~2017 年整体网网络结构特征描述性指标

年份	网络密度	网络关联度	网络等级	网络效率
2008	0.246 2	1.000 0	0.171 7	0.314 9
2009	0.244 1	1.000 0	0.171 7	0.324 1
2010	0.246 2	1.000 0	0.171 7	0.314 9
2011	0.244 1	1.000 0	0.171 7	0.324 1
2012	0.244 1	1.000 0	0.171 7	0.319 5
2013	0.250 5	1.000 0	0.171 7	0.292 0
2014	0.249 5	1.000 0	0.171 7	0.305 7
2015	0.248 4	1.000 0	0.171 7	0.305 7
2016	0.246 2	1.000 0	0.171 7	0.310 3
2017	0.248 4	1.000 0	0.171 7	0.301 1

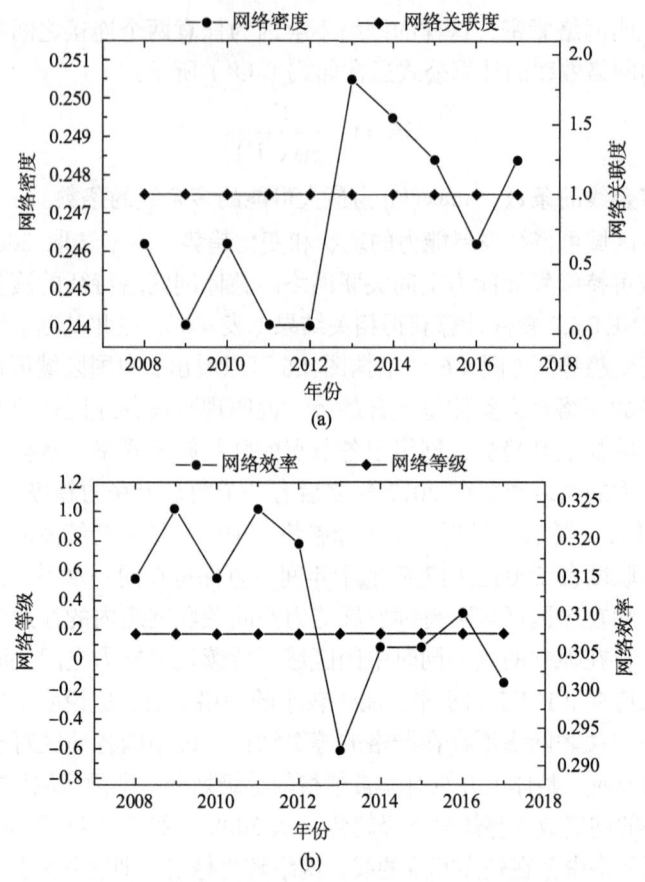

图 4.6 整体网网络结构特征演变趋势

此外值得注意的是，网络密度和网络效率分别属于正向指标和反向指标，因此两者在一定程度上表现出了相似的变化趋势。众所周知，中国分别在 2007 年、2012 年和 2017 年召开了中国共产党第十七次全国代表大会、中国共产党第十八次全国代表大会及中国共产党第十九次全国代表大会。然而通过对图 4.6 的分析可以发现十八大之后的时期的整体网络特征要优于十七大时期，尤其是在 2012 年十八大召开的后一年，中国区域可持续发展能力空间关联网络呈现了近十年最好的状态。可见党的十八大提出的行动指南，对于中国经济、社会、科技、资源及环境的提高和改善具有重要意义。然而对于随后的下降趋势，说明了各地区对于可持续发展的投入和各项政策的落实在起步阶段较为重视，而长时间的坚持和落实还不到位。因此，政府部门应该建立更严格的监管制度，各机构、各部门协调好权责关系，努力把每一个方针政策落实到实处去。

2. 中心性分析

"权力"是社会网络分析中另一项重要研究内容。从社会网络分析的角度上看，单一个体不具有权力。个体只有与其他个体建立联系，并能够通过联系影响他人的行为或状态等，才说明该个体具有一定的权力。个体具有的权力大小依据他能在多大程度上影响其他个体决定。社会网络研究学者将中心性作为权力的量化研究工具，基于"关系"的视角对网络中存在的"权力"（中心性）进行定量研究，其中，主要包括以中心度和中心势指数两个维度为代表的一系列量化指标。通常，中心度被称为点的中心度，主要是用来研究网络中各节点在网络中的重要程度，而中心势一般用来研究整个图的中心度[244]。中心性研究是社会网络分析的重点研究内容，分析个体在网络中的中心地位有助于理解个体在网络中能够获取权力的大小，因此，本书主要研究节点的中心性大小。网络节点的中心性分析通过计算点度中心度、接近中心度及中介中心度三个指标来度量网络节点在网络中所处的位置或重要程度[245]。

1）点度中心度

点度中心度分析包括点的入度中心性和点的出度中心性，其在网络中分别表示任意节点发送和接受关系的能力。式（4.9）、式（4.10）分别是出度、入度中心性的计算公式，计算公式如下所示：

$$C_{O,i} = \sum_{j=1,j\neq i,}^{N} l_{ij}/(N-1) \qquad (4.9)$$

$$C_{I,i} = \sum_{j=1,j\neq i,}^{N} l_{ji}/(N-1) \qquad (4.10)$$

其中，$C_{O,i}$ 与 $C_{I,i}$ 表示节点 i 的出、入度中心性；l_{ij} 与 l_{ji} 表示节点 $i(j)$ 指向节点 $j(i)$ 的联系强度。

2）接近中心度

接近中心度是衡量节点在网络中所处位置重要程度的指标，通过判断节点与节点之间的距离确定节点在网络中是否处于中心位置。通常节点与其他多个节点距离较短，则说明该节点具有较高的接近中心性，这些节点在传递信息上具有较强的优势，因而更可能处于网络中心。计算公式如式（4.11）所示：

$$C_{APi}^{-1} = \sum_{j=1}^{n} d_{ij} \qquad (4.11)$$

其中，C_{APi}^{-1} 表示点的接近中心度；d_{ij} 表示点 i 和点 j 之间的捷径距离（即捷径中包含的线数）。

3）中介中心度

中介中心度也是确定节点在网络中重要程度的指标[246]。网络中的任意节点如果处于信息传递的必经点，则该节点具有很强的控制其他节点相互联系的能力，因此该节点具有较大的中介中心性，并且在网络中占有重要位置。中介中心度表示某一节点控制其他节点相互联系的能力的大小，通常点的中介中心性较大表示该节点处于网络核心位置，中介中心性较小说明该节点在网络中处于边缘位置。具体计算公式如式（4.12）所示：

$$C_{ABi} = \sum_{j}^{n}\sum_{k}^{n}\left(g_{jk}(i)/g_{jk}\right), j \neq k \neq i, j < k \qquad (4.12)$$

其中，C_{ABi} 表示点的绝对中介中心度；$g_{jk}(i)$ 表示点 j 和点 k 之间存在的经过第三个点 i 的捷径数目；g_{jk} 表示点 j 和点 k 之间存在的捷径条数；$g_{jk}(i)/g_{jk}$ 表示 i 处于点 j 和点 k 之间的捷径上的概率。

将中介中心度标准化即可获得相对中介中心度。只有在星形网络情况下，图中点的中介中心度 C_{ABi} 才可能达到最大值 $C_{\max} = (n^2 - 3n + 2)/2$。因此，点 i 的相对中介中心度（C_{RBi}）为 $C_{RBi} = \dfrac{2C_{ABi}}{n^2 - 3n + 2}$，其取值范围为 0 和 1 之间，并且该值可用于比较不同网络图中点的中介中心度。点的中介中心度测量的是该点在多大程度上控制他人之间的交往，如果一个点的中介中心度为 0，意味着该点不能控制任何行动者，处于网络的边缘；如果一个点的中介中心度为 1，说明可以 100% 地控制其他行动者，处于网络的核心，拥有很大权力。

本书通过计算获得 2017 年中国区域可持续发展能力空间关联网络的点的出度中心度、点的入度中心度、点度中心度、接近中心度及中介中心度，结果如表 4.7 所示。根据网络中心性结果绘制网络多种中心性趋势图（图 4.7）。通过对图 4.7 的分析可知，河南、山东、湖南、湖北、广东为网络中心度排名前五的地区，说明河南、山东、湖南、湖北、广东处于中国区域可持续发展能力空间关联网络的核心位置，是联系其他地区的枢纽地区。因此，各地区政府部门应该根据自身情况和所处的位置因地制宜地制定符合本地区发展的政策，以促进中国整体可持续发展能力水平的提高。上海、海南、青海、吉林、黑龙江是网络中心度排名后五的地区，处于中国区域可持续发展能力空间关联网络的边缘位置，这说明这些地区不但对于可持续发展能力的投入不够重视，而且接收能力和条件也较弱，这些地区的政府部门应该加强对于可持续发展能力的意识，多与其他地区有关部门建立联系、交流沟通。随后对点的入度中心性进行分析发现河南、山东、湖北、湖南、江苏为排名前五名的地区，属于接受关系较多的地区，这五个地区大多数位于中国的中部，因此能够接收到更多周边地区可持续发展治理效益的溢出。对点的出度中心性进行分析发现西藏、新疆、广东、陕西和福建为排名前五名的地区，其中，西藏、新疆和陕西属于欠发达地区，因此需要活跃地与其他地区取得联系, 以促进地区发展; 相比之下, 广东和福建作为较发达地区也需要积极与其他地区保持联系, 以带动其他地区发展。

表 4.7 网络中心性分析

省区市	点度中心度			接近中心度	中介中心度
	点出度	点入度	中心度		
北京	6.00	5.00	23.33	51.72	0.09
天津	5.00	5.00	23.33	51.72	0.09
河北	6.00	12.00	40.00	60.00	1.45
山西	5.00	10.00	33.33	55.56	0.49
内蒙古	7.00	5.00	30.00	54.55	0.34
辽宁	8.00	2.00	26.67	53.57	2.08
吉林	3.00	2.00	10.00	43.48	0.00
黑龙江	3.00	2.00	10.00	43.48	0.00
上海	4.00	3.00	16.67	48.39	0.21
江苏	7.00	13.00	43.33	63.83	3.63
浙江	6.00	8.00	26.67	48.39	0.47
安徽	6.00	11.00	36.67	61.22	1.61
福建	10.00	4.00	33.33	60.00	1.25
江西	8.00	8.00	30.00	56.60	0.55
山东	7.00	19.00	63.33	71.43	18.01
河南	8.00	22.00	73.33	78.95	16.29
湖北	7.00	15.00	53.33	68.18	4.42
湖南	8.00	14.00	56.67	66.67	5.92
广东	12.00	10.00	53.33	65.22	5.08
广西	9.00	5.00	33.33	51.72	0.74
海南	5.00	2.00	16.67	42.86	0.00
重庆	8.00	8.00	40.00	58.82	1.10
四川	8.00	11.00	46.67	61.22	3.70
贵州	7.00	7.00	30.00	50.85	0.39
云南	6.00	7.00	30.00	52.63	0.60
西藏	14.00	0.00	46.67	65.22	4.13
陕西	11.00	10.00	53.33	68.18	4.05

续表

省区市	点度中心度			接近中心度	中介中心度
	点出度	点入度	中心度		
甘肃	9.00	6.00	36.67	58.82	1.08
青海	5.00	2.00	16.67	50.00	0.00
宁夏	9.00	2.00	30.00	56.60	0.68
新疆	14.00	1.00	50.00	66.67	4.29

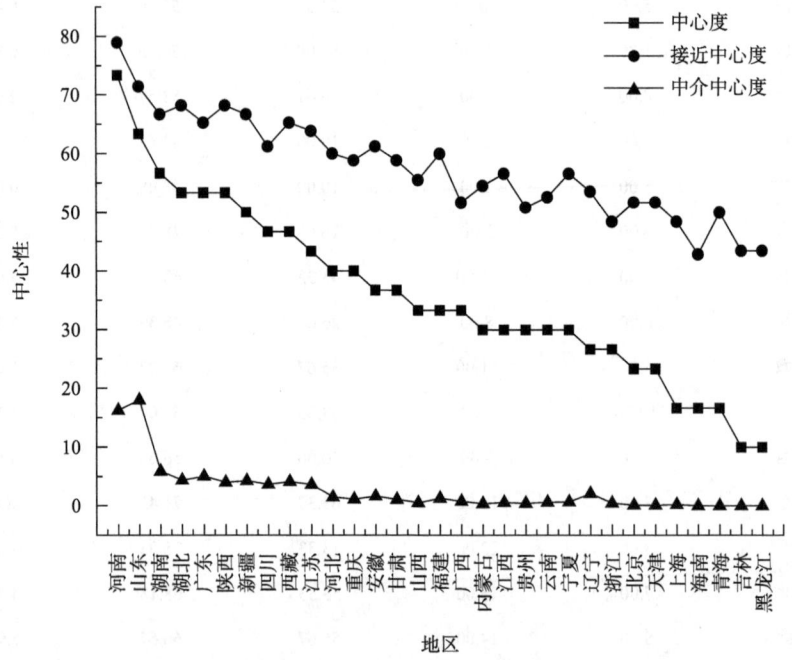

图 4.7 网络多种中心性

对网络节点的接近中心度分析发现，河南、山东、湖南、湖北、陕西为接近中心度排名前五的地区，更加进一步说明了这五个地区处于网络的核心位置。这些地区在地理空间上相互邻近，在中国中部地区构成环形结构，进而影响其周围地区，因此在网络中处于核心位置，对周围地区可持续发展能力有重要影响。这就要求各级人民政府要特别注意该区域的可持续发展能力。相比之下，浙江、上海、海南、吉林、黑龙江为接近中心度排名后五的地区，这些地区的地理位置均处于边缘地带，周围相邻的地区较少。由于与大多数地区的距离较远，对其他地区的资源、权力、信息等方面的影响最弱。

对网络节点的中介中心度分析发现，山东、河南、湖南、广东、湖北为前五名地区，说明这五个地区是中国区域可持续发展能力空间关联网络中各地区之间进行联系的重要节点，对整个网络的联结具有很强的控制能力，因此这些地区应该相互协商交流，建立区域联防机制，切实发挥好作为中心的辐射效应。同时，天津、青海、吉林、黑龙江、海南为中介中心度排名后五的地区，这说明这些地区的中介中心度较小，意味着对网络中其他节点的控制能力较弱。因此可以证明天津、青海、吉林、黑龙江、海南在中国区域可持续发展能力空间关联网络中处于边缘位置。

通过上述分析发现，在整个中国区域可持续发展能力空间关联网络中河南是整个网络信息传递最重要的节点，处于最核心的位置，对整个网络的发展具有极其重要的作用。这就要求政府部门在制定政策时要特别考虑河南在整个中国地理位置和在整个中国区域可持续发展能力空间关联网络的特殊位置，发挥好河南省对中国可持续发展事业的重要带动作用。

3. 空间溢出效应分析

角色系统的发现是社会网络分析又一标志性理论成果，社会网络分析理论认为网络内的相互关联关系可以被划分成多个角色系统，对角色系统进行划分有助于更进一步研究网络结构。其原理是将网络内的节点按照一定的方法进行转换，进而获得更大的点集，点集之间的相互关系更能反映网络的具体特征。这种思想在1976年被White等正式定义为块模型(block-modeling)[247]，Lorrain和White[248]又进一步把一个复杂网络简化为块模型或者像矩阵。在进行简化工作的时候，要把初始发生矩阵中的点用一种聚类分析的方法进行重排，从而形成了在结构上对等的一系列像矩阵。也就是说，在社会网络分析中，可以根据结构对等性对行动者进行分类，对此进行研究的方法就是块模型分析方法。块模型分析方法是通过将网络中各节点进行角色划分进而解释网络结构的网络结构特征分析方法[249]。其角色划分的原理是聚类，通常块模型的构建主要分为两个步骤：第一，将初始矩阵运用聚类分析的方法重新进行排列，获得在结构上对等的矩阵，以此对网络中节点进行划分[250]，也就是说将网络中节点进行区分，然后划分到各个位置之中；第二，采用特定的标准确定各块的取值，选择标准主要包括完全拟合、0-块标准、1-块标准、最大标准值、α-密度指标及平均值标准等，其中，最常采用的标准是α-密度指标，即整体网的网络密度[248]。在对多个网络进行分析的时候，α也可以指各个网络的平均密度值，也就是说，α可以是一个，也可以是多个。此外，α还可以用行的平均值来代替。

Wasserman和Faust指出，在考察关系的时候，也要分析各个位置的规模[251]。例如，假设分析来自位置B_K的各个成员的关系。假设其中有g_k个行动者，那么B_K

内部可能具有的关系总数为 $g_k(g_k-1)$ 个。在总体中含有 g 个行动者，因此，B_K 位置各个成员的所有可能的关系有 $g_k(g-1)$ 个，这样，可以期待一个位置的总关系的期望比例为 $(g_k(g_k-1))/g_k(g-1)=(g_k-1)/(g-1)$，可以利用这个比例作为评价位置内部关系趋势的指标（表 4.8）。其中，孤立者位置，其成员与外界没有任何联系；谄媚人位置，其成员与其他位置的成员之间的关系比与自己成员之间的关系多，并且没有接收到多少外来的关系；经纪人位置，其成员既发送也接受外部关系，而且内部成员之间的联系比较少；首属人位置，其成员既接受来自外部成员的关系，也有来自自身成员的关系。

表 4.8　四类位置类型

位置内部的关系比例	位置接受到的关系比例	
	≈0	>0
$>(g_k-1)/(g-1)$	孤立者位置	首属人位置
$<(g_k-1)/(g-1)$	谄媚人位置	经纪人位置

为了进一步研究现有中国区域可持续发展能力空间关联网络的结构特征，本书运用块模型分析方法对2017年中国区域可持续发展能力空间关联网络进行板块划分。根据 Wasserman 和 Faust[251]的角色划分方法，将网络具体划分为"双向溢出"板块、"净溢出"板块、"净受益"板块和"经纪人"板块[252, 253]。其中，"双向溢出"板块中的节点通常既接受来自外部成员的关系，也有来自自身成员的关系；"净溢出"板块中的节点通常较少地接收外来的关系而大量向外部溢出关系，与其他板块的成员之间的关系比与自己成员之间的关系多；"净受益"板块中的节点通常大量接收外来关系而向其他板块成员溢出关系较少，其内部成员间溢出关系较多；"经纪人"板块中的节点通常既发送也接受外部关系，而且板块成员与其他板块成员间联系较多。

本书在上述研究的基础上，运用 CONCOR 方法进行相关分析，选择最大分割深度为2，集中标准为0.2。CONCOR 是一种迭代相关收敛法，利用 CONCOR 可以对关联矩阵进行分区，分区越详细，各个区中的行动者就越少。运用 UCINET 6.0 进行 CONCOR 计算获得结果为位于第Ⅰ板块的区域分别是北京、天津、河北、吉林、内蒙古、辽宁、黑龙江和山东；位于第Ⅱ板块的区域分别是山西、新疆、青海、河南、甘肃、陕西和宁夏；位于第Ⅲ板块的区域分别是浙江、江苏、湖南、江西、安徽、福建、上海和湖北；位于第Ⅳ板块的区域分别是广东、云南、西藏、广西、海南、重庆、四川和贵州。

测算结果表明中国区域可持续发展能力空间关联网络中存在 231 个关联关

系,板块内部存在 134 个关联关系,板块之间存在 97 个关联关系,说明存在空间吸引和溢出效应(表 4.9)。其中,第Ⅰ板块的溢出关系为 45 个,板块内部关系有 30 个,接收其他板块溢出的关系有 22 个,期望内部关系比例为 23.33%,实际内部关系比例为 66.67%,因此第Ⅰ板块属于"双向溢出"板块。第Ⅱ板块的溢出关系为 61 个,板块内部关系有 25 个,接收其他板块溢出的关系有 28 个,期望内部关系比例为 23.33%,实际内部关系比例为 40.98%,因此第Ⅱ板块属于"净溢出"板块。第Ⅲ板块的溢出关系为 56 个,板块内部关系有 42 个,接收其他板块溢出的关系有 34 个,期望内部关系比例为 23.33%,实际内部关系比例为 75.00%,因此第Ⅲ板块属于"净受益"板块。第Ⅳ板块的溢出关系为 69 个,板块内部关系有 37 个,接收其他板块溢出的关系有 13 个,期望内部关系比例为 23.33%,实际内部关系比例为 53.62%,因此第Ⅳ板块属于"经纪人"板块。

表 4.9 溢出效应分析

板块	区域数目	接收关系		发送关系		期望内部关系比例	实际内部关系比例	板块划分
		板块内部	板块外部	板块内部	板块外部			
板块Ⅰ	8	30	22	30	15	23.33%	66.67%	双向溢出板块
板块Ⅱ	7	25	28	25	36	20.00%	40.98%	净溢出板块
板块Ⅲ	8	42	34	42	14	23.33%	75.00%	净受益板块
板块Ⅳ	8	37	13	37	32	23.33%	53.62%	经纪人板块

注:期望内部关系比例=(板块内地区成员数-1)/(区域总数-1);实际内部关系比例=(板块内部接收关系数)/(板块发送关系总数)

根据测算获得子群密度矩阵(表 4.10),为了使结果更清晰,利用 α 密度指标法,对子群中的关系进一步分析。以整体网密度为 0.248 4 为临界值,将表 4.10 中的子群密度矩阵与密度值 0.248 4 进行对比,当子群密度小于 α 时,则替换为 0,否则替换为 1,由此,得到一个像矩阵(表 4.11),进一步表示各板块之间的关联关系。各板块内部密度较大说明各板块内部交流比较密切,结果表明各板块之间的联系不是特别显著。

表 4.10 子群密度矩阵

板块	板块Ⅰ	板块Ⅱ	板块Ⅲ	板块Ⅳ
板块Ⅰ	0.536	0.214	0.047	0
板块Ⅱ	0.268	0.595	0.196	0.179
板块Ⅲ	0.078	0.107	0.750	0.047
板块Ⅳ	0.031	0.179	0.313	0.661

表 4.11 像矩阵

板块	板块Ⅰ	板块Ⅱ	板块Ⅲ	板块Ⅳ
板块Ⅰ	1	0	0	0
板块Ⅱ	1	1	0	0
板块Ⅲ	0	0	1	0
板块Ⅳ	0	0	1	1

基于以上分析绘制中国区域可持续发展能力空间关联四大板块之间的关系图（图4.8）。其中，第Ⅰ板块是"双向溢出"板块，具体包括北京、天津、河北、吉林、内蒙古、辽宁、黑龙江和山东。第Ⅱ板块是"净溢出"板块，具体包括山西、新疆、青海、河南、甘肃、陕西和宁夏。第Ⅲ板块是"净受益"板块，具体包括浙江、江苏、湖南、江西、安徽、福建、上海和湖北。第Ⅳ板块是"经纪人"板块，具体包括广东、云南、西藏、广西、海南、重庆、四川和贵州。

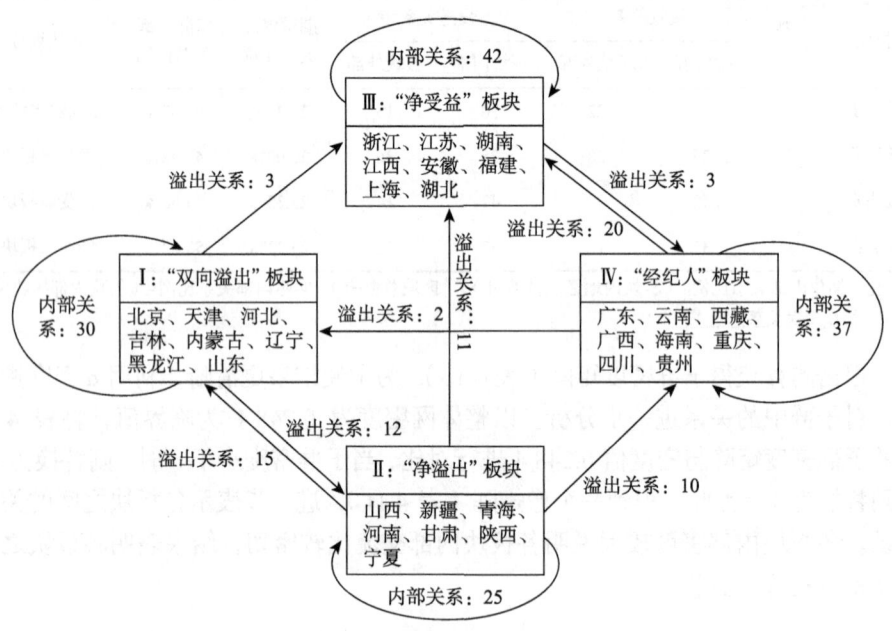

图 4.8 四大板块之间的关系

根据获得的板块划分结果进行分析发现，现有板块划分有明显的地理位置倾向。第Ⅰ板块和第Ⅱ板块属于秦岭—淮河以北地区，其中，第Ⅰ板块包括华北和东北地区，它们地处黄河以北，煤炭、石油、天然气等资源十分丰富，除此之外，地处京津冀城市圈、环渤海经济区，经济较为发达，因此该板块地区较重视环境可持续发展能力，具有较强的溢出效应。第Ⅱ板块中的地区位于我国的西北地区和华中地区，其中，板块内位于西北的地区往往地区面积较大、人口稀少、工业不发达、经济落后，这些地区很难得到外部给予的支撑，只能依靠自身发展。然而位于第Ⅱ板块内的地区矿产资源丰富，工业主要以"资源型"工业为主，需要向外部输送更多的资源，所以往往向外部输送关系比自身接收的关系多。第Ⅲ板块和第Ⅳ板块属于秦岭—淮河以南地区，其中，第Ⅲ板块位于长江以南及黄海、东海沿岸，地处珠江三角洲、长江三角洲、武汉城市圈、皖江城市带等经济发达地区，包括长江沿岸工业带、沪宁杭工业区等中国大型综合工业基地和南部沿海外向型轻工业基地。因此，该板块通常大量接收外部的人口、资源、信息、资本等可持续发展要素，板块内部之间的信息和资源的交流也比较大，而对外部辐射作用较小。第Ⅳ板块内的地区主要集中在中国的西南和华南地区，西南地区矿产资源种类较多储量较大，尤其是有色金属资源占全国储量的近一半，华南地区具有丰富的海洋资源，具有很强的新能源开发优势，但是该板块地区由于地理位置的限制，经济较为落后，对于可持续发展的投入不是特别大。因此具有接收和传递关系的能力，与板块内和其他板块成员之间的联系均较多。

基于以上分析，我国各地区由于受到地理位置、资源禀赋及经济基础的限制，表现为较为明显的板块划分，抑制了我国各地区之间可持续发展溢出效应的提升。因此，我国各地区政府及有关部门应该制定相应的政策，加强地区与地区之间的合作和交流，针对共同问题、热点问题制定对策，以此来打破由于地理位置等客观因素导致的不协调、不统一的问题。

4.4 本章小结

本章运用Moran's I检验分别验证了新能源产业和区域可持续发展能力的空间性，为进一步对其进行基于空间上的研究提供理论依据。在此基础上，分别对新能源产业空间特征和区域可持续发展能力空间特征进行了分析，研究表明新能源产业在空间上具有集聚性，因此本章从新能源专利技术、新能源从业人员及新能源资本这三个新能源产业要素集聚角度分别研究了其空间集聚特征，为促进新能源产业发展提供有力参考。同时，基于区域可持续发展能力具有空间关联性的考虑，本章运用基于万有引力定律改进的引力模型构建区域可持续发展能力空间关联网络，并从整体网网络分析、中心性分析及空间溢出效应分析三个视角来研究区域可持续发展能力的空间特征。研究结果可为促进新能源产业发展和区域可持续发展能力提升的政策和措施的制定提供理论基础。

第 5 章 新能源产业要素空间集聚对区域可持续发展能力的整体影响研究

能源安全和环境问题日益突出，研究如何实现区域可持续发展具有重要意义。本章首先介绍空间计量模型研究方法的相关内容，其次，将新能源产业空间集聚和区域可持续发展能力考虑到空间计量模型中，从新能源专利技术空间集聚、新能源从业人员空间集聚及新能源资本空间集聚三个视角，采用空间面板数据模型研究新能源产业要素空间集聚对区域可持续发展能力的影响。

5.1 空间计量模型研究方法

通过对空间计量经济学内容的介绍有助于了解空间计量经济学模型的构建过程。随后对空间权重矩阵的设定进行相关说明，并进一步地说明空间计量模型的选择步骤及参数估计方法。

5.1.1 空间计量经济学

地理学第一定律认为"事物之间普遍存在关联性，但相距较近的事物比较远的事物具有更强的关联性"[183]。因此，将空间位置考虑添加到一般变量数据中便可以获得"空间数据"[254]。由于空间数据具有空间关联性，变量之间就不能保持相互独立，这与传统计量经济学中独立性假设要求的解释变量必须保持相互独立相违背[255]。同时，空间异质性的存在也会导致经典假设中误差项同方差的要求不能够被满足，这意味着使用传统计量经济学进行参数估计会导致很大的误差。因此，空间计量经济学作为能够有效处理"空间数据"的计量经济学方法便应运而生。空间计量经济学最早由 Paelinck 和 Klaassen[256]提出，他们的目的是探索如何在经典统计和计量方法的基础上解决空间数据计量模型的构建问题。随后 Anselin 和 Griffith[257]对空间计量经济学的基本框架和定义进行了完善,他们认为空间计量经济学是在区域科学模型的统计分析中,研究由空间引起的空间相关性和空间异质性等特性的一系列方法。更具体地说就是围绕着空间效应和空间数据的具体特性而对模型进行构建、估计、分析等计量经济学方法。20 世纪 90 年代后,随着地理信息系统、新经济地理学及空间统计学的不断发展,空间计量经济学也得到了飞速的发展,并被广泛地运用到各个领域[258, 259]。

空间计量经济学是基于对空间单元的某一属性与相邻空间单元上同一属性值相关的理解,并结合传统计量经济学理论,将空间数据引入计量关系中,用以识别和度量空间变化规律及空间结构模型的影响因素。空间计量经济学的主要研究内容是研究空间单元之间的行为存在的空间相互作用,即经济地理行为的空间效应[257, 260]。空间效应主要包括空间相关性和空间异质性。其中,空间相关性是指研究对象的某一属性值在空间上不是相互独立的,而是呈现出某种非随机的空间模式,其空间相关的强度与研究对象的位置有关;空间异质性是指研究对象受地理位置不同的影响而引发的客观差异性,在模型中表现为解释变量、模型参数和误差项等随观察样本的区域不同而改变。

5.1.2 空间计量模型

空间计量模型通常包括空间截面和空间面板数据模型,其基本形式主要是空间滞后模型(spatial lag model,SLM)、空间误差模型(spatial error model,SEM)和 SDM 模型三种[261]。

1. 空间截面数据模型

在空间截面数据模型中,空间相关性可以通过两种方式处理[262],一种是在回归模型中引入空间滞后相关变量,另一种是在回归模型中加入残差结构特殊形式。空间相关性被处理成空间滞后变量形式就会形成 SLM 模型,适用于测度空间互动关系的存在性及强度。空间相关性被处理成回归误差项就成为 SEM 模型,适用于处理空间自回归的偏差影响。

1)SLM 模型

SLM 模型主要考察的是因变量在各区域的空间相关性,测算变量是否存在溢出效应[263, 264]。其模型如式(5.1)所示:

$$Y = \rho W_y + X\beta + \varepsilon \tag{5.1}$$

其中,Y 为因变量;X 为 $n \times k$ 的外生自变量矩阵;ρ 为空间向量滞后系数,它反映了空间单元之间的相互关系，也就是说相邻空间单元对本空间单元的影响程度（该影响程度为矢量，具有一定的方向性）；W 为 $n \times n$ 的空间权值矩阵，W_y 为空间权值矩阵 W 的空间滞后因变量，空间滞后因变量 W_y 是一内生变量，反映了空间距离对各空间单元之间的作用；ε 为随机误差向量；参数 β 主要反映了自变量 X 对因变量 Y 的影响。

2）SEM 模型

SEM 模型则主要考察存在于误差扰动项中的空间依赖作用，主要研究相邻地区之间对因变量的误差的影响在多大程度上影响了本地区的观测值。

$$Y = X\beta + \varepsilon \qquad (5.2)$$

$$\varepsilon = \lambda W\varepsilon + u \qquad (5.3)$$

其中，Y 为因变量；X 为 $n \times k$ 的外生自变量矩阵；W 为 $n \times n$ 的空间权值矩阵；ε 为随机误差向量；u 为正态分布的随机误差向量；参数 β 为自变量 X 对因变量 Y 的影响系数；λ 为因变量向量的空间误差系数。

3）SDM 模型

SDM 模型考虑了空间滞后的解释变量和被解释变量对被解释变量的共同影响，它是 SLM 模型和 SEM 模型的一般形式。

$$Y = \rho WY + \alpha l_N + X\beta + WX\theta + \varepsilon \qquad (5.4)$$

其中，Y 为 $n \times 1$ 阶向量（$i = 1, 2, \cdots, N$）；l_N 为 $n \times 1$ 阶单位向量；X 为 $n \times k$ 阶外生解释变量；W 为 $n \times n$ 的空间权值矩阵；参数 ρ 为空间滞后变量 WY 的系数；参数 β 为 $k \times 1$ 阶未知参数，反映解释变量 X 对被解释变量 Y 的影响；参数 θ 为 $k \times 1$ 阶未知参数，反映空间滞后变量 WX 对被解释变量 Y 的影响；ε 为随机误差向量。

2. 空间面板数据模型

当需要同时考虑数据的时间和空间效应时，需要构建空间面板数据模型[265]，与空间横截面数据模型相比，空间面板数据模型可以为研究者提供更多的研究可能性。因此在空间计量经济学中，空间面板数据模型的构建、估计、分析一直是研究的重点。根据变量之间具有不同的相关性，空间计量模型主要被分为 SLM 模型、SEM 模型和 SDM 模型三类[266, 267]。本书根据概念模型构建空间面板模型，具体模型如式（5.5）所示[268]：

$$Y_{it} = \beta X_{it} + \rho \sum_{j=1}^{N} W_{it} Y_{it} + \theta \sum_{j=1}^{N} W_{it} Y_{it} + \mu_{it}$$

$$\mu_{it} = \lambda w \mu + \varepsilon_{it} \qquad (5.5)$$

其中，i 和 t 分别表示各个地区和样本选取年度；Y_{it} 表示被解释变量；$\rho \sum_{j=1}^{N} W_{it} Y_{it}$ 为

被解释变量的空间滞后项;$\theta \sum_{j=1}^{N} W_{it} Y_{it}$ 为解释变量的空间滞后项;ε_{it} 和 μ_{it} 为服从正态分布的随机误差项;β 为解释变量的回归系数;ρ 为因变量空间回归系数,该指标反映了区域样本观测值间的空间依赖性,意味着某一区域观测值受邻近区域观测值事物的影响程度和影响方向;θ 为自变量空间回归系数;λ 为空间误差回归系数,该系数反映了区域观测值中的空间依赖性,即某区域观测值受相邻区域观测值的影响方向和影响程度。

(1)当 $\rho \neq 0$ 且 $\theta=0$ 时,空间计量模型称为 SLM 模型;
(2)当 $\lambda \neq 0$ 且 $\rho=0$,$\theta=0$ 时,空间计量模型称为 SEM 模型;
(3)当 $\rho \neq 0$ 且 $\theta \neq 0$,$\lambda=0$ 时,空间计量模型称为 SDM 模型。

通常,在实证研究中存在多种空间面板数据模型,具体包括混合 OLS 模型、地区固定效应模型、时间固定效应模型、双向固定效应模型、地区随机效应模型、时间随机效应模型、双向随机效应模型等[269]。当将空间面板数据模型扩展为具有特定空间效应或特定时间效应时,模型的形式如式(5.6)所示:

$$Y_t = \rho W Y_t + \alpha l_N + \beta X_t + \theta W X_t + \mu + \xi_t l_N + \mu_t$$
$$u_t = \lambda W u_t + \varepsilon_t \quad (5.6)$$

其中,$\mu = (\mu_1, \cdots, \mu_N)^T$,空间特定效应和时间特定效应可以视为固定效应或随机效应。

在固定效应模型中对每一空间单位和每一个时间都引入一个虚拟变量(删除一个以避免完全共线),然而在随机效应模型中 μ_i 和 ξ_t 都被当做随机变量,它们分别服从均值为 0,方差为 σ_μ^2 和 σ_ξ^2 的独立同分布,而且假设随机变量 μ_i、ξ_t 和 ε_{it} 是独立同分布的。

5.1.3 空间权重矩阵的设定

空间计量经济学与传统计量经济学最主要的区别是在模型中引入了空间的概念。因此,研究如何度量研究对象在空间上的关系是空间计量经济学的研究重点之一。基于此空间计量经济学引入了空间权重矩阵作为地理空间结构的数学表达,空间权重矩阵是进行空间计量经济学分析的前提和基础,空间邻接关系定义的不同会导致空间计量模型中存在不同的空间权重矩阵,而选择不同的空间权重矩阵关乎空间计量模型的最终估计结果。空间权重作为空间单元空间关系的表达,其表现形式主要包括空间相邻性和空间距离关系。空间权重矩阵表达式如式(5.7)所示:

$$W = \begin{pmatrix} w_{11} & \cdots & w_{1n} \\ \vdots & & \vdots \\ w_{n1} & \cdots & w_{nn} \end{pmatrix} \quad (5.7)$$

其中，W 代表空间权重矩阵，它是一个 $n \times n$ 阶的非负矩阵；空间权重矩阵中的 w_{ij} 表示第 i 行和第 j 列所代表的空间单元之间的空间关系；主对角线上的元素 $w_{11} = \cdots = w_{nn} = 0$，即空间权重矩阵是对称矩阵。

本书主要介绍常用的三种空间权重矩阵，即地理邻近距离、地理距离和经济距离。

1. 地理邻近距离

在空间权重矩阵的选择中最常用的方法为地理邻近距离。根据空间中各空间单元的客观位置确定，即确定哪些地区是相邻的，并用 0 或 1 表示。当空间单元相邻时，取 1；当空间单元不相邻时，取 0。对于一个具有 n 个空间单元的系统来说，当区域 i 和区域 j 有共同的边界时，则 $w_{ij}=1$；反之，则 $w_{ij}=0$。除此之外，还有几种定义地理邻近关系的方法，具体形式如下。

（1）"车"相邻：当空间单元 i 和空间单元 j 存在共同的边时，称空间单元 i 和空间单元 j 为"车"相邻，记为 $w_{ij}=1$；反之 $w_{ij}=0$。

（2）"象"相邻：当空间单元 i 和空间单元 j 存在共同的顶点但没有共同的边时，称空间单元 i 和空间单元 j 为"象"相邻，记为 $w_{ij}=1$；反之 $w_{ij}=0$。

（3）"后"相邻：当空间单元 i 和空间单元 j 存在共同的顶点或共同的边时，称空间单元 i 和空间单元 j 为"后"相邻，记为 $w_{ij}=1$；反之 $w_{ij}=0$。

2. 地理距离

选取地理距离的空间权重矩阵进行建模时，以地区间直线距离平方的倒数作为空间权重矩阵的元素，具体形式如式（5.8）所示[270]：

$$W_{ij} = \begin{cases} \dfrac{1}{d_{ij}^{2}}, & i \neq j \\ 0, & i = j \end{cases} \quad (5.8)$$

其中，W_{ij} 为空间权重矩阵第 i 行第 j 列的元素；d_{ij} 为区域 i 与 j 之间的直线地理距离。

3. 经济距离

经济距离也是常用的空间距离测量方法，在研究地区经济发展差异的研究中经常被用到，具体形式如式（5.9）所示：

$$W_{ij} = \begin{cases} \dfrac{1}{(D_i - D_j)^2}, & i \neq j \\ 0, & i = j \end{cases} \quad (5.9)$$

其中，D_i和D_j分别为地区i和地区j的地区生产总值，当$D_i = D_j$时，$W_{ij} = 0$。

5.1.4 空间计量模型的设定检验

在应用Moran's I检验方法验证空间相关性存在的基础上构建空间计量模型，空间计量模型存在多种形式，因此在进行空间计量模型回归之前选择合适的模型研究具体问题就显得尤为重要。为了判断适合研究的模型需要进行多方检验，根据回归结果选择最适合研究数据的模型，主要包括LM检验、模型选择及固定效应和随机效应选择三方面内容。

1. LM检验和Robust LM检验

通常Moran's I检验统计量只能证明存在空间效应，而不能确定空间计量模型的具体形式。因此需要进一步进行LM检验。对于空间面板回归模型来说，通常是计算拉格朗日乘数（Lagrange multiplier，LM）及其稳健形式（robust LM），并根据Anselin等[271]给出的判别标准进行判断。判别标准中包含以下几个指标：LM-ERROR检验指标、LM-LAG检验指标、Robust LM-LAG检验指标及Robust LM-ERROR检验指标。其中，LM-LAG被用来检验SLM模型中被解释变量是否存在空间自相关，其原假设为被解释变量不存在空间自相关；LM-ERROR被用来检验误差项是否存在空间相关性[272]，其原假设为不存在空间误差自相关和误差异方差。进一步地Bera和Yoon[273]又提出Robust LM-LAG检验和Robust LM-ERROR检验用以解决被解释变量存在空间自相关及误差项存在空间自相关的情况。具体公式如下所示[274]：

$$\text{LM-LAG} = \left[e'WY / (e'e/N) \right]^2 / R \quad (5.10)$$

$$\text{LM-ERROR} = \left[e'We / S^2 \right]^2 / T \quad (5.11)$$

$$\text{Robust LM-LAG} = \left(e'Wy / S^2 - e'We / S^2 \right)^2 / (R - T) \quad (5.12)$$

$$\text{Robust LM-ERROR} = \left[e'We / S^2 - TR^{-1} e'Wy / S^2 \right]^2 / \left[T - T^2 R^{-1} \right] \quad (5.13)$$

其中，e为没有任何空间或时间效应的混合回归模型的残差向量，或者是有空间和（或）时间固定效应的面板数据模型的残差向量。其中，b是普通线性回归方程的系数估计值。R、S^2 和 T 的计算公式如下所示：

$$R = (WXb)' M (WXb)/(e'e/N) + \text{trace}(W^2 + W'W) \quad (5.14)$$

$$S^2 = e'e/N \quad (5.15)$$

$$T = \text{trace}(W^2 + W'W) \quad (5.16)$$

LM 检验和 Robust LM 检验都是基于具有或者没有空间固定效应和（或）时间固定效应的非空间模型的残差，它服从自由度为 1 的卡方分布。这两个检验是针对不同形式的空间计量模型方程做出来的，并不存在互相矛盾性，实际检验时需要同时进行这两种检验。同时，这些统计检验方法也可以用于诊断所估计的空间计量模型结果。

对于空间面板计量模型，构建基于空间面板数据的 SLM 模型和 SEM 模型，进行 SAR/SEM 模型的检验。运用不考虑空间相关性的 OLS，对回归结果的拉格朗日乘数统计指标（LM-ERROR 和 LM-LAG）进行显著性检验[275]。本书主要利用 Anselin[254]的判别方法来进行空间计量经济模型的选择，即通过判断 LM 检验结果的显著性来判断选择合适的空间计量经济学模型。如果 LM-ERROR 和 LM-LAG 均没通过显著性检验，则保留 OLS 回归结果；如果 LM-ERROR 和 LM-LAG 只有一个通过检验，则 LM-LAG 显著时选择 SLM 模型，LM-ERROR 显著时选择 SEM 模型；如果 LM-ERROR 和 LM-LAG 结果均显著则需要进一步判断 Robust LM 检验的结果，当 Robust LM-LAG 显著时选择 SLM 模型，当 Robust LM-ERROR 显著时选择 SEM 模型，如果均不显著则选择显著性更好的那个作为后续研究的分析模型；如果 Robust LM-LAG 和 Robust LM-ERROR 结果均显著，则需要参考 LM-LAG 和 LM-ERROR 检验的结果；如果 LM-LAG 和 LM-ERROR 均通过显著性检验，说明普通面板数据存在空间相关性。则有 LM-LAG 的值大于 LM-ERROR 的值时，选择 SAR 模型；LM-LAG 的值小于 LM-ERROR 的值时，选择 SEM 模型[266]。

2. Wald 检验和 LR 检验

通过 LM 检验和 Robust LM 检验后可以确定 SLM 模型或 SEM 模型，同时仍需要进一步进行 Wald 检验和 LR 检验用以确定 SDM 模型是否可以简化为 SLM 模型或 SEM 模型。Wald 检验和 LR 检验的零假设是 $H_0^1: \theta = 0$ 和 $H_0^2: \theta + \rho\beta = 0$。根据 Elhorst[276]及韩峰和谢锐[277]的检验方法，如果以上零假设的结果均被拒绝则应该选择 SDM 模型；如果第一个假设无法拒绝，且 LM 检验和 Robust LM 检验的结果显示选择 SLM 模型，则 SLM 模型能更好地符合本书的研究数据；如果第二个模型无法拒绝，且 LM 检验和 Robust LM 检验的结果显示选择 SEM 模型，则应该选择 SEM 模型；如果 LM 检验和 Robust LM 检验的结果与 Wald 检验和 LR 检验的检验结果不一致，则应该选择 SDM 模型。

3. 固定效应和随机效应选择

选择了空间计量模型形式之后，接下来还需要进一步判断研究具有固定效应还是随机效应。通常的做法是对面板数据进行豪斯曼（Hausman）检验，根据 Hausman 检验的检验结果进行判断。当 Hausman 检验结果显著时选择固定效应，否则选择随机效应[278]。经过 Hausman 检验后便可以获得最终的研究模型进行后续研究。

5.1.5 空间计量模型的参数估计

空间关联性的存在导致如果沿用最小二乘法进行参数估计，结果会出现极大的偏差。因此，对于空间计量经济学的参数估计需要运用新的方法。常用的参数估计方法包括：工具变量估计、最大似然估计法、广义最小二乘法（generalized least squares，GLS）估计、贝叶斯估计和广义矩估计法等。

1. SLM 模型的参数估计

SLM 模型常用的参数估计方法为工具变量估计、广义矩估计和最大似然估计法[262]。本书主要介绍最大似然估计法[279]。

对于横截面 SLM 模型，令 $A = I - \rho W$，则模型可变为如式（5.17）所示的形式：

$$AY = X\beta + \varepsilon \tag{5.17}$$

其中，$\varepsilon \sim N[0, \Omega]$。

利用最大似然估计法估计的一阶极值条件 $0 = X'B'\Omega^{-1}BAY - X'B'\Omega^{-1}BX\beta$，令 $B = I$，于是解一阶条件得到 β 的估计值为

$$b = \left[X'\Omega^{-1}X\right]^{-1} X'\Omega^{-1}AY \tag{5.18}$$

该最大似然估计量等价于 GLS 估计量。式（5.17）可以进一步写成

$$b = \left[X'\Omega^{-1}X\right]^{-1} X'\Omega^{-1}Y - \rho \left[X'\Omega^{-1}X\right] X'\Omega^{-1}WY \tag{5.19}$$

则模型 $Y = X\beta_1 + \varepsilon$ 和模型 $WY = X\beta_2 + \varepsilon$ 的 GLS 估计量 b_1 和 b_2 的计算公式如式（5.20）和式（5.21）所示：

$$b_1 = \left[X'\Omega^{-1}X\right]^{-1} X'\Omega^{-1}Y \tag{5.20}$$

$$b_2 = \left[X'\Omega^{-1}X\right]^{-1} X'\Omega^{-1}WY \tag{5.21}$$

两个模型的估计残差分别为 e_1 和 e_2，原模型的估计残差为 $e = e_1 - \rho e_2$。

2. SEM 模型的参数估计

SEM 模型常用最大似然估计法、广义矩估计法。本书主要介绍最大似然估计法[279]。

对于横截面 SLM 模型，令 $B = I - \lambda W$，则对数似然函数可以写成

$$\ln L = -\frac{N}{2}\ln 2\pi - \frac{1}{2}\ln\left\{|\Omega| \times \left[|B|\right]^{-2}\right\} - \frac{1}{2}[BY - BX\beta]'\Omega^{-1}[BY - BX\beta] \quad (5.22)$$

利用最大似然估计法估计的一阶极值条件 $0 = X'B'\Omega^{-1}BY - X'B'\Omega^{-1}BX\beta$，于是解一阶条件得到 β 的估计量为

$$b = \left[X'B'\Omega^{-1}BX\right]^{-1}X'B'\Omega^{-1}BY \quad (5.23)$$

为了简化，假设随机项协方差矩阵 $\Omega = \sigma^2 I$。则估计量公式如式（5.24）所示：

$$b = [X'B'BX]^{-1}X'B'BY, \quad \hat{\Omega} = \frac{1}{N}[Be]'[Be] \times I \quad (5.24)$$

5.2 研究设计

通过对新能源产业要素空间集聚对区域可持续发展能力影响的因素分析，确定研究的因变量、自变量及控制变量，并在此基础上构建空间计量模型。

5.2.1 数据来源

本书选择中国 31 个地区为研究对象（不包括香港、台湾、澳门）。在结合第 3 章计算获得的区域可持续发展能力评价值及第 4 章计算获得的新能源产业要素空间集聚指数（包括新能源专利技术空间集聚、新能源从业人员空间集聚和新能源资本空间集聚）的基础上，选择 2014~2018 年《中国统计年鉴》和《中国城市统计年鉴》的相关数据，并构建新能源产业要素空间集聚对区域可持续发展能力影响的空间计量模型。

5.2.2 变量选择

1. 因变量

本书的被解释变量为区域可持续发展能力。主要从区域经济可持续发展能力、区域社会可持续发展能力、区域科技可持续发展能力、区域资源可持续发展能力

及区域环境可持续发展能力五个维度对区域可持续发展能力进行综合评价。运用基于实数编码加速遗传算法的投影寻踪模型计算区域可持续发展能力评价值。投影寻踪模型作为一种综合评价模型,能够克服"维数祸根"的影响,具有稳健性好、抗干扰性强等优点。运用基于实数编码加速遗传算法求解,增大寻优空间,避免出现早熟收敛的问题,所以获得的结果具有稳健、科学的优势。

2. 自变量

为了更为全面地考察新能源产业空间集聚对区域可持续发展能力的影响作用,本书根据新能源产业集聚的要素特征将新能源产业空间集聚具体分为新能源专利技术空间集聚、新能源从业人员空间集聚及新能源资本空间集聚三个维度。运用区位熵的方法计算获得新能源专利技术空间集聚指数、新能源从业人员空间集聚指数和新能源资本空间集聚指数,并将此作为新能源产业要素空间集聚对区域可持续发展能力影响研究中的解释变量。

3. 控制变量

为了控制其他因素对区域可持续发展能力的影响,本书选择城市规模、经济总量、地区对外开放水平、政府投入强度、基础交通设施便利度及固定资产投入强度作为研究的控制变量。其中,城市规模用地区年末人口数衡量;经济总量用地区生产总值衡量;地区对外开放水平用外商直接投资与地区生产总值比值衡量;政府投入强度用政府财政支出与地区生产总值比值衡量;基础交通设施便利度是根据公路、铁路和航运的里程数总和与地区总面积之比来衡量;固定资产投入强度用固定资产投资额与地区生产总值比值衡量。

自变量、因变量及控制变量的符号和定义如表 5.1 所示。

表 5.1 变量列表

变量类型	变量	符号	变量定义	单位
因变量	区域可持续发展能力	ESDC	区域可持续发展能力评价值	—
自变量	新能源专利技术空间集聚	PT	新能源专利技术空间集聚指数	—
	新能源从业人员空间集聚	EMP	新能源从业人员空间集聚指数	—
	新能源资本空间集聚	TA	新能源资本空间集聚指数	—
控制变量	城市规模	CS	地区年末人口数	人
	经济总量	GDP	地区生产总值	元
	地区对外开放水平	OUL	外商直接投资与地区生产总值的比值	—
	政府投入强度	GINV	政府财政支出与地区生产总值的比值	—
	基础交通设施便利度	BTF	公路、铁路和航运的里程数总和与地区总面积的比值	千米/千米^2
	固定资产投入强度	FAI	固定资产投资额与地区生产总值比值	—

5.2.3 新能源产业要素空间集聚对区域可持续发展能力影响空间计量模型构建

本书将新能源产业要素空间集聚的区位熵（包括新能源专利技术空间集聚、新能源从业人员空间集聚和新能源资本空间集聚）、城市规模、经济总量、地区对外开放水平、政府投入强度、基础交通设施便利度及固定资产投入强度作为区域可持续发展能力的潜在影响因素。构建本书的概念模型，如式（5.25）所示：

$$ESDC = f(PT, EMP, TA, CS, GDP, OUL, GINV, BTF, FAI) \quad (5.25)$$

其中，ESDC 为区域可持续发展能力；PT 为新能源专利技术区位熵；EMP 为新能源从业人员区位熵；TA 为新能源资本区位熵；CS 为城市规模；GDP 为经济总量；OUL 为地区对外开放水平；GINV 为政府投入强度；BTF 为基础交通设施便利度；FAI 为固定资产投入强度。将式（5.25）取对数，构建柯布-道格拉斯型双对数生产函数模型[280, 281]，转化为分析模型，如式（5.26）所示：

$$\ln ESDC_{it} = \beta_0 + \beta_1 \ln PT_{it} + \beta_2 \ln EMP_{it} + \beta_3 \ln TA_{it} + \beta_4 \ln CS_{it} + \beta_5 \ln GDP_{it}$$
$$+ \beta_6 \ln OUL_{it} + \beta_7 \ln GINV_{it} + \beta_8 \ln BTF_{it} + \beta_9 \ln FAI_{it} + \varepsilon_{it}$$
$$(5.26)$$

其中，i 为地区；t 为时间；β 为弹性系数；ε_{it} 为误差项。

5.3 空间计量模型结果分析

通过相关检验确定研究模型，并根据构建的空间计量模型对模型参数进行估计，最后根据直接效应和间接效应检验确定解释变量对被解释变量的影响方向和大小。

5.3.1 空间计量模型选择结果

根据 Global Moran's I 指数结果显著可知，区域可持续发展能力存在空间关联效应，因此空间关系应该被纳入回归模型中。本书的研究数据的时间跨度为 2013~2017 年，而空间面板回归模型存在多种形式，因此为了判断适合本书的模型需要进行多方检验，根据回归结果选择最适合本书数据的模型。基于此，本书构建基于空间面板数据的 SLM 模型和 SEM 模型，进行 SAR/SEM 模型的检验。通过普通面板数据模型检验可知，数据具有空间相关性特征，因此变量的相关性对模型估计具有重要的影响，结果如表 5.2 所示[282]。基于此，本书选择空间计量经济学的方法重新对模型进行回归分析。本书引入的空间权重是地理邻近距离，空间权重矩阵的确定根据两个地区在地理位置上是否相邻,如果两个地区相邻则权重取 1,否则取 0。

表 5.2 非空间面板模型检验

变量名称	混合 OLS 模型	空间固定效应模型	时间固定效应模型	空间-时间固定效应模型
常数项	−1.657 0***	—	—	—
	(−3.344 7)			
ln PT	−0.131 3***	0.162 3*	−0.076 3***	0.123 9*
	(−4.154 2)	(1.746 1)	(−3.859 7)	(1.908 6)
ln EMP	0.110 8**	−0.117 1	0.090 3***	0.068 7
	(2.231 4)	(−0.827 1)	(2.960 1)	(0.682 3)
ln TA	0.141 9**	0.066 8	−0.012 2	−0.052 8
	(2.280 8)	(0.543 5)	(−0.307 6)	(−0.620 7)
ln CS	−0.278 7**	−1.410 0	−0.582 4***	0.817 0
	(−2.380 4)	(−0.636 0)	(−7.570 3)	(−0.537 2)
ln GDP	0.292 3**	−0.690 5***	0.932 3***	0.755 5***
	(2.196 2)	(−2.966 3)	(9.450 2)	(2.795 5)
ln OUL	0.062 3	−0.221 8***	0.251 9***	0.056 6
	(1.073 2)	(−2.701 0)	(6.593 2)	(0.922 5)
ln GINV	−0.441 9***	−0.291 5	0.435 4***	0.331 0
	(−3.056 7)	(−1.093 9)	(3.814 8)	(1.285 4)
ln BTF	−0.030 1	0.563 4	−0.031 2	−0.557 1
	(−0.727 1)	(0.980 5)	(−1.229 7)	(−1.197 6)
ln FAI	−0.200 4*	0.271 0**	0.046 4	−0.005 1
	(−1.863 0)	(2.207 0)	(0.661 1)	(−0.056 5)
R^2	0.696 4	0.360 1	0.871 5	0.105 1
corr-R^2	0.677 5	0.325 0	0.864 4	0.056 0
Log-L	−28.726 0	55.420 0	46.624 7	114.164 9
LM-LAG	137.926 1***	164.010 4***	46.424 2***	42.364 1***
(Robust)	16.513 3***	25.130 8***	19.837 0***	3.375 1*
LM-ERROR	128.826 7***	141.152 3***	27.370 7***	39.426 7***
(Robust)	7.413 9***	2.272 7	0.783 4	0.437 7

*** 表示显著性在 0.01 的水平;** 表示显著性在 0.05 的水平;* 表示显著性在 0.1 的水平

注:括号中的数值表示 t 统计值

表 5.2 为非空间面板模型的检验结果。根据表 5.2 中 LM 检验和 Robust LM 检验结果可以看出空间固定效应模型、时间固定效应模型及时间-空间固定效应模型的 Robust LM-ERROR 结果不显著。除此之外其余的值均在 1%或 5%的水平上显著,这说明区域可持续发展能力在空间上存在关联,这与 Moran's I 的结果是一致的。此外,LM 检验和 Robust LM 检验结果可以用来判断符合研究的模型。通过对表 5.2 分析发现,LM 检验中 LM-LAG 和 LM-ERROR 的结果均显著,因此需要进

一步判断 Robust LM 检验的结果。由于 Robust LM 检验结果中 Robust LM-ERROR 存在不显著的情况，且混合 OLS 模型、空间固定效应模型、时间固定效应模型及空间-时间固定效应模型的 Robust LM-LAG 值均显著，所以 SLM 模型更符合本书的研究数据，应选择 SLM 进行研究。

本书仍需要利用 Wald 检验和 LR 检验进一步检验 SDM 模型是否可以简化为 SLM 模型或 SEM 模型，Wald 检验和 LR 检验结果如表 5.3 所示。在 Wald 检验中 Wald Spatial LAG 的显著性为 0.120 9，无法拒绝原假设，在 LR 检验中 LR Spatial ERROR 的显著性为 0.102 0，无法拒绝原假设，而 LM 检验和 Robust LM 检验的结果显示应该选择 SLM 模型。因此，本书的 Wald 检验和 LR 检验的结果显示与 LM 检验和 Robust LM 检验的结果存在不一致的情况，所以 SDM 不能被简化为 SLM 模型或 SEM 模型，应选择 SDM 模型用于分析本书的空间面板数据。

表 5.3　Wald 检验和 LR 检验结果

检验形式	统计量	P 值
Wald Spatial LAG	14.040 3	0.120 9
Wald Spatial ERROR	14.728 9	0.098 7
LR Spatial Lag	15.134 4	0.087 3
LR Spatial ERROR	14.616 3	0.102 0

最后需要运用 Hausman 检验的检验结果进一步判断本书具有固定效应还是随机效应。本书的 Hausman 检验结果显著（17.544 4，10，0.063 2），则固定效应更适合本书。因此，本书的研究模型应为具有固定效应的 SDM 模型，具体可分为空间固定效应 SDM 模型、时间固定效应 SDM 模型及空间-时间固定效应 SDM 模型。

5.3.2　新能源产业要素空间集聚对区域可持续发展能力综合层面影响

表 5.4 为 SDM 模型的固定效应检验结果。根据表 5.4 的结果可知，时间固定效应模型的检验结果中各项解释变量的显著性明显优于空间固定效应模型和空间-时间固定效应模型。因此，本书将基于时间固定效应模型进行后续分析。根据空间面板数据回归分析结果，新能源专利技术空间集聚和新能源从业人员空间集聚对区域可持续发展能力具有显著影响，而新能源资本空间集聚对区域可持续发展能力的影响不显著。其中，新能源专利技术空间集聚对区域可持续发展能力具有显著的负向影响（$\beta=-0.033\,7$，$P=0.060\,3$），新能源从业人员空间集聚对区域可

持续发展能力具有显著的正向影响（$\beta = 0.1028$，$P = 0.0012$），新能源资本空间集聚对区域可持续发展能力具有负向影响但不显著（$\beta = -0.0523$，$P = 0.1830$）。此外，空间固定效应模型、时间固定效应模型和空间-时间固定效应模型中空间相关系数 ρ 均通过了显著性检验，说明区域可持续发展能力存在显著的正向相关关系，即一个地区的可持续发展能力依赖于其他与之具有空间相邻或具有相似空间特征的地区的投入。由于空间相关系数为正向且显著，同时权重矩阵为地理邻近，故地理相邻或接近有助于区域间可持续发展能力效应的外溢，区域之间的新能源产业的空间集聚有助于构建区域可持续发展能力提升的共同体。将基于空间面板数据的 SDM 模型与普通面板模型的结果进行对比发现空间面板数据的 SDM 模型的 R^2 要远远大于普通面板数据模型，再次证明空间面板数据模型优于普通面板数据模型。

表 5.4 基于 SDM 模型的固定效应检验（一）

变量名称	空间固定效应模型		时间固定效应模型		空间-时间固定效应模型	
	系数	t 值	系数	t 值	系数	t 值
ln PT	0.0993	1.5577	−0.0337*	−1.8740	0.0862	1.5183
ln EMP	0.0066	0.0681	0.1028***	3.2586	−0.0101	−0.1168
ln TA	−0.0563	−0.7190	−0.0523	−1.3429	−0.0841	−1.2012
ln CS	−0.9176	−0.4000	−0.6923***	−9.0978	−1.2624	−0.6164
ln GDP	0.3955	1.2525	0.9919***	9.6467	0.3764	1.3416
ln OUL	−0.0258	−0.3731	0.0906**	1.9563	−0.0272	−0.4410
ln GINV	0.4703*	1.7743	0.4845***	3.6884	0.4265*	1.8009
ln BTF	−0.1189	−0.2280	−0.0829***	−3.4704	−0.1770	−0.3755
ln FAI	0.0680	0.7780	−0.0814	−1.1920	0.0338	0.4319
$W \times$ ln PT	0.1105	0.7712	−0.1503**	−2.5691	0.0995	0.7585
$W \times$ ln EMP	−0.1772	−0.6674	0.1794	1.3343	0.0338	0.1332
$W \times$ ln TA	0.3797*	1.6700	0.0812	0.8540	0.0985	0.4500
$W \times$ ln CS	0.2924	0.0665	0.3934**	2.0895	−0.5332	−0.1352
$W \times$ ln GDP	−0.6269	−1.3400	−0.3100	−1.3592	0.6083	0.9753
$W \times$ ln OUL	0.0544	0.4301	−0.0890	−0.9320	0.2959**	2.2731
$W \times$ ln GINV	−0.7521**	−1.9344	−0.2778	−1.0439	−0.6749	−1.2244

续表

变量名称	空间固定效应模型		时间固定效应模型		空间-时间固定效应模型	
	系数	t 值	系数	t 值	系数	t 值
$W \times \ln$ BTF	0.230 4	0.277 6	0.097 0	1.058 4	−0.831 3	−0.863 7
$W \times \ln$ FAI	0.055 3[***]	0.241 0	0.179 7	1.043 9	−0.379 2	−1.595 9
ρ	0.767 0[***]	17.574 5	0.475 0[***]	5.834 6	0.591 0[***]	8.604 0
R^2	0.969 8		0.936 8		0.970 3	
corr-R^2	0.408 0		0.909 6		0.147 7	
Log-L	129.681 7		87.299 0		141.359 3	

*** 表示显著性在 0.01 的水平；** 表示显著性在 0.05 的水平；* 表示显著性在 0.1 的水平

5.3.3 直接效应与间接效应

在传统面板模型分析中，通常将获得的模型参数估计结果用来解释实际经济问题。然而在空间计量模型中，引入了空间参数会导致被解释变量除了受到自身的解释变量直接影响之外，还会受到空间中其他被解释变量或其他解释变量的间接影响[283]。因此，通过空间计量模型获得解释变量的参数估计值是有偏的。Lesage 和 Pace 及卢新海等利用求解偏微分方程的方法对空间计量模型获得参数估计值进行分解，进而获得直接效应和间接效应[284, 285]。直接效应为解释变量的真实弹性系数，间接效应为解释变量对邻近空间单元解释变量的影响系数[286]。

表 5.5 为时间固定效应 SDM 模型中各变量的直接效应、间接效应及总效应的结果。根据表 5.5 可知，新能源专利技术空间集聚、新能源从业人员空间集聚、城市规模、经济总量、地区对外开放水平、政府投入强度及基础交通设施便利度均对区域可持续发展能力有显著的直接影响作用。其中，新能源专利技术空间集聚对区域可持续发展能力的直接效应为−0.058 6，且在 0.01 水平上显著；城市规模对区域可持续发展能力的直接效应为−0.683 5，且在 0.01 水平上显著；基础交通设施便利度对区域可持续发展能力的直接效应为−0.074 3，且在 0.01 水平上显著。这表明新能源专利技术空间集聚、城市规模及基础交通设施便利度会对区域可持续发展能力产生抑制作用。然而，新能源从业人员空间集聚、经济总量、地区对外开放水平及政府投入强度对区域可持续发展能力具有正向影响作用。其中，新能源从业人员空间集聚对区域可持续发展能力的直接效应为 0.138 2，且在 0.01 水平上显著；经济总量对区域可持续发展能力的直接效应为 1.016 7，且在 0.01 水平上显著；地区对外开放水平对区域可持续发展能力的直接效应为 0.081 9，且在 0.1 水

平上显著；政府投入强度对区域可持续发展能力的直接效应为 0.475 3，且在 0.01 水平上显著。这说明新能源从业人员空间集聚、经济总量、地区对外开放水平及政府投入强度对区域可持续发展能力具有促进作用。

表 5.5 SDM 模型中各变量的直接效应、间接效应及总效应（一）

变量名称	直接效应		间接效应		总效应	
	系数	t 值	系数	t 值	系数	t 值
ln PT	−0.058 6***	−2.989 1	−0.290 2***	−2.829 0	−0.348 9***	−3.116 8
ln EMP	0.138 2***	3.567 6	0.397 9	1.623 7	0.536 0**	1.996 6
ln TA	−0.044 2	−1.105 0	0.095 2	0.585 2	0.051 0	0.292 1
ln CS	−0.683 5***	−9.270 0	0.108 1	0.361 5	−0.575 4*	−1.872 0
ln GDP	1.016 7***	9.925 7	0.292 1	0.809 9	1.308 8***	3.474 0
ln OUL	0.081 9*	1.920 5	−0.081 3	−0.543 6	0.000 6	0.004 3
ln GINV	0.475 3***	3.739 8	−0.068 9	−0.162 5	0.406 4	0.935 3
ln BTF	−0.074 3***	−3.274 6	0.104 6	0.692 8	0.030 3	0.192 4
ln FAI	−0.059 2	−0.896 5	0.241 3	0.850 6	0.182 1	0.622 4

*** 表示显著性在 0.01 的水平；** 表示显著性在 0.05 的水平；* 表示显著性在 0.1 的水平

通过对间接效应分析发现，只有新能源专利技术空间集聚对区域可持续发展能力具有显著的间接影响。新能源专利技术空间集聚对区域可持续发展能力的间接效应为−0.290 2，且在 0.01 水平上显著。这意味着新能源专利技术空间集聚对其他地区的区域可持续发展能力也会产生抑制作用。因此，新能源从业人员空间集聚、新能源资本空间集聚、城市规模、经济总量、地区对外开放水平、政府投入强度、基础交通设施便利度及固定资产投入强度均不会对其他地区的区域可持续发展能力产生影响。

通过对新能源专利技术空间集聚的直接效应和间接效应分析发现，新能源专利技术空间集聚对区域可持续发展能力的直接效应为−0.058 6，而新能源专利技术空间集聚对区域可持续发展能力的间接效应为−0.290 2。这意味着新能源专利技术空间集聚每提高 1%会导致其自身地区的可持续发展能力平均减少 0.058 6%，同时会导致其相邻地区的区域可持续发展能力减少 0.290 2%。新能源专利技术空间集聚的间接效应占总效应的 83.18%，这远远大于直接效应，说明间接效应是新能源专利集聚对区域可持续发展能力影响的主要来源。

5.4 新能源产业要素空间集聚对区域可持续发展能力维度层面影响

5.4.1 区域经济可持续发展能力层面

根据 LM 检验和 Robust LM 检验结果可以判断出应该选择 SEM 模型进行研究。通过进行 Wald 检验和 LR 检验进一步检验 SDM 模型是否可以简化为 SLM 模型或 SEM 模型，研究结果表明 Wald 检验和 LR 检验的结果与 LM 检验和 Robust LM 检验的结果不一致，因此应该选择 SDM 模型进行研究。此外，进一步通过 Hausman 检验（95.082 7，10，0.000 0）判断出固定效应更适合本书。本书将以具有固定效应的 SDM 模型进行后续分析。表 5.6 为区域经济可持续发展能力的 SDM 模型的固定效应检验结果。由表 5.6 可知，空间-时间固定效应模型的检验结果要优于空间固定效应模型和时间固定效应模型。根据空间面板数据回归分析结果，新能源从业人员空间集聚和新能源资本空间集聚对区域经济可持续发展能力有显著的影响，而新能源专利技术空间集聚对区域经济可持续发展能力的影响不显著。其中，新能源从业人员空间集聚对区域经济可持续发展能力有显著的负向影响（$\beta=-0.127\,8$，$P=0.011\,3$），新能源资本空间集聚对区域经济可持续发展能力有显著的正向影响（$\beta=0.094\,7$，$P=0.020\,2$），新能源专利技术空间集聚对区域经济可持续发展能力有负向影响但不显著（$\beta=-0.044\,7$，$P=0.175\,9$）。此外，空间固定效应模型、时间固定效应模型和空间-时间固定效应模型的空间相关系数 ρ 均通过了显著性检验，说明区域经济可持续发展能力存在着显著的正相关关系，即一个地区的经济可持续发展能力除受自身影响外还会受到相邻地区的影响。

表 5.6 基于 SDM 模型的固定效应检验（二）

变量名称	空间固定效应模型		时间固定效应模型		空间-时间固定效应模型	
	系数	t 值	系数	t 值	系数	t 值
ln PT	−0.041 1	−1.104 6	0.017 0	1.521 6	−0.044 7	−1.353 4
ln EMP	−0.127 5**	−2.249 9	0.024 6	1.259 1	−0.127 8**	−2.533 6
ln TA	0.091 7**	2.004 8	0.019 4	0.803 6	0.094 7**	2.322 6
ln CS	−2.353 4*	−1.753 8	−0.860 1***	−18.228 4	−2.681 8**	−2.249 7
ln GDP	0.539 7***	2.925 3	1.014 8***	15.905 2	0.529 2***	3.241 2

续表

变量名称	空间固定效应模型		时间固定效应模型		空间-时间固定效应模型	
	系数	t 值	系数	t 值	系数	t 值
ln OUL	−0.010 2	−0.252 8	−0.042 7	−1.490 6	−0.020 5	−0.571 2
ln GINV	0.209 4	1.352 1	0.207 1**	2.542 9	0.164 9	1.196 5
ln BTF	−0.033 0	−0.108 3	0.005 0	0.339 5	0.110 8	0.403 7
ln FAI	0.055 1	1.078 3	−0.152 6***	−3.601 1	0.051 3	1.125 4
$W \times$ ln PT	0.056 6	0.688 3	−0.137 3***	−3.842 7	0.038 3	0.508 7
$W \times$ ln EMP	0.183 9	1.189 1	0.207 3**	2.494 1	0.252 3*	1.708 7
$W \times$ ln TA	0.022 6	0.170 0	−0.079 7	−1.351 0	−0.062 5	−0.488 7
$W \times$ ln CS	2.143 8	0.833 9	0.435 4***	3.308 6	1.834 3	0.799 4
$W \times$ ln GDP	−0.587 9**	−2.251 8	−0.242 1	−1.549 3	−0.254 7	−0.705 1
$W \times$ ln OUL	−0.032 9	−0.441 7	0.107 2*	1.822 9	0.011 7	0.157 4
$W \times$ ln GINV	−0.316 8	−1.398 3	0.150 6	0.913 4	0.170 6	0.528 2
$W \times$ ln BTF	0.201 3	0.414 8	−0.097 1*	−1.706 5	−0.138 0	−0.247 7
$W \times$ ln FAI	0.042 1	0.314 0	0.223 0**	2.091 1	0.072 4	0.523 5
ρ	0.622 0***	9.541 7	0.473 0***	6.020 8	0.494 0***	5.999 0
R^2	0.986 1		0.967 2		0.986 5	
corr-R^2	0.394 3		0.957 1		0.219 6	
Log-L	220.984 8		160.340 8		229.267 1	

***表示显著性在 0.01 的水平；** 表示显著性在 0.05 的水平；* 表示显著性在 0.1 的水平

表 5.7 为空间-时间固定效应 SDM 模型中各变量的直接效应、间接效应及总效应结果。由表 5.7 可知，新能源从业人员空间集聚、新能源资本空间集聚、城市规模、经济总量对区域经济可持续发展能力有直接影响。其中，新能源从业人员空间集聚对区域经济可持续发展能力的直接效应为−0.092 5，且在 0.1 的水平上显著；城市规模对区域经济可持续发展能力的直接效应为−2.578 2，且在 0.05 的水平上显著。这说明新能源从业人员空间集聚和城市规模对区域经济可持续发展能力有抑制作用。新能源资本空间集聚对区域经济可持续发展能力的直接效应为 0.091 3，且在 0.1 的水平上显著；经济总量对区域经济可持续发展能力的直接效应为 0.530 1，且在 0.01 的水平上显著。这说明新能源资本空间集聚和经济总量对区域经济可持续发展能力有促进作用。通过对间接效应研究发现结果均不显著，这

说明新能源专利技术空间集聚、新能源从业人员空间集聚、新能源资本空间集聚、城市规模、经济总量、地区对外开放水平、政府投入强度、基础交通设施便利度及固定资产投入强度均不会对周围其他地区的经济可持续发展能力产生影响。

表 5.7　SDM 模型中各变量的直接效应、间接效应及总效应（二）

变量名称	直接效应		间接效应		总效应	
	系数	t 值	系数	t 值	系数	t 值
ln PT	−0.043 6	−1.262 9	0.029 5	0.225 3	−0.014 1	−0.097 3
ln EMP	−0.092 5*	−1.664 5	0.345 8	1.321 0	0.253 3	0.884 5
ln TA	0.091 3*	1.980 2	−0.028 7	−0.126 0	0.062 5	0.248 2
ln CS	−2.578 2**	−2.549 3	0.914 9	0.268 8	−1.663 4	−0.526 2
ln GDP	0.530 1***	3.489 6	−0.002 0	−0.003 4	0.528 2	0.874 0
ln OUL	−0.022 2	−0.651 3	0.003 7	0.030 7	−0.018 6	−0.148 9
ln GINV	0.211 6	1.616 0	0.464 4	0.878 0	0.676 0	1.220 0
ln BTF	0.097 9	0.385 2	−0.159 2	−0.174 0	−0.061 2	−0.063 9
ln FAI	0.069 4	1.395 4	0.187 6	0.742 4	0.257 0	0.919 3

*** 表示显著性在 0.01 的水平；** 表示显著性在 0.05 的水平；* 表示显著性在 0.1 的水平

5.4.2　区域社会可持续发展能力层面

通过分别进行 LM 检验、Robust LM 检验、Wald 检验和 LR 检验发现 LM 检验和 Robust LM 检验结果显示应该选择 SLM 模型，而 Wald 检验和 LR 检验结果显示应该选择 SEM 模型，存在结果不一致的情况。因此，本书选择 SDM 模型用于分析空间面板数据。通过进一步进行 Hausman 检验发现结果显著（49.600 9, 10, 0.000 0），则应该选择固定效应进行后续研究。表 5.8 为空间固定效应 SDM 模型、时间固定效应 SDM 模型及空间-时间固定效应 SDM 模型的检验结果。通过表 5.8 的分析可知，空间-时间固定效应模型的检验结果要优于空间固定效应模型和时间固定效应模型。根据空间面板数据回归分析结果，新能源从业人员空间集聚和新能源资本空间集聚对区域社会可持续发展能力有显著的影响，而新能源专利技术空间集聚对区域社会可持续发展能力的影响不显著。其中，新能源从业人员空间集聚对区域社会可持续发展能力有显著的正向影响（$\beta=0.213\,3$，$P=0.000\,0$），新能源资本空间集聚对区域社会可持续发展能力有显著的负向影响（$\beta=-0.226\,2$，$P=0.000\,0$），新能源专利技术空间集聚对区域社会可持续发展能力有负向影响但不显著（$\beta=0.049\,6$，$P=0.125\,7$）。此外，空间固定效应模型、时间固定效应模型和空间-时间固定效应模型的空间相关系数 ρ 均通过了显著性检验,说明区域社会可持续发展能力存在着显著的正相关关系,即一个地区的社会可持续发展能力除受自身影响外还会受到相邻地区的影响。

表 5.8 基于 SDM 模型的固定效应检验(三)

变量名称	空间固定效应模型 系数	空间固定效应模型 t 值	时间固定效应模型 系数	时间固定效应模型 t 值	空间-时间固定效应模型 系数	空间-时间固定效应模型 t 值
ln PT	0.050 4	1.378 9	0.014 4	0.995 8	0.049 6	1.531 2
ln EMP	0.214 4***	3.855 9	0.012 9	0.510 2	0.213 3***	4.316 9
ln TA	−0.197 4***	−4.398 3	0.007 0	0.224 8	−0.226 2***	−5.658 8
ln CS	5.027 2***	3.818 5	−0.238 0***	−3.900 2	5.040 4***	4.315 2
ln GDP	0.372 5**	2.057 4	0.304 5***	3.690 0	0.371 2**	2.320 5
ln OUL	0.030 3	0.763 3	0.036 6	0.990 6	0.037 9	1.076 1
ln GINV	0.259 9*	1.710 6	0.110 7	1.051 6	0.300 1**	2.222 3
ln BTF	0.319 7	1.069 3	0.055 5***	2.895 6	0.153 0	0.568 8
ln FAI	0.035 0	0.697 4	−0.144 2***	−2.631 1	0.019 1	0.428 7
$W \times$ ln PT	0.022 1	0.271 5	0.035 8	0.779 7	0.022 9	0.306 7
$W \times$ ln EMP	−0.051 9	−0.341 9	−0.003 5	−0.032 5	0.139 7	0.948 0
$W \times$ ln TA	0.038 9	0.301 1	0.011 1	0.145 9	−0.144 5	−1.122 7
$W \times$ ln CS	−7.198 2***	−2.853 8	0.027 8	0.185 2	−7.125 8***	−3.178 1
$W \times$ ln GDP	−0.306 2	−1.190 8	−0.280 1*	−1.632 4	0.385 7	1.076 6
$W \times$ ln OUL	−0.067 0	−0.917 5	−0.073 6	−0.979 0	0.005 4	0.073 6
$W \times$ ln GINV	−0.277 0	−1.246 7	−0.478 3**	−2.245 2	−0.403 8	−1.284 9
$W \times$ ln BTF	−0.516 1	−1.080 9	0.015 0	0.203 9	−0.260 7	−0.477 4
$W \times$ ln FAI	0.142 9	1.077 0	0.053 1	0.382 2	−0.112 6	−0.831 9
ρ	0.761 0***	17.151 9	0.528 0***	6.969 8	0.505 0***	6.288 0
R^2	0.967 4		0.866 3		0.968 3	
corr-R^2	0.649 5		0.786 4		0.458 0	
Log-L	216.306 1		119.539 0		232.415 0	

*** 表示显著性在 0.01 的水平;** 表示显著性在 0.05 的水平;* 表示显著性在 0.1 的水平

表 5.9 为空间-时间固定效应 SDM 模型中各变量的直接效应、间接效应及总效应结果。由表 5.9 可知,新能源专利技术空间集聚、新能源从业人员空间集聚、新能源资本空间集聚、城市规模、经济总量及政府投入强度均对区域社会可持续

发展能力有直接影响。其中,新能源专利技术空间集聚对区域社会可持续发展能力有正向影响,且在 0.1 水平上显著;新能源从业人员空间集聚对区域社会可持续发展能力有正向影响,且在 0.01 水平上显著;新能源资本空间集聚对区域社会可持续发展能力有负向影响,且在 0.01 水平上显著;城市规模对区域社会可持续发展能力有正向影响,且在 0.01 水平上显著;政府投入强度对区域社会可持续发展能力有正向影响,且在 0.1 水平上显著。

表 5.9　SDM 模型中各变量的直接效应、间接效应及总效应（三）

变量名称	直接效应		间接效应		总效应	
	系数	t 值	系数	t 值	系数	t 值
ln PT	0.059 4*	1.726 2	0.092 5	0.703 5	0.151 8	1.041 1
ln EMP	0.254 3***	4.632 0	0.448 9*	1.674 7	0.703 2**	2.396 8
ln TA	−0.270 1***	−5.780 4	−0.473 1*	−1.967 9	−0.743 2***	−2.793 6
ln CS	4.263 5***	4.046 0	−8.686 7**	−2.383 7	−4.423 2	−1.278 3
ln GDP	0.467 4***	3.005 7	1.099 3*	1.801 1	1.566 6**	2.438 4
ln OUL	0.043 3	1.301 0	0.041 2	0.321 9	0.084 5	0.646 1
ln GINV	0.260 3*	1.975 1	−0.472 7	−0.869 6	−0.212 4	−0.372 5
ln BTF	0.099 6	0.385 6	−0.333 1	−0.349 6	−0.233 5	−0.239 4
ln FAI	0.001 3	0.026 6	−0.198 9	−0.807 0	−0.197 6	−0.737 6

*** 表示显著性在 0.01 的水平；** 表示显著性在 0.05 的水平；* 表示显著性在 0.1 的水平

通过对间接效应进行分析发现,新能源从业人员空间集聚、新能源资本空间集聚、城市规模及经济总量均对区域社会可持续发展能力具有显著的间接影响。其中,新能源从业人员空间集聚对区域社会可持续发展能力的间接效应为 0.448 9,且在 0.1 水平上显著;新能源资本空间集聚对区域社会可持续发展能力的间接效应为−0.473 1,且在 0.1 水平上显著;城市规模对区域社会可持续发展能力的间接效应为−8.686 7,且在 0.05 水平上显著;经济总量对区域社会可持续发展能力的间接效应为 1.099 3,且在 0.1 水平上显著。这说明新能源从业人员空间集聚和经济总量会对周围其他地区的社会可持续发展能力产生促进作用,而新能源资本空间集聚和城市规模会对周围其他地区的社会可持续发展能力产生抑制作用。

通过对直接效应和间接效应的总结分析发现间接效应是新能源从业人员空间集聚、新能源资本空间集聚及经济总量对区域社会可持续发展能力影响的主要来源。此外,城市规模对本地区的区域社会可持续发展能力的提升有正向影响,对周围其他地区的社会可持续发展能力提升有负向影响。

5.4.3 区域科技可持续发展能力层面

LM 检验和 Robust LM 检验结果显示应该选择 SLM 模型进行分析，而 Wald 检验和 LR 检验结果显示应该选择 SEM 模型进行分析。由于存在 LM 检验、Robust LM 检验和 Wald 检验、LR 检验结果不一致的情况，SDM 模型不能简化为 SLM 模型或 SEM 模型，应选择 SDM 模型用于分析本书的空间面板数据。进一步进行 Hausman 检验结果显示显著（53.525 8，10，0.000 0），则固定效应更适合本书。表 5.10 为区域科技可持续发展能力的 SDM 模型的固定效应检验结果。表 5.10 显示空间-时间固定效应模型的检验结果要优于空间固定效应模型和时间固定效应模型。空间面板数据回归分析结果显示，新能源专利技术空间集聚和新能源从业人员空间集聚对区域科技可持续发展能力有显著的影响，而新能源资本空间集聚对区域科技可持续发展能力的影响不显著。其中，新能源专利技术空间集聚对区域科技可持续发展能力有显著的负向影响（$\beta=-0.018\,4$，$P=0.005\,5$），新能源从业人员空间集聚对区域科技可持续发展能力有显著的正向影响（$\beta=0.019\,2$，$P=0.057\,5$），新能源资本空间集聚对区域科技可持续发展能力有正向影响但不显著（$\beta=0.010\,4$，$P=0.204\,2$）。此外，空间固定效应模型、时间固定效应模型和空间-时间固定效应模型的空间相关系数 ρ 均通过了显著性检验，说明区域经济可持续发展能力存在着显著的正相关关系，即一个地区的科技可持续发展能力除受自身影响外还会受到相邻地区的影响。

表 5.10 基于 SDM 模型的固定效应检验（四）

变量名称	空间固定效应模型		时间固定效应模型		空间-时间固定效应模型	
	系数	t 值	系数	t 值	系数	t 值
ln PT	−0.017 0**	−2.338 1	0.000 8	0.052 1	−0.018 4***	−2.774 6
ln EMP	0.021 1*	1.905 9	0.119 0***	4.242 4	0.019 2*	1.899 3
ln TA	0.010 9	1.219 7	−0.139 8***	−4.026 5	0.010 4	1.269 8
ln CS	−0.287 2	−1.095 2	−0.186 5***	−2.747 3	−0.343 7	−1.440 5
ln GDP	0.133 9***	3.712 9	0.408 4***	4.451 3	0.130 5***	3.992 8
ln OUL	−0.001 8***	−0.232 9	0.120 7***	2.933 0	−0.003 6	−0.500 3
ln GINV	0.141 6***	4.675 7	0.159 4	1.361 7	0.134 8***	4.887 1
ln BTF	0.171 5***	2.879 0	−0.044 4**	−2.083 2	0.190 1***	3.460 6
ln FAI	0.002 0	0.204 4	−0.020 6	−0.337 9	−0.001 6	−0.178 4
$W\times\ln$ PT	0.021 6	1.345 6	−0.048 6	−0.953 7	0.017 6	1.164 6
$W\times\ln$ EMP	−0.098 2***	−3.223 2	0.074 9	0.623 4	−0.090 5***	−3.049 5
$W\times\ln$ TA	0.054 5**	2.092 6	0.061 0	0.717 1	0.034 3	1.339 0

续表

变量名称	空间固定效应模型		时间固定效应模型		空间-时间固定效应模型	
	系数	t 值	系数	t 值	系数	t 值
$W \times \ln CS$	1.073 1**	2.126 3	0.099 7	0.610 3	1.123 0**	2.442 6
$W \times \ln GDP$	−0.218 1***	−4.242 0	0.098 9	0.496 7	−0.143 4**	−1.991 3
$W \times \ln OUL$	−0.009 9	−0.683 8	−0.075 5	−0.892 7	0.007 9	0.528 6
$W \times \ln GINV$	−0.104 5**	−2.351 1	0.217 1	0.903 7	−0.060 5	−0.933 2
$W \times \ln BTF$	−0.107 0	−1.119 5	0.028 1	0.344 0	−0.226 6**	−2.032 1
$W \times \ln FAI$	−0.007 5	−0.286 8	0.213 7	1.383 1	−0.024 1	−0.871 8
ρ	0.788 0***	19.611 4	0.286 9***	2.701 3	0.700 0***	13.092 7
R^2	0.998 4		0.795 5		0.998 4	
corr-R^2	0.494 1		0.780 4		0.318 1	
Log-L	464.782 8		108.860 0		469.532 7	

*** 表示显著性在 0.01 的水平；** 表示显著性在 0.05 的水平；* 表示显著性在 0.1 的水平

表 5.11 为空间-时间固定效应 SDM 模型中各变量的直接效应、间接效应及总效应结果。由表 5.11 可知，新能源专利技术空间集聚、新能源资本空间集聚、经济总量、政府投入强度及基础交通设施便利度对区域科技可持续发展能力具有显著的直接影响作用。其中，新能源专利技术空间集聚对区域科技可持续发展能力的直接效应为−0.016 3，且在 0.1 水平上显著。这说明新能源专利技术空间集聚会对区域科技可持续发展能力起到抑制作用。新能源资本空间集聚、经济总量、政府投入强度及基础交通设施便利度对区域科技可持续发展能力具有显著的正向影响，会对区域科技可持续发展能力的提升起到促进作用。

表 5.11 SDM 模型中各变量的直接效应、间接效应及总效应（四）

变量名称	直接效应		间接效应		总效应	
	系数	t 值	系数	t 值	系数	t 值
$\ln PT$	−0.016 3*	−1.777 2	0.013 7	0.297 6	−0.002 6	−0.049 1
$\ln EMP$	−0.012 1	−0.773 1	−0.237 6**	−2.498 8	−0.249 6**	−2.317 5
$\ln TA$	0.026 8**	1.995 1	0.127 0	1.589 2	0.153 8*	1.690 0
$\ln CS$	0.016 7	0.077 8	2.716 6**	2.298 9	2.733 3**	2.205 8
$\ln GDP$	0.109 0***	2.894 0	−0.159 6	−0.813 9	−0.050 6	−0.232 3
$\ln OUL$	−0.001 7	−0.218 8	0.014 9	0.372 5	0.013 2	0.301 5
$\ln GINV$	0.147 6***	4.500 8	0.103 5	0.571 6	0.251 1	1.249 3
$\ln BTF$	0.151 2**	2.547 8	−0.278 0	−0.923 9	−0.126 9	−0.383 0
$\ln FAI$	−0.012 5	−0.882 4	−0.082 5	−0.927 4	−0.095 1	−0.946 7

*** 表示显著性在 0.01 的水平；** 表示显著性在 0.05 的水平；* 表示显著性在 0.1 的水平

通过对间接效应分析发现，仅有新能源从业人员空间集聚和城市规模会对区域科技可持续发展能力具有显著的间接影响。其中，新能源从业人员空间集聚对区域科技可持续发展能力影响的间接效应为−0.2376，且在0.05水平上显著。这说明新能源从业人员空间集聚会对周边其他地区的科技可持续发展能力提升起到抑制作用。城市规模对区域科技可持续发展能力影响的间接效应为2.7166，且在0.05水平上显著。这说明城市规模会对周边其他地区的科技可持续发展能力提升起到促进作用。

通过对直接效应和间接效应分析发现，新能源从业人员空间集聚和城市规模的间接效应分别占总效应的95.19%和99.39%，远远大于新能源从业人员空间集聚和城市规模直接效应对区域科技可持续发展能力的影响。因此，间接效应是新能源从业人员空间集聚和城市规模对区域科技可持续发展能力影响的主要来源。

5.4.4 区域资源可持续发展能力层面

LM 检验和 Robust LM 检验结果显示仅有空间固定效应模型的 Robust LM-LAG 结果不显著，其余结果均显著。因此，基于 LM 检验和 Robust LM 检验结果应该选择 SEM 模型。Wald 检验和 LR 检验的检验结果显示 SDM 模型不能简化为 SLM 模型或 SEM 模型，应选择 SDM 模型用于分析本书的空间面板数据。通过进一步地进行 Hausman 检验发现结果显著（290.8350，10，0.0000）。因此，本书的研究模型为空间固定效应 SDM 模型、时间固定效应 SDM 模型及空间-时间固定效应 SDM 模型，检验结果如表 5.12 所示。通过对表 5.12 进行分析发现，空间-时间固定效应模型的检验结果要优于空间固定效应模型和时间固定效应模型。空间面板数据回归分析结果显示，新能源从业人员空间集聚和新能源资本空间集聚对区域资源可持续发展能力有显著的影响，而新能源专利技术空间集聚对区域资源可持续发展能力的影响不显著。其中，新能源从业人员空间集聚对区域资源可持续发展能力有显著的负向影响（$\beta=-0.3605$，$P=0.0000$），新能源资本空间集聚对区域资源可持续发展能力有显著的正向影响（$\beta=0.1438$，$P=0.0387$），新能源专利技术空间集聚对区域资源可持续发展能力有负向影响但不显著（$\beta=-0.0137$，$P=0.8074$）。此外，空间固定效应模型、时间固定效应模型和空间-时间固定效应模型的空间相关系数 ρ 均通过了显著性检验，说明区域资源可持续发展能力存在着显著的正相关关系，即一个地区的资源可持续发展能力除受自身影响外还会受到相邻地区的影响。

表 5.12　基于 SDM 模型的固定效应检验（五）

变量名称	空间固定效应模型		时间固定效应模型		空间-时间固定效应模型	
	系数	t 值	系数	t 值	系数	t 值
ln PT	−0.014 9	−0.234 1	−0.118 8***	−3.869 9	−0.013 7	−0.243 7
ln EMP	−0.349 9***	−3.615 6	0.063 0	1.172 4	−0.360 5***	−4.193 2
ln TA	0.152 3**	1.948 5	0.019 5	0.293 8	0.143 8**	2.066 9
ln CS	−6.345 7***	−2.769 8	0.125 5	0.966 7	−6.000 3***	−2.953 1
ln GDP	0.579 6**	1.839 6	0.340 4**	1.938 9	0.599 7**	2.154 9
ln OUL	0.228 1***	3.301 1	0.151 0*	1.913 2	0.247 0***	4.037 5
ln GINV	−0.288 2	−1.089 5	0.784 0***	3.494 1	−0.221 2	−0.941 8
ln BTF	1.400 6***	2.691 4	−0.173 1***	−4.243 6	1.172 3**	2.505 4
ln FAI	−0.083 9	−0.962 9	0.205 8*	1.763 9	−0.083 9	−1.081 2
W × ln PT	−0.022 8	−0.162 4	−0.083 6	−0.833 1	0.036 7	0.286 3
W × ln EMP	0.258 4	0.978 6	−0.051 5	−0.225 5	0.244 3	0.967 6
W × ln TA	−0.286 3	−1.270 8	0.225 5	1.383 7	−0.213 9	−0.984 4
W × ln CS	8.160 3*	1.859 1	0.058 2	0.185 2	7.806 5**	2.000 6
W × ln GDP	−0.601 7	−1.348 4	−0.344 1	−0.948 1	−0.479 1	−0.782 5
W × ln OUL	−0.126 3	−0.985 4	−0.250 2	−1.547 5	−0.106 1	−0.823 3
W × ln GINV	0.769 0**	1.973 6	−0.889 5**	−1.967 5	0.213 5	0.390 1
W × ln BTF	−1.893 5**	−2.285 8	0.389 0**	2.485 9	−1.166 3	−1.226 9
W × ln FAI	−0.061 3	−0.267 4	−0.389 7	−1.327 8	−0.247 9	−1.049 8
ρ	0.487 0***	5.901 3	0.399 0***	4.425 9	0.315 0***	3.030 8
R^2	0.956 8		0.734 6		0.957 9	
corr-R^2	0.513 6		0.660 3		0.339 9	
Log-L	143.124 6		6.302 5		150.661 5	

*** 表示显著性在 0.01 的水平；** 表示显著性在 0.05 的水平；* 表示显著性在 0.1 的水平

表 5.13 为空间-时间固定效应 SDM 模型中各变量的直接效应、间接效应及总效应结果。由表 5.13 可知，新能源从业人员空间集聚、新能源资本空间集聚、城市规模、经济总量、地区对外开放程度及基础交通设施便利度均对区域资源可持续发展能力具有显著的直接影响。其中，新能源从业人员空间集聚和城市规模对区域资源可持续发展能力有负向的直接影响，即新能源从业人员空间集聚和城市规模对区域资源可持续发展能力起到抑制作用。新能源资本空间集聚、经济总量、

地区对外开放程度及基础交通设施便利度具有正向影响作用,能够有效促进区域资源可持续发展能力的提升。

表 5.13　SDM 模型中各变量的直接效应、间接效应及总效应(五)

变量名称	直接效应		间接效应		总效应	
	系数	t 值	系数	t 值	系数	t 值
ln PT	−0.010 7	−0.200 0	0.046 5	0.265 5	0.035 8	0.193 3
ln EMP	−0.350 3***	−4.048 0	0.181 6	0.543 1	−0.168 7	−0.474 5
ln TA	0.131 5*	1.848 6	−0.237 3	−0.787 9	−0.105 9	−0.325 3
ln CS	−5.426 7***	−2.923 1	8.231 2*	1.709 8	2.804 4	0.684 3
ln GDP	0.576 6**	2.160 1	−0.386 1	−0.495 6	0.190 6	0.245 2
ln OUL	0.246 4***	4.329 0	−0.047 4	−0.295 5	0.199 1	1.281 5
ln GINV	−0.201 0	−0.966 0	0.206 1	0.295 8	0.005 1	0.007 2
ln BTF	1.110 6**	2.505 2	−1.133 6	−0.907 9	−0.023 0	−0.019 1
ln FAI	−0.114 4	−1.442 5	−0.385 6	−1.238 7	−0.500 0	−1.509 6

*** 表示显著性在 0.01 的水平;** 表示显著性在 0.05 的水平;* 表示显著性在 0.1 的水平

通过对间接效应分析发现,仅有城市规模对区域资源可持续发展能力具有显著的间接效应。城市规模对区域资源可持续发展能力的间接效应为 8.231 2,且在 0.1 水平上显著。然而,城市规模对区域资源可持续发展能力的直接效应为−5.426 7,且在 0.01 水平上显著。这说明城市规模对区域资源可持续发展能力具有抑制作用,而对其他相邻地区的资源可持续发展能力具有明显的促进作用。

5.4.5　区域环境可持续发展能力层面

LM 检验和 Robust LM 检验结果显示应该选择 SEM 模型进行分析,而 Wald 检验和 LR 检验结果均拒绝原假设。因此 SDM 模型不能简化为 SLM 模型或 SEM 模型,应该选择 SDM 模型用于分析本书的空间面板数据。进一步地进行 Hausman 检验判断应选择固定效应模型还是随机效应模型。本书 Hausman 检验结果显著(120.578 5,10,0.000 0),则运用具有固定效应的 SDM 模型研究新能源产业要素空间集聚对区域环境可持续发展能力的影响。表 5.14 为空间固定效应 SDM 模型、时间固定效应 SDM 模型及空间-时间固定效应 SDM 模型的检验结果。通过表 5.14 的分析可知,时间固定效应模型的检验结果要优于空间固定效应模型和空间-时间固定效应模型。空间面板数据回归分析结果显示,新能源从业人员空间集聚对区域环境可持续发展能力有显著的影响,而新能源专利技术空间集聚和新能源资本空间集聚对区域环境可持续发展能力的影响不显著。其中，新能源从业人员空间集聚对区域环境可持续发展能力有显著的正向影响（$\beta=0.0454$，$P=0.0399$），新能源专利技术空间集聚对区域环境可持续发展能力有负向影响但不显著（$\beta=-0.0145$，$P=0.2527$），新能源资本空间集聚对区域环境可持续发展能力有负向影响但不显著（$\beta=-0.0038$，$P=0.8883$）。此外，空间固定效应模型、时间固定效应模型和空间-时间固定效应模型的空间相关系数ρ均通过了显著性检验,说明区域环境可持续发展能力存在着显著的正相关关系，即一个地区的环境可持续发展能力除受自身影响外还会受到相邻地区的影响。

表 5.14 基于 SDM 模型的固定效应检验（六）

变量名称	空间固定效应模型		时间固定效应模型		空间-时间固定效应模型	
	系数	t 值	系数	t 值	系数	t 值
ln PT	-0.027 4	-1.264 4	-0.014 5	-1.143 7	-0.023 9	-1.256 0
ln EMP	0.009 8	0.298 5	0.045 4**	2.054 6	0.015 6	0.539 1
ln TA	-0.005 3	-0.201 1	-0.003 8	-0.140 5	-0.007 1	-0.302 8
ln CS	-1.346 9*	-1.726 5	0.008 6	0.161 2	-1.203 6*	-1.757 2
ln GDP	-0.239 3**	-2.230 6	-0.240 9***	-3.333 4	-0.227 5**	-2.425 0
ln OUL	0.071 3***	3.029 3	-0.033 5	-1.031 1	0.075 9***	3.678 3
ln GINV	0.231 0**	2.564 2	-0.196 7**	-2.131 0	0.256 4***	3.236 6
ln BTF	-0.154 2	-0.869 2	-0.016 4	-0.977 8	-0.214 4	-1.359 1
ln FAI	0.058 9**	1.983 0	0.012 6	0.263 3	0.067 5***	2.581 4
$W \times$ ln PT	0.017 4	0.364 2	-0.112 4***	-2.727 1	0.004 7	0.108 4
$W \times$ ln EMP	0.066 2	0.733 6	-0.010 4	-0.110 4	0.038 6	0.454 3
$W \times$ ln TA	-0.035 5	-0.463 6	0.136 2**	2.018 3	0.021 2	0.289 5
$W \times$ ln CS	1.521 0	1.017 7	-0.132 4	-1.031 6	1.655 3	1.258 8
$W \times$ ln GDP	0.437 5***	2.848 8	0.340 1**	2.277 6	0.246 3	1.192 3
$W \times$ ln OUL	-0.139 3***	-3.223 3	0.003 7	0.056 3	-0.199 2***	-4.476 1
$W \times$ ln GINV	-0.241 3*	-1.833 1	0.256 5	1.383 5	-0.309 1*	-1.677 2
$W \times$ ln BTF	0.372 0	1.313 6	-0.020 2	-0.314 2	0.795 4**	2.464 2
$W \times$ ln FAI	-0.206 4***	-2.608 1	-0.084 6	-0.700 6	-0.178 0**	-2.237 0
ρ	0.735 0***	15.582 4	0.561 0***	7.894 1	0.702 0***	13.836 9
R^2	0.973 8		0.765 2		0.975 0	
corr-R^2	0.431 6		0.660 2		0.264 4	
Log-L	299.092 8		139.205 5		307.550 2	

*** 表示显著性在 0.01 的水平；** 表示显著性在 0.05 的水平；* 表示显著性在 0.1 的水平

表 5.15 为空间-时间固定效应 SDM 模型中各变量的直接效应、间接效应及总效应结果。由表 5.15 可知，仅有经济总量和政府投入强度对区域环境可持续发展能力具有显著的直接影响。其中，经济总量对区域环境可持续发展能力的直接效应为-0.2021，且在 0.05 水平上显著。这说明经济越发达对区域环境的破坏力越强，区域环境可持续发展能力越差。政府投入强度对区域环境可持续发展能力的直接效应为 0.2170，且在 0.05 水平上显著。这说明政府投入强度对区域环境可持续发展能力的提升具有促进作用。

表 5.15 SDM 模型中各变量的直接效应、间接效应及总效应（六）

变量名称	直接效应		间接效应		总效应	
	系数	t 值	系数	t 值	系数	t 值
ln PT	-0.0273	-1.1533	-0.0418	-0.3611	-0.0692	-0.5308
ln EMP	0.0289	0.7631	0.1324	0.5714	0.1613	0.6267
ln TA	-0.0014	-0.0411	0.0552	0.2652	0.0538	0.2308
ln CS	-0.9485	-1.5928	2.3398	0.8228	1.3913	0.4880
ln GDP	-0.2021**	-2.0542	0.2586	0.4991	0.0565	0.1010
ln OUL	0.0289	1.3648	-0.4225***	-3.9208	-0.3936***	-3.3908
ln GINV	0.2170**	2.5693	-0.3762	-0.8038	-0.1592	-0.3110
ln BTF	0.0192	-0.1139	1.8719**	2.3509	1.8526**	2.1265
ln FAI	0.0253	0.6888	-0.3813	-1.6389	-0.3560	-1.3731

*** 表示显著性在 0.01 的水平；** 表示显著性在 0.05 的水平；* 表示显著性在 0.1 的水平

通过对间接效应分析发现，仅有地区对外开放水平和基础交通设施便利度对区域环境可持续发展能力提升具有显著的间接影响。其中，地区对外开放水平对区域环境可持续发展能力的间接效应为-0.4225，且在 0.01 水平上显著。这说明地区对外开放水平会对周围其他地区环境可持续发展能力提升起到抑制作用。基础交通设施便利度对区域环境可持续发展能力的间接效应为 1.8719，且在 0.05 水平上显著。基础交通设施便利度的间接效应远大于直接效应，说明间接效应是基础交通设施便利度对区域环境可持续发展能力影响的主要来源。

5.5 稳健性检验

本书将空间权重矩阵更换为地理距离和经济距离，再次进行时间固定效应的 SDM 模型检验，检验结果如表 5.16 所示。根据表 5.16 结果可知，无论是地理距离作为权重还是经济距离作为权重，新能源专利技术空间集聚均对区域可持续发展能力具有显著的负向影响，新能源从业人员空间集聚也均对区域可持续发展能力具有显著的正向影响，而新能源资本空间集聚均对区域可持续发展能力具有负向影响但不显著。根据稳健性检验结果分析发现研究结论均未发生变化，说明根据本书研究模型获得的研究结果具有良好的稳健性。

表 5.16　稳健性检验

变量名称	地理距离		经济距离	
	系数	t 值	系数	t 值
ln PT	−0.052 8***	−2.964 3	−0.069 7***	−3.047 4
ln EMP	0.058 5*	1.781 5	0.107 7***	3.588 0
ln TA	−0.005 1	−0.140 2	−0.029 5	−0.725 2
ln CS	−0.807 1***	−9.383 0	−0.385 7***	−2.584 0
ln GDP	1.001 0***	10.770 4	0.691 1***	4.909 1
ln OUL	0.113 9***	3.059 4	0.277 2***	7.067 1
ln GINV	0.399 9***	4.002 8	0.365 6***	2.737 2
ln BTF	0.068 8**	2.350 8	−0.017 3	−0.536 8
ln FAI	−0.029 2	−0.446 4	0.076 4	1.117 2
W × ln PT	0.012 3	0.205 9	0.032 9	1.132 4
W × ln EMP	−0.244 9**	−2.273 5	−0.145 4**	−2.281 1
W × ln TA	0.207 1	1.536 7	−0.027 5	−0.375 2
W × ln CS	0.283 5	1.158 7	−0.343 3**	−2.027 7
W × ln GDP	−0.502 7	−1.324 8	0.405 5**	2.281 5
W × ln OUL	−0.050 4	−0.390 9	0.008 9	0.173 7
W × ln GINV	−0.609 6	−1.298 5	0.539 4***	3.453 4
W × ln BTF	0.671 7***	5.669 7	−0.003 8	−0.053 9
W × ln FAI	−0.537 9***	−2.608 2	−0.320 3**	−2.461 2
ρ	−0.128 0	−1.021 4	0.052 0	0.746 2
R^2	0.923 1		0.908 3	
corr-R^2	0.914 1		0.896 9	
Log-L	77.287 2		63.846 8	

*** 表示显著性在 0.01 的水平；** 表示显著性在 0.05 的水平；* 表示显著性在 0.1 的水平

5.6 本章小结

本章首先对空间计量模型的概念、模型介绍、空间权重矩阵的设定、模型检验及参数估计进行了相关的说明。选择区域可持续发展能力作为被解释变量，新能源专利技术空间集聚、新能源从业人员空间集聚及新能源资本空间集聚作为解释变量，城市规模、经济总量、地区对外开放水平、政府投入强度、基础交通设施便利度及固定资产投入强度作为研究的控制变量，并以此构建空间计量模型。运用对 LM 检验、Robust LM 检验、Wald 检验、LR 检验及 Hausman 检验结果的判断选择具有固定效应的 SDM 模型作为分析模型。基于此，分别对空间固定效应 SDM 模型、时间固定效应 SDM 模型及空间-时间固定效应 SDM 模型进行了相关分析，并对时间固定效应 SDM 模型中各变量的直接效应、间接效应及总效应的结果进行相关分析。之后从低维度层面分别分析了新能源产业要素空间集聚对区域经济、社会、科技、资源和环境可持续发展能力的影响。将空间权重矩阵分别替换为地理距离和经济距离对模型进行了稳健性检验，确定了研究模型和结果具有良好的稳健性。

第6章 新能源产业要素空间集聚对区域可持续发展能力的局部影响研究

新能源产业要素空间集聚会对区域可持续发展能力产生一定的影响，然而引发区域可持续发展能力变化的影响因素是非常复杂的，也就是说区域可持续发展能力不但存在空间关联性，还存在空间异质性。同时，与OLS模型的全局性参数单一估计值相比较，GWR模型的回归系数估计值能够提供更丰富的信息，可以反映各回归变量在不同空间位置对区域可持续发展能力的影响。因此，本章运用GWR模型进一步地研究新能源产业要素空间集聚对区域可持续发展能力的影响。研究新能源专利技术空间集聚指数、新能源从业人员空间集聚指数、城市规模、经济总量、地区对外开放水平及基础交通设施便利度等要素对区域可持续发展能力影响的空间分异特征，有助于更清晰地分析区域可持续发展能力的影响因素，为促进区域可持续发展能力的提升提供更清晰的思路。

6.1 地理加权回归模型的理论基础和测度方法

6.1.1 地理加权回归模型研究综述

在经典计量经济学中，通常采用OLS来获得模型的全局参数估计值。然而OLS模型往往忽略了数据具有的空间相关性和空间异质性，具有空间特征的数据不再满足普通线性回归模型残差项独立的假设，因而继续运用OLS模型进行参数估计将会导致结果有失科学性[287]。为了解决这一问题，Brunsdon等[288]在1996年正式提出了GWR模型用来量化数据的空间异质性。GWR模型假定区域之间的空间属性具有一定的异质性，异质性的存在会导致自变量对因变量的影响随地理位置的变化而变化[289]。因此，通过对普通线性回归模型的扩展获得GWR模型，将数据空间属性纳入回归模型中，探索不同空间位置对回归结果的影响作用[290]。GWR模型允许参数进行局部估计而非全局参数估计，具有差异性回归结果可以使研究更加具有现实意义[291]。因此，与 OLS 等线性回归模型相比，将空间因素考虑到模型中的 GWR 模型具有极大的优势。

GWR 作为一种局部空间回归技术，现已被国内外学者广泛运用在生态保护、污染治理、公共卫生、气象、经济发展、技术进步等各个领域。例如，吴玉鸣[292]通过构建 GWR 模型对大学知识创新能力与区域创新环境的关系进行了研究。研究表明只有结合区域自身发展特点和优势，才能提高大学知识创新能力对区域自主创新能力的影响。汤庆园等[293]通过构建 GWR 模型研究上海房价的空间异质性及其空间影响因素。李丹丹等[294]选取中国 30 个省区市作为研究对象，运用 GWR 模型分析碳排放影响因素及影响强度的空间分布特征。Ansong 等[295]用 GWR 模型来检验加纳各学区学业成就率的空间变异性，并研究宏观水平因素对学业成就的不同影响。Xu 和 Lin[296]认为中国作为农业大国，研究农业领域的二氧化碳排放驱动力非常重要。因此，运用 GWR 模型来揭示农业碳排放的空间非平稳性，获得的研究结果可为决策者设计减排政策提供理论参考。Huang 等[297]利用 GWR 模型来探索密歇根州底特律地区背景下的车祸与建筑环境之间的关系。Wang 等[298]研究了中国居民能源消费及其与预期寿命之间关系的空间变化。研究结果为中国住宅能源政策的制定提供了新见解。Xu 等[299]致力于研究洛杉矶地区交通状况、道路网络、就业和社会人口等因素对空气污染物排放的影响。研究结果表明 GWR 模型比广义线性回归模型具有更好的普适性。Evangelia 等[300]采用 GWR 模型，用"自动车辆位置"数据来研究在网络级别上影响公交车集中的因素，同时考虑其空间可变性。Felix 和 Christopher[301]通过构建 DLS 模型和 GWR 模型，利用空间非平稳性解释美国的自杀率和收入不平等之间的关系，研究结果表明收入不平等对自杀率的影响在不同空间位置有所不同。

6.1.2 地理加权回归模型基本形式

当被解释变量为 y，解释变量为 $x_1 \sim x_n$（$i=1,2,3,\cdots,n$）时，普通线性回归模型的基本形式如式（6.1）所示：

$$y = \beta_0 + \beta_1 x_1 + \beta_2 x_2 + \cdots + \beta_n x_n + \varepsilon \tag{6.1}$$

其中，n 为样本点的数目；β_0 为常数项；$\beta_1 \sim \beta_n$ 为回归系数；ε 为随机误差项。

现实中研究对象往往具有空间相关性和空间异质性，因此如果继续用普通线性回归模型往往会因忽略了数据的空间性而带来一定的误差。基于此，GWR 模型以数据的空间相关性和空间异质性为前提，通过允许估计局部参数而非全局参数

来扩展普通线性回归模型,从而将模型改写为[291]

$$y_i = \beta_0(u_i, v_i) + \sum_{k=1}^{j} \beta_k(u_i, v_i) x_{ik} + \varepsilon_i \qquad (6.2)$$

其中,y_i 为样本点 i 的被解释变量的值;j 为解释变量的数目;$\beta_0(u_i, v_i)$ 为样本点 i 处的空间截距项;x_{ik} 表示样本点 i 的第 k 个解释变量的值;(u_i, v_i) 表示空间第 i 点的坐标;$\beta_k(u_i, v_i)$ 为回归系数,通过计算点 i 处连续函数 $\beta_k(u, v)$ 的值确定;ε_i 为误差项。

6.1.3 地理加权回归模型的参数估计

对于 GWR 模型的参数估计来说,由于模型中考虑了空间因素,如果继续用传统线性回归参数估计会对结果造成一定的偏差。借鉴 Hastie 和 Tibshirani[302] 及 Loader[303] 的研究方法,不假设系数是随机的,而是假设它们是其他变量的确定性函数。虽然不能够对局部系数进行完全的无偏估计,但可以提供仅具有少量偏差的估计。GWR 模型的参数估计过程可以被看作偏差与标准误差之间的权衡。假设参数表现出一定程度的空间一致性,则接近被估计参数的值应具有相对相似的大小和符号[304]。因此,当估计给定位置 i 处的参数时,在 i 区域的个体可以用式(6.2)近似于式(6.1),并使用数据集中靠近 i 的点的子集执行回归。按照通常的方式估计点 i 的 $\beta_k(u_i, v_i)$,对于下一个 i,使用新的"邻近"点子集,以此类推。GWR 模型中的系数会在局部估计子集上出现一定的漂移,因此这些估计值存在一定的偏差。然而,如果样本集足够大,这样的操作尽管存在偏差也是可行的。局部估计子集的规模越大,系数估计的标准误差就越低。但这必须抵消这样一个事实,即扩大这一子集会增加系数"漂移"引入偏差的可能性。为了减少这种影响,还可以对这种方法进行最后的调整。假设距离 i 较远的子集中的点更有可能具有不同的系数,则使用加权估计以便估计中更多的影响来自靠近 i 的点。

对于以上分析,式(6.2)的估计隐含的假设是靠近点 i 的观测数据比远离 i 的数据对 $\beta_k(u_i, v_i)$ 的估计有更大的影响。本质上,该方程可测量模型在每个位置 i 附近固有的关系。因此,加权最小二乘为 GWR 模型的参数估计提供了理论基础。在 GWR 模型中,观测值将根据其与位置 i 的接近程度进行加权,以便观测值的加权在参数估计中不再恒定不变,而是随着位置 i 的变化而变化。接近位置 i 的观测值的权重比来自较远观测值的数据的权重更大,公式如式(6.3)所示:

$$\hat{\beta}(u_i, v_i) = \left(X^T W(u_i, v_i) X\right)^{-1} X^T W(u_i, v_i) y \qquad (6.3)$$

其中,$\hat{\beta}$ 为 β 的估计值;$W(u_i, v_i)$ 为一个非对角线为 0 的 $n \times n$ 阶矩阵,其对角线

元素表示回归点 i 的 n 个观测数据的地理权重。

当自变量观测值 $(x_1, x_2, \cdots, x_n)$ 已知时,则可以得到点 i 处因变量 y 的拟合值为

$$\hat{y} = (x_1, x_2, \cdots, x_n)\hat{\beta}(u_i, v_i) = \hat{\beta}_1(u_i, v_i)x_1 + \cdots + \hat{\beta}_n(u_i, v_i)x_n \quad (6.4)$$

上述估计方法可以利用观测值给出因变量 Y 在研究领域中任何一点处的估计值,从而可以计算出整个回归曲面的估计值。

除了估计局部参数估计值外,计算局部标准误差也很有用,以便用于计算估计值的数据的变化。例如,在某些情况下,局部参数估计可能是相对较少的数据点的函数,或者数据点在局部回归中的权重可能较低,因为它们远离回归点。GWR 参数估计的局部标准误差计算公式如下所示。

考虑将式(6.3)中给出的局部参数估计重写为

$$\hat{\beta}(u_i, v_i) = Cy \quad (6.5)$$

其中,C 的计算公式如式(6.6)所示:

$$C = \left(X^T W(u_i, v_i) X\right)^{-1} X^T W(u_i, v_i) \quad (6.6)$$

参数估计的方差如式(6.7)所示:

$$\text{Var}\left[\hat{\beta}(u_i, v_i)\right] = CC^T \sigma^2 \quad (6.7)$$

其中,σ^2 为局部回归的归一化残差平方和,其被定义为

$$\sigma^2 = \sum_i (y_i - \hat{y}_i)/(n - 2v_1 + v_2) \quad (6.8)$$

$$v_1 = tr(S) \quad (6.9)$$

$$v_2 = tr(S^T S) \quad (6.10)$$

矩阵 S 被称为帽子矩阵[305],它通过以下方式将 $\hat{y}$ 映射到 y:

$$\hat{y} = Sy \quad (6.11)$$

其中,矩阵 S 的每一行 r_i 由式(6.12)给出:

$$r_i = X_i \left(X^T W(u_i, v_i) X\right)^{-1} X^T W(u_i, v_i) \quad (6.12)$$

$n - 2v_1 + v_2$ 被称为残差的有效自由度。$2v_1 - v_2$ 相当于全局线性回归模型中参数的个数,可以被称为局部 GWR 模型中的有效参数个数。S 的轨迹与 $S^T S$ 的轨迹非常相似,因此局部回归的有效参数个数通常可以被近似为 v_1,从而省去了计算 $S^T S$ 轨迹的麻烦。

一旦从式(6.7)获得了每个参数估计值的方差,就可以从式(6.13)获得标准误差:

$$\text{SE}(\hat{\beta}_i) = \text{sqrt}\left[\text{Var}(\hat{\beta}_i)\right] \quad (6.13)$$

其中,β_i 为 $\beta(u_i, v_i)$ 的简写。值得注意的是,除了生成局部参数估计值和局部标准误差外,GWR 还将生成其他标准回归诊断的局部版本,这些版本可以为理解模型

的各方面性能提供信息。

6.1.4 空间权重函数的设定

空间权重矩阵是空间单元之间空间关系的定量表达，选取合适的空间权重函数对于 GWR 模型的结果估计具有重要的影响作用。空间权重函数又称核函数，具体可以根据带宽的类型分为固定型和自适应型两种。

1. 固定型核函数

固定型核函数是根据确定的距离范围选择最优带宽以使 GWR 模型的拟合效果达到最优，适用于数据点均匀分布的情况。常用的核函数有距离阈值法、距离反比法、高斯函数法（gaussian distance）、截尾型函数法、指数距离权重（exponential distance）、三次方距离权重（tricube distance）等[255]。

距离阈值法通常被认为是最简单的空间权重函数计算方法，其原理是通过确定一个合理的距离阈值 D，并将数据点 i 与回归点 j 之间的距离 d_{ij} 与阈值 D 相比较。当距离 d_{ij} 大于阈值 D 时，权重取 1，反之权重取 0，计算公式如式（6.14）所示：

$$W_{ij} = \begin{cases} 1, d_{ij} \leqslant D \\ 0, d_{ij} > D \end{cases} \quad (6.14)$$

距离阈值法的本质是窗口移动，因此会存在函数不连续的缺点，即当回归点不同时，模型的参数估计也会因为观测值的移入或移出窗口而发生突变[306]。这导致距离阈值法在实际中的用途较小。

距离反比法是根据地理学第一定律可知在空间中相邻的空间单元比距离较远的空间单元具有更强的相关性。基于此，学者们提出了用距离反比法来衡量这样的空间关系，距离反比法公式如式（6.15）所示：

$$W_{ij} = \frac{1}{d_{ij}^{\alpha}} \quad (6.15)$$

其中，α 为常数。距离反比法操作简单，但仍存在较大的问题是当回归点本身也是样本数据点时，会导致回归点观测值权重无穷大的情况发生。如果将其从样本点数据中删除又会大大降低模型参数估计的精度。因此在实际研究中较少用到距离反比法。

高斯函数法的基本原理是通过选择一个连续单调递减的函数来表示 W_{ij} 与 d_{ij} 之间的关系。由于满足要求的函数很多，故在实际应用中通常选择高斯函数法[307]。高斯函数法公式如式（6.16）所示：

$$W_{ij} = \exp\left(-\left(d_{ij}/b\right)^2\right) \tag{6.16}$$

其中，b 为带宽，表示权重与距离之间函数关系的非负衰减参数。通常，当带宽越大时，随着距离的增加权重衰减得越慢；当带宽越小时，随着距离的增加权重衰减得越快。当带宽为 0 时，只有回归点 i 的权重为 1，其他观测点的权重都会趋于 0；当带宽无穷大时，所有观测点的权重都趋于 1。因此，对于给定的带宽，当 $d_{ij}=0$ 时，权重为 1，随着数据点离回归点距离的增加，权重会逐渐减小，最后权重会趋于 0。

截尾型函数法是考虑到在实际研究中，提高计算效率，通常需要把对模型参数估计没有影响的数据点删除，不参加计算，并且用近高斯函数来替代高斯函数以提高计算效率[308]。常用的近高斯函数是 bi-square 函数，其形式如式（6.17）所示：

$$W_{ij} = \begin{cases} \left[1-\left(d_{ij}/b\right)^2\right]^2, & d_{ij} \leqslant b \\ 0, & d_{ij} > b \end{cases} \tag{6.17}$$

bi-square 函数法被认为是距离阈值法和高斯函数法的结合，可以有效解决个别数据点移进和移出对模型参数估计的影响。对于回归点 i 确定的带宽范围内，通过近高斯连续单调递减函数计算权重。随着带宽增大，权重随距离的增加衰减越慢，反之越快，带宽之外的数据点权重为 0。将二次方换为三次方便是三次方距离权重[309]。

2. 自适应型核函数

当数据呈稀疏或聚集等不均匀分布时，需要采用自适应型核函数。自适应型核函数原理是通过给定最邻近点的个数使得模型拟合结果最优。通常这种核函数计算空间权重的具体方法包括排序法、子样本规模约束法等。

排序法是先根据观测点到回归点的距离进行排序，以距离回归点最近的前 k 个观测点来计算权重，并且权重值是根据观测点的前后排序而变化的，具体公式如式（6.18）所示：

$$W_{ij} = \begin{cases} \exp\left(-M_{ij}/b\right), & d_{ij} \leqslant b \\ 0, & d_{ij} > b \end{cases} \tag{6.18}$$

其中，M_{ij} 表示观测点 j 与回归点 i 之间距离的排序，距离越远 M_{ij} 越大，反之越小；b 表示最优带宽。

子样本规模约束法是指在观测点密集区内，通过限制观测点个数以避免样本数据超限。在观测点稀疏区域，通过调整扩大带宽使观测点数目达到要求。子样本规模约束法的计算公式如式（6.19）所示：

$$W_{ij} = \begin{cases} 1 & 观测点位于K个邻近点内 \\ 0 & 观测点超出K个邻近点内 \end{cases} \quad (6.19)$$

6.1.5 带宽的确定

确定最优带宽的大小对 GWR 模型的结果有直接的影响。带宽过大会引起模型参数估计误差过大，而过小又会引起模型参数估计方差过大，因此，选择合适的方法确定最优带宽就显得尤为重要。通常对于最优带宽估计最常用的方法包括 AIC 准则（Akaike information criterion，赤池信息准则）、BIC 准则（bayesian information criterion，贝叶斯信息准则）及交叉验证法（cross-validation，CV）。其中，AIC 准则又被称为最小信息准则或赤池信息准则，它在局部自由度可能较小的局部高斯回归建模的统计预测方面最合适。经典 AIC 倾向选择较小的带宽，由此可能会导致地理上变化的系数不平滑。AIC_C 对泊松模型和逻辑模型进行偏差校正在理论上是不合理的，但是，即使对于 Poisson 回归，AIC_C 仍可凭经验提供更好的结果。BIC 是一种倾向选择更大带宽的新选项，该指标适合于争论要分析的过程的复杂程度，而不是对未观察到的结果进行统计预测。

1. 交叉验证估计

在带宽未知或未提供特定带宽的情况下，通常会通过软件选择一个合适的带宽，其中交叉验证是一个经典可靠的指标，其仅适用于高斯模型。通常交叉验证获取最佳带宽的方法是通过计算式（6.20）确定得分最小的数，则对应的带宽就是最优带宽。Cleveland 在 1979 年提出的交叉验证法，目的是使回归方程估计的均方残差最小，计算公式如式（6.20）所示：

$$CV = \sum_{i=1}^{n} \left[y_i - \hat{y}_{\neq i}(b) \right]^2 \quad (6.20)$$

其中，n 为数据点的数目；b 为带宽；$\hat{y}_{\neq i}(b)$ 为 y_i 的拟合值。第 i 个数据点的预测是在该观测值的权重设置为 0 的情况下获得的，显然只有当回归点位置与数据点位置相同时才能计算 CV 统计量。

此外，一种更容易计算交叉验证统计量的近似方法被称为广义交叉验证准则（generalized cross-validation，GCV）。它被 Craven 和 Wahba[310]首次在平滑样条曲线的环境中使用，其计算公式如式（6.21）所示：

$$GCV = n \sum_{i=1}^{n} \left[y_i - \hat{y}_i(b) \right]^2 / (n - v_1)^2 \quad (6.21)$$

其中，v_1 为通过式（6.9）计算出的模型中参数的有效数量。

2. 最小 AIC 估计

调整带宽会改变模型的自由度数量。如果选择交叉验证法作为带宽选择的标准，则任何一个给定的带宽都会表示一个稍有不同的模型。另一个方法是找到使赤池信息准则最小的模型。AIC 考虑了不同模型中不同的自由度数，因此相对性能比较准确。通常拥有较低 AIC 值的模型被认为是更好的模型。Hurvich 等[311]在 AIC 准则的基础上获得 AIC_C，其计算公式如式（6.22）所示：

$$\text{AIC}_C = 2n\log_e(\hat{\sigma}) + n\log_e(2\pi) + n\left\{\frac{n+tr(S)}{n-2-tr(S)}\right\} \quad (6.22)$$

其中，$tr(S)$ 为帽子矩阵 L 的迹，通常被作为带宽 b 的函数；n 为观察数；$\hat{\sigma}$ 为随机误差项的最大似然估计。当样本数据相同时，能够使 AIC 值最小的权函数所对应的带宽是最优带宽。

3. BIC 估计

1978 年 Schwartz 提出了贝叶斯信息准则，该准则可以使自回归模型的阶数适中，因此常被用来确定回归模型中的最优阶数。Nakaya 在 2002 年将 BIC 引入 GWR 模型中用于权函数带宽的选择，其计算公式如式（6.23）所示：

$$\text{BIC} = -2\ln L(\hat{\theta}_L, x) + q\ln n \quad (6.23)$$

其中，n 为样本个数；q 为未知回归系数的个数；$\hat{\theta}_L$ 为 θ 的最大似然估计。与 AIC 准则相同，能够使 BIC 达到最小值的带宽为最优带宽。

6.2 研究设计

为进一步检验新能源产业要素空间集聚对区域可持续发展能力影响的空间分异特征，在确定研究的被解释变量、解释变量及控制变量的基础上构建 GWR 模型。

6.2.1 数据来源

本章以中国 31 个地区为研究对象（不包括香港、澳门和台湾），在第 3 章、第 4 章及 2014~2018 年《中国统计年鉴》和《中国城市统计年鉴》获取的各指标相应的研究数据基础上构建 GWR 模型。为了反映较长时间的新能源产业要素空间集聚对区域可持续发展能力的影响，并且尽可能地平滑掉可能引起的短暂影响，所以本章各变量的数据为 2013~2017 年各数据的平均值[312]。

6.2.2 变量选择

本书的被解释变量依然选择区域可持续发展能力。由于第 5 章中新能源资本空间集聚指数对区域可持续发展能力的影响不显著，故本章只选择新能源专利技术空间集聚和新能源从业人员空间集聚作为解释变量。此外，控制变量中固定资产投入强度也不显著，所以为控制其他因素对区域可持续发展能力的影响，控制变量只选择城市规模、经济总量、地区对外开放水平、政府投入强度及基础交通设施便利度。被解释变量、解释变量及控制变量的指标选取和计算方法与第 5 章相同。

6.2.3 新能源产业要素空间集聚对区域可持续发展能力局部影响模型构建

通常 OLS 模型为全局回归模型，其前提是假定所有研究对象具有相同的回归系数。然而由于数据具有空间异质性，如果继续应用 OLS 模型就会带来一定的偏差，故需要运用 GWR 模型进行局部统计分析。本书根据确定的被解释变量、解释变量及控制变量构建 GWR 模型，并对模型的各变量取对数以此来降低异方差性及多重共线性等问题对参数估计的影响。本书构建的 GWR 模型如式（6.24）所示：

$$\ln \mathrm{ESDC}_i = \beta_0(u_i,v_i) + \beta_1(u_i,v_i)\ln \mathrm{PT}_i + \beta_2(u_i,v_i)\ln \mathrm{EMP}_i \\ + \beta_3(u_i,v_i)\ln \mathrm{CS}_i + \beta_4(u_i,v_i)\ln \mathrm{GDP}_i + \beta_5(u_i,v_i)\ln \mathrm{OUL}_i \\ + \beta_6(u_i,v_i)\ln \mathrm{GINV}_i + \beta_7(u_i,v_i)\ln \mathrm{BTF}_i + \varepsilon_i \quad (6.24)$$

其中，ESDC 为区域可持续发展能力评价值；i 表示第 i 个地区；(u_i,v_i) 表示各地区经纬度的值；$\beta_0(u_i,v_i)$ 表示常数项；$\beta_1 \sim \beta_7$ 分别代表新能源专利技术空间集聚指数、新能源从业人员空间集聚指数、城市规模、经济总量、地区对外开放水平、政府投入强度及基础交通设施便利度的系数估计值；ε_i 代表随机误差项。

6.3 新能源产业要素空间集聚对区域可持续发展能力局部影响结果分析

GWR 分析首先要以普通线性回归分析为基础，通过对变量的全局回归分析，然后使用相同的解释变量和被解释变量进行 GWR 分析。本节首先对相关的解释变量、被解释变量及控制变量进行 OLS 分析。其次，通过 GWR 模型检验选择适合分析的核函数、权函数及带宽，并将 OLS 分析结果与 GWR 模型分析结果进行对比。最后，对 GWR 模型的参数估计值进行分析。

6.3.1　OLS 回归分析结果

对于解释变量和被解释变量的回归分析最常用的方法是传统的 OLS 法。本书将区域可持续发展能力、新能源专利技术空间集聚、新能源从业人员空间集聚、城市规模、经济总量、地区对外开放水平、政府投入强度及基础交通设施便利度纳入普通线性回归模型，获得的 OLS 估计结果如表 6.1 所示。根据计算结果分析发现，新能源专利技术空间集聚、城市规模、经济总量、地区对外开放水平和政府投入强度的 P 值分别为 0.024、0.001、0.000、0.001 和 0.029，均在 0.01 水平上显著。因此，新能源专利技术空间集聚、城市规模、经济总量、地区对外开放水平及政府投入强度均对区域可持续发展能力有显著影响作用。其中，新能源专利技术空间集聚和城市规模对区域可持续发展能力有显著的负向作用，经济总量、地区对外开放水平及政府投入强度均对区域可持续发展能力有显著的正向作用。新能源从业人员空间集聚（$\beta=-0.071$，$P=0.150$）和基础交通设施便利度（$\beta=-0.028$，$P=0.533$）对区域可持续发展能力有显著的负向作用但不显著。此外，OLS 模型的 R^2 为 0.930，调整后的 R^2 为 0.909，这说明 OLS 模型能够解释 90.9% 的被解释变量的变化。

表 6.1　OLS 估计结果

变量名称	系数	标准差	t 值	P 值
Intercept	−3.901	0.576	−6.775	0.000
ln PT	−0.079	0.033	−2.424	0.024
ln EMP	0.071	0.048	1.490	0.150
ln CS	−0.544	0.140	−3.901	0.001
ln GDP	0.901	0.165	5.458	0.000
ln OUL	0.250	0.063	3.950	0.001
ln GINV	0.455	0.196	2.325	0.029
ln BTF	−0.028	0.045	−0.633	0.533
R^2			0.931	
Adjusted R^2			0.905	

6.3.2 GWR 模型选择与检验结果

第 4 章已经对新能源产业和区域可持续发展能力进行了空间相关性及空间异质性检验，所以如果继续用普通线性回归分析的 OLS 方法获得回归结果可能不太可靠，同时 OLS 估计结果在整体上被假定为一个常数，无法揭示局部区域的各个因素对区域可持续发展能力的影响。为了考察区域可持续发展能力与其决定因素之间可能存在的空间变异关系，本书运用 GWR 4.0 软件对 GWR 模型进行参数估计。

1. 空间权函数与带宽的确定

本书样本点不存在过度分散或过度集中的情况，因此只考虑采用的核函数形式为 Fixed Gaussian 和 Fixed bi-square 两种。运用 Fixed Gaussian 和 Fixed bi-square 两种权重函数的权重拟合结果如表 6.2 所示。由表 6.2 可知，Fixed Gaussian 的 AIC 值为-30.022 0；Fixed bi-square 的 AIC 值为-28.301 0；Fixed Gaussian 的残差平方和为 0.312 0，Fixed bi-square 的残差平方和为 0.352 2；Fixed Gaussian 的 R^2 为 0.955 9，Fixed bi-square 的 R^2 为 0.950 1。经过对比 Fixed Gaussian 和 Fixed bi-square 的 AIC 值、残差平方和、R^2 发现，Fixed Gaussian 的拟合结果要优于 Fixed bi-square，因此选择 Fixed Gaussian 作为核函数，并在此基础上运用交叉验证法获取最优带宽结果为 14.738 1。

表 6.2 权重函数拟合结果

分类	AIC 值	RSS	R^2	最优带宽
Fixed Gaussian	-30.022 0	0.312 0	0.955 9	14.738 1
Fixed bi-square	-28.301 0	0.352 2	0.950 1	40.034 2

2. 显著性检验

本书在运用 Fixed Gaussian 核函数和交叉验证法获取最优带宽的基础上，得到 GWR 模型的估计结果，但仍需要对每一个系数的估计值是否具有明显的地区差异进行验证。GWR 4.0 软件提供了 DIFF of Criterion 参数可以用来进行局部系数的地理变异性检验。对于 DIFF of Criterion 参数，如果结果为正值，则表示该行对应的系数是全局不变系数，回归变量应该作为全局变量；如果 DIFF of Criterion 的值为负，表示变量回归系数在空间内均是随地理位置变化而显著变化的，因此作为局部回归系数是合理的。本书运用 2013~2017 年各变量数据分别计算获得各年的 DIFF of Criterion 值，结果如表 6.3 所示。根据表 6.3 的结果，新能源专利技术空间集聚指数、新能源从业人员空间集聚指数、城市规模、经济总量、地区对外开放水平、政府投入强度及基础交通设施便利度分别在不同年份 DIFF of Criterion 值为负数，表明变量局部系数在不同程度上存在空间变异性。因此，采用 GWR 模型对变量进行回归分析是合理的。

表 6.3　局部系数的地理变异性检验

变量名称	DIFF of Criterion				
	2013 年	2014 年	2015 年	2016 年	2017 年
Intercept	−0.005 6	−0.213 6	0.003 7	−0.022 6	−0.035 5
ln PT	−0.000 6	0.000 6	−0.000 5	0.000 3	−0.000 5
ln EMP	−0.000 9	0.001 0	0.001 4	0.000 5	0.001 0
ln CS	−0.013 2	−0.106 3	−0.003 7	−0.030 8	−0.055 9
ln GDP	−1 687.219 0	−0.693 8	−197.151 6	−5.452 3	−49.461 0
ln OUL	0.001 2	−0.011 8	−0.012 1	−0.013 0	−0.000 2
ln GINV	−0.000 9	0.002 9	0.006 7	0.004 1	−0.003 8
ln BTF	−0.000 9	−0.014 5	−0.013 1	−0.010 9	0.000 7

3. GWR 模型与 OLS 模型比较

本书基于中国 31 个地区的研究数据，通过 GWR 4.0 软件计算获得 GWR 模型参数估计结果。将 GWR 估计结果与 OLS 模型估计结果进行对比，以此判断 OLS 模型是否需要扩展到 GWR 模型进行分析。GWR 模型与 OLS 模型的对比结果如表 6.4 所示。通过分析发现 GWR 模型的 R^2 值为 0.955 8，大于 OLS 模型的 R^2 值 0.930 5。此外，将 GWR 模型中的 AIC 值与 OLS 模型中的 AIC 值进行比较。根据 Forthingham 等的研究，如果两个模型的 AIC 值相差大于 3，则 AIC 值的绝对值大的模型被视为更佳的模型[313]。本书中 GWR 模型的 AIC 值的绝对值为 30.022 0，大于 OLS 模型的 AIC 值的绝对值 22.560 8。这说明 GWR 模型要优于 OLS 模型，因此应该选择 GWR 模型研究新能源产业要素空间集聚对区域可持续发展能力影响的局部空间差异特征。

表 6.4　GWR 模型与 OLS 模型结果对比

模型	带宽 b	AIC	R^2	Adjusted R^2
OLS	—	−22.560 8	0.930 5	0.905 2
GWR	14.738 1	−30.022 0	0.955 8	0.920 5

表 6.5 展示了 GWR 模型的方差分析结果。根据对表 6.5 的分析发现，OLS 模

型的残差平方和为 0.491 0，而 GWR 模型残差平方和为 0.312 0，这说明 GWR 模型比 OLS 模型显著改善了残差。F 值为 1.907 7，也说明了 GWR 模型在很大程度上减少了模型的残差，提高了模型的参数估计结果的精度。因此，这也证明了 GWR 模型要优于 OLS 模型。

表 6.5 GWR 模型的方差分析

变量名称	SS	DF	MS	F
OLS 残差	0.491 0	23.000 0		
GWR 改善	0.179 0	5.307 0	0.034 0	
GWR 残差	0.312 0	17.693 0	0.018 0	1.907 7

注：SS 表示残差平方和；DF 表示自由度；MS 表示均方残差；F 表示改善的均方残差与 GWR 模型的均方残差比值

6.3.3 GWR 模型估计结果分析

本书运用 GWR 4.0 软件研究新能源产业要素空间集聚对区域可持续发展能力的局部影响，通过对 GWR 模型进行回归分析获得 GWR 模型的回归系数估计结果，如表 6.6 所示。表 6.6 从不同角度研究了 GWR 模型系数估计值，当系数取平均值时表示解释变量及控制变量对被解释变量的影响。其中，新能源专利技术空间集聚指数、城市规模为负值，表示与区域可持续发展能力呈负相关关系；新能源从业人员空间集聚指数、经济总量、地区对外开放水平、政府投入强度及基础交通设施便利度为正值，表示与区域可持续发展能力呈正相关关系。每个解释变量的系数估计值的绝对值大小各不相同，表明在不同的地理位置，其对区域可持续发展能力影响的强度和方向不同，即具有空间异质性。

表 6.6 GWR 模型估计结果

变量名称	GWR 模型估计系数						
	最小值	1/4 分位数	中位数	3/4 分位数	最大值	平均值	标准差
Intercept	−4.237 7	−4.018 2	−3.863 2	−3.745 3	−3.594 1	−3.883 7	0.160 9
ln PT	−0.070 1	−0.066 3	−0.062 5	−0.058 7	−0.051 8	−0.062 1	0.005 0
ln EMP	0.063 0	0.069 0	0.073 8	0.077 3	0.083 6	0.073 6	0.005 6
ln CS	−0.775 0	−0.618 7	−0.570 2	−0.516 4	−0.331 0	−0.560 1	0.090 7
ln GDP	0.734 1	0.849 2	0.893 1	0.947 1	1.102 1	0.902 9	0.078 2
ln OUL	0.078 3	0.180 5	0.217 9	0.256 3	0.394 1	0.222 1	0.066 5

续表

变量名称	GWR 模型估计系数						
	最小值	1/4 分位数	中位数	3/4 分位数	最大值	平均值	标准差
ln GINV	0.324 3	0.362 4	0.411 1	0.448 6	0.499 3	0.409 7	0.049 8
ln BTF	−0.097 3	−0.031 6	0.000 3	0.032 9	0.116 1	0.001 1	0.048 4

通过对表 6.6 进行分析可知，新能源专利技术空间集聚指数每增加 1 个单位，则区域可持续发展能力会平均减少 0.062 1；新能源从业人员空间集聚指数每增加 1 个单位，则区域可持续发展能力会平均增加 0.073 6；城市规模每增加 1 个单位，则区域可持续发展能力会平均减少 0.560 1；经济总量每增加 1 个单位，则区域可持续发展能力会平均增加 0.902 9；地区对外开放水平每增加 1 个单位，则区域可持续发展能力会平均增加 0.222 1；政府投入强度每增加 1 个单位，则区域可持续发展能力会平均增加 0.409 7；基础交通设施便利度每增加 1 个单位，则区域可持续发展能力会平均增加 0.001 1。

各地区变量的局部估计结果如表 6.7 所示，从表 6.7 可以看出，各地区的局部 R^2 值均在 94.43%~95.50%，表明 GWR 模型对新能源产业要素空间集聚与区域可持续发展能力的影响具有较强的解释能力。其中，各地区新能源专利技术空间集聚指数、城市规模、经济总量、地区对外开放水平及政府投入强度对区域可持续发展能力的影响较为显著。部分地区的新能源从业人员空间集聚指数和基础交通设施便利度对区域可持续发展能力影响显著。将 GWR 模型中各回归系数的估计值在 ArcGIS 中进行可视化显示，可以直观看出各回归系数估计值在空间中的分布特征，有助于分析各地区新能源专利技术空间集聚、新能源从业人员空间集聚、城市规模、经济总量、地区对外开放水平、政府投入强度、基础交通设施便利度系数估计值的空间变化情况。

表 6.7　GWR 局域估计结果

地区	Intercept	ln PT	ln EMP	ln CS	ln GDP	ln OUL	ln GINV	ln BTF	Local R^2
北京	−4.085*** （−7.313）	−0.068** （−2.204）	0.074* （1.655）	−0.622*** （−4.624）	0.975*** （6.047）	0.186*** （2.973）	0.447** （2.289）	0.028 （0.644）	0.951
天津	−4.061*** （−7.292）	−0.068** （−2.188）	0.075* （1.684）	−0.626*** （−4.654）	0.973*** （6.035）	0.180*** （2.868）	0.434** （2.200）	0.033 （0.739）	0.951
河北	−4.036*** （−7.367）	−0.067** （−2.185）	0.073* （1.658）	−0.604*** （−4.545）	0.955*** （6.021）	0.197*** （3.176）	0.436** （2.281）	0.020 （0.453）	0.952
山西	−4.018*** （−7.427）	−0.066** （−2.175）	0.070 （1.602）	−0.575*** （−4.369）	0.934*** （5.978）	0.219*** （3.610）	0.449** （2.422）	0.001 （0.029）	0.953
内蒙古	−4.099*** （−7.404）	−0.068** （−2.215）	0.068 （1.530）	−0.574*** （−4.323）	0.947*** （5.992）	0.228*** （3.745）	0.484** （2.614）	−0.003 （−0.080）	0.953

续表

地区	Intercept	ln PT	ln EMP	ln CS	ln GDP	ln OUL	ln GINV	ln BTF	Local R^2
辽宁	-4.111*** (-6.897)	-0.069** (-2.110)	0.081* (1.760)	-0.697*** (-4.903)	1.027*** (5.962)	0.128* (1.884)	0.419* (1.900)	0.077 (1.511)	0.948
吉林	-4.158*** (-6.590)	-0.070** (-2.025)	0.083* (1.773)	-0.739*** (-4.983)	1.063*** (5.877)	0.100 (1.384)	0.425* (1.800)	0.100* (1.792)	0.946
黑龙江	-4.238*** (-6.284)	-0.070* (-1.931)	0.084* (1.744)	-0.775*** (-5.012)	1.102*** (5.782)	0.078 (1.029)	0.451* (1.807)	0.116* (1.931)	0.944
上海	-3.863*** (-6.979)	-0.063** (-2.020)	0.081* (1.831)	-0.626*** (-4.611)	0.937*** (5.782)	0.163** (2.502)	0.342* (1.659)	0.048 (1.013)	0.951
江苏	-3.895*** (-7.101)	-0.064** (-2.062)	0.079* (1.796)	-0.619*** (-4.599)	0.939*** (5.847)	0.172*** (2.681)	0.362* (1.800)	0.040 (0.870)	0.951
浙江	-3.814*** (-6.944)	-0.061* (-1.982)	0.080* (1.821)	-0.605*** (-4.478)	0.916*** (5.697)	0.175*** (2.713)	0.335* (1.662)	0.037 (0.789)	0.952
安徽	-3.885*** (-7.186)	-0.063** (-2.069)	0.077* (1.753)	-0.595*** (-4.478)	0.923*** (5.840)	0.190*** (3.027)	0.376* (1.936)	0.024 (0.536)	0.952
福建	-3.743*** (-6.826)	-0.059** (-1.907)	0.080* (1.802)	-0.580*** (-4.272)	0.889*** (5.538)	0.190*** (2.934)	0.324* (1.646)	0.023 (0.500)	0.953
江西	-3.784*** (-7.004)	-0.060* (-1.967)	0.077* (1.754)	-0.570*** (-4.258)	0.891*** (5.631)	0.203*** (3.198)	0.352* (1.841)	0.012 (0.271)	0.953
山东	-3.986*** (-7.250)	-0.066** (-2.141)	0.077* (1.737)	-0.623*** (-4.644)	0.957*** (5.975)	0.177*** (2.798)	0.402** (2.027)	0.036 (0.795)	0.951
河南	-3.927*** (-7.341)	-0.064** (-2.111)	0.073* (1.669)	-0.573*** (-4.360)	0.917*** (5.888)	0.213*** (3.472)	0.411** (2.205)	0.005 (0.119)	0.953
湖北	-3.857*** (-7.232)	-0.062** (-2.048)	0.074* (1.684)	-0.561*** (-4.250)	0.898*** (5.764)	0.218*** (3.526)	0.392** (2.108)	0.000 (0.006)	0.953
湖南	-3.788*** (-7.089)	-0.060* (-1.975)	0.074* (1.675)	-0.544*** (-4.084)	0.876*** (5.601)	0.227*** (3.640)	0.378** (2.048)	-0.008 (-0.195)	0.954
广东	-3.682*** (-6.743)	-0.057* (-1.845)	0.077* (1.725)	-0.546*** (-3.985)	0.860*** (5.367)	0.217*** (3.334)	0.334* (1.765)	-0.001 (-0.024)	0.954
广西	-3.671*** (-6.766)	-0.057* (-1.840)	0.074 (1.628)	-0.518*** (-3.763)	0.843*** (5.273)	0.244*** (3.785)	0.361* (1.951)	-0.024 (-0.543)	0.955
海南	-3.594*** (-6.484)	-0.054* (-1.736)	0.077* (1.653)	-0.523*** (-3.693)	0.834*** (5.103)	0.234*** (3.497)	0.329* (1.749)	-0.017 (-0.385)	0.955
重庆	-3.819*** (-7.190)	-0.061** (-1.993)	0.070 (1.585)	-0.520*** (-3.915)	0.867*** (5.577)	0.251*** (4.101)	0.411** (2.262)	-0.026 (-0.623)	0.954
四川	-3.804*** (-7.109)	-0.060* (-1.936)	0.067 (1.482)	-0.484*** (-3.575)	0.843*** (5.343)	0.281*** (4.619)	0.434** (2.355)	-0.047 (-1.113)	0.955
贵州	-3.745*** (-7.001)	-0.059* (-1.916)	0.071 (1.580)	-0.509*** (-3.766)	0.849*** (5.392)	0.256*** (4.112)	0.395* (2.156)	-0.032 (-0.743)	0.955
云南	-3.667*** (-6.747)	-0.057* (-1.808)	0.070 (1.479)	-0.473*** (-3.365)	0.816*** (5.023)	0.284*** (4.489)	0.399** (2.125)	-0.052 (-1.209)	0.954

续表

地区	Intercept	ln PT	ln EMP	ln CS	ln GDP	ln OUL	ln GINV	ln BTF	Local R^2
西藏	-3.656*** (-6.196)	-0.052 (-1.600)	0.065 (1.270)	-0.374** (-2.328)	0.751*** (4.045)	0.362*** (5.209)	0.456** (2.137)	-0.090* (-1.928)	0.952
陕西	-3.922*** (-7.371)	-0.063** (-2.087)	0.069 (1.567)	-0.534*** (-4.074)	0.893*** (5.780)	0.246*** (4.075)	0.438** (2.418)	-0.020 (-0.484)	0.954
甘肃	-3.931*** (-7.282)	-0.062** (-2.039)	0.065 (1.449)	-0.495*** (-3.714)	0.871*** (5.557)	0.280*** (4.668)	0.471** (2.567)	-0.043 (-1.016)	0.955
青海	-3.840*** (-6.819)	-0.058* (-1.853)	0.063 (1.335)	-0.431*** (-3.019)	0.816*** (4.875)	0.327*** (5.231)	0.481** (2.450)	-0.070 (-1.592)	0.955
宁夏	-3.979*** (-7.367)	-0.064** (-2.100)	0.066 (1.475)	-0.516*** (-3.910)	0.892*** (5.727)	0.265*** (4.438)	0.474*** (2.606)	-0.033 (-0.776)	0.955
新疆	-3.737*** (-5.301)	-0.052 (-1.501)	0.067 (1.242)	-0.331* (-1.848)	0.734*** (3.422)	0.394*** (4.873)	0.499** (2.155)	-0.097** (-2.019)	0.954

注：括号中的数值表示 t 统计值。当 $1.64 \leq |t| < 1.96$ 时，表示显著性在 0.1 的水平（用*表示）；当 $1.96 \leq |t| < 2.58$ 时，表示显著性在 0.05 的水平（用**表示）；当 $|t| \geq 2.58$ 时，表示显著性在 0.01 的水平（用***表示）

新能源专利技术空间集聚指数估计系数的空间变化情况描述了新能源专利技术在不同地区对区域可持续发展能力影响的差异性。结合表 6.7 的 GWR 模型的局部参数估计结果分析可知，新疆（$\beta=-0.052$，$t=-1.501$）和西藏（$\beta=-0.052$，$t=-1.600$）两个地区的新能源专利技术空间集聚均对区域可持续发展能力有负向影响但不显著，同时在整个新能源专利技术空间集聚指数估计系数空间特征分布中，其对区域可持续发展能力的影响能力也是最弱的。其余地区的新能源专利技术空间集聚均对区域可持续发展能力有显著的负向影响。其中，京津冀地区和东北地区的新能源专利技术空间集聚指数的系数估计值较大，除此之外的长江以北绝大多数地区稍次之，然而长江以南的地区新能源专利技术空间集聚指数的系数估计值相对较小。这说明新能源专利技术空间集聚对区域可持续发展能力的影响在中国的南方和北方之间存在一定的差异。

从新能源从业人员空间集聚指数系数估计值的空间分布特征中可以看出，新能源从业人员空间集聚对区域可持续发展能力的影响从东到西依次递减。其中，黑龙江、吉林、辽宁、江苏、上海、浙江和福建七个地区的新能源从业人员空间集聚对区域可持续发展能力的影响最强，而新疆、西藏、甘肃、青海、宁夏及四川的新能源从业人员空间集聚对区域可持续发展能力的影响最弱。结合表 6.7 进行分析发现，新能源从业人员空间集聚对区域可持续发展能力的影响在山西、内蒙古、广西、重庆、贵州、四川、云南、西藏、陕西、甘肃、青海、新疆和宁夏 13 个地区有正向影响但不显著的。

根据城市规模系数估计值的空间分布特征可以看出各地区城市规模均对区域

可持续发展能力呈显著的负向影响，并且城市规模对区域可持续发展能力的影响从东部到西部依次减弱。东北地区的城市规模对区域可持续发展能力的影响最强。其中，黑龙江的城市规模每增加 1 个单位，其区域可持续发展能力会减少 0.775；吉林的城市规模每增加 1 个单位，其区域可持续发展能力会减少 0.739；辽宁的城市规模每增加 1 个单位，其区域可持续发展能力会减少 0.697。与此相比，新疆、西藏及青海的城市规模对区域可持续发展能力的影响最小。新疆的城市规模每增加 1 个单位，其区域可持续发展能力会减少 0.331；西藏的城市规模每增加 1 个单位，其区域可持续发展能力会减少 0.374；青海的城市规模每增加 1 个单位，其区域可持续发展能力会减少 0.431。

通过对经济总量系数估计值的空间分布特征分析发现各地区的经济总量均对区域可持续发展能力有显著的正向影响，并且经济总量对区域可持续发展能力的影响程度从西向东依次增强。其中，西藏、新疆的经济总量对区域可持续发展能力的影响程度最弱，西南地区、西北地区、华南地区及部分华中地区的经济总量对区域可持续发展能力的影响程度较弱，华北地区和华东地区的经济总量对区域可持续发展能力的影响程度较强，东北地区的经济总量对区域可持续发展能力的影响程度最强。

根据地区对外开放水平系数估计值的空间分布特征，可以看出除黑龙江（$\beta=0.100$，$t=1.384$）和吉林（$\beta=0.078$，$t=1.029$）以外的所有地区的对外开放水平均对区域可持续发展能力有显著的正向影响，并且地区对外开放水平对区域可持续发展能力的影响程度从东到西呈增强趋势。其中，黑龙江、吉林、辽宁、天津、山东、江苏、上海及浙江的地区对外开放水平对区域可持续发展能力的影响相对最弱，而新疆、西藏及青海的地区对外开放水平对区域可持续发展能力的影响能力相对最强。越靠近沿海地区往往对外开放程度较高，所以对外开放水平对区域可持续发展能力的提升就越小。相比之下，中国的西南和西北等偏远内陆地区的对外开放水平往往较低，因此提高对外开放水平对促进区域可持续发展能力提升的作用就越强。

从政府投入强度系数估计值的空间分布特征可以看出各地区的政府投入强度均对区域可持续发展能力有显著的正向作用，并且政府投入强度对区域可持续发展能力的影响趋势为从北到南依次减弱。东北地区、华北地区、西南地区及西北地区的政府投入强度均对区域可持续发展能力的影响强度较大，而华东地区、华中地区及华南地区的政府投入强度均对区域可持续发展能力的影响强度较小。

通过分析基础交通设施便利度系数估计值的空间分布特征，结合表 6.7 进行分析发现，除黑龙江（$\beta=0.116$，$t=1.931$）、吉林（$\beta=0.100$，$t=1.792$）、西藏（$\beta=-0.090$，$t=-1.928$）及新疆（$\beta=-0.097$，$t=-2.019$）之外，其他地区的基础交通设施便利度均对区域可持续发展能力没有显著的影响。此外，通过对基础交通设施便利度系数估计值的空间分布特征的分析发现,在西北地区及西南地区基础交通设施便利度对区域可持续发展能力是不显著的负向影响,而在东北地区、华北地区、华中地区及华南地区基础交通设施便利度对区域可持续发展能力是不显著的正向影响。

6.4 稳健性检验

本书将各研究变量数据更换为解释变量、被解释变量及因变量 2014~2017 年的平均值,空间权重核函数依旧选择 Fixed Gaussian,并且最优带宽选择标准仍为交叉验证法,以此来进行稳健性检验。运用 GWR 4.0 软件计算获得 GRW 模型参数估计结果,获得的 GWR 模型的回归系数估计结果如表 6.8 所示。由表 6.8 中系数的平均值可知,新能源专利技术空间集聚指数、城市规模及基础交通设施便利度对区域可持续发展能力有负向影响;新能源从业人员空间集聚指数、经济总量、地区对外开放水平和政府投入强度对区域可持续发展能力有正向影响。新能源专利技术空间集聚指数每增加 1 个单位,则区域可持续发展能力会平均减少 0.075 9;新能源从业人员空间集聚指数每增加 1 个单位,则区域可持续发展能力会平均增加 0.054 9;城市规模每增加 1 个单位,则区域可持续发展能力会平均减少 0.602 3;经济总量每增加 1 个单位,则区域可持续发展能力会平均增加 0.991 6;地区对外开放水平每增加 1 个单位,则区域可持续发展能力会平均增加 0.221 8;政府投入强度每增加 1 个单位,则区域可持续发展能力会平均增加 0.514 0;基础交通设施便利度每增加 1 个单位,则区域可持续发展能力会平均减少 0.008 4。

表 6.8 GWR 模型估计结果

变量名称	GWR 模型估计系数						
	最小值	1/4 分位数	中位数	3/4 分位数	最大值	平均值	标准差
Intercept	−4.590 8	−4.392 5	−4.321 9	−4.238 7	−4.113 2	−4.314 7	0.114 3
ln PT	−0.078 6	−0.077 2	−0.075 8	−0.074 7	−0.072 7	−0.075 9	0.001 5
ln EMP	0.046 0	0.053 1	0.055 1	0.057 8	0.059 2	0.054 9	0.003 3
ln CS	−0.706 0	−0.634 4	−0.608 6	−0.578 7	−0.471 5	−0.602 3	0.049 4
ln GDP	0.901 4	0.957 9	0.989 1	1.017 3	1.099 4	0.991 6	0.044 6
ln OUL	0.149 9	0.198 1	0.216 4	0.240 3	0.334 5	0.221 8	0.039 5
ln GINV	0.458 0	0.491 2	0.513 2	0.536 5	0.593 2	0.514 0	0.031 3
ln BTF	−0.062 5	−0.023 1	−0.007 2	0.007 3	0.042 1	−0.008 4	0.024 0

表 6.9 和表 6.10 分别为 GWR 模型与 OLS 模型的对比结果和 GWR 模型的方差分析结果。通过对表 6.9 的分析发现 GWR 模型的 R^2 值 0.945 3 大于 OLS 模型的 R^2 值 0.927 9，同时 GWR 模型的 AIC 值的绝对值 25.597 0 也大于 OLS 模型的 AIC 值的绝对值 20.163 6，因此说明 GWR 模型要优于 OLS 模型。此外，根据对表 6.10 的分析发现，OLS 模型的残差平方和为 0.530 0，而 GWR 模型残差平方和为 0.402 0，这说明 GWR 模型比 OLS 模型显著改善了残差。F 值为 2.301 7，也说明了 GWR 模型在很大程度上减少了模型的残差，提高了模型参数估计结果的精度。因此，这也证明了 GWR 模型要优于 OLS 模型。

表 6.9　GWR 模型与 OLS 模型结果对比

模型	带宽 b	AIC	R^2	Adjusted R^2
OLS	—	−20.163 6	0.927 9	0.901 6
GWR	21.248 5	−25.597 0	0.945 3	0.914 6

表 6.10　GWR 模型的方差分析

变量名称	SS	DF	MS	F
OLS 残差	0.530 0	23.000 0		
GWR 改善	0.128 0	2.802 0	0.046 0	
GWR 残差	0.402 0	20.198 0	0.020 0	2.301 7

综上所述，将稳健性检验结果与原结果分析对比发现，除 GWR 模型参数估计系数中基础交通设施便利度的影响方向从正向变为负向以外，其他研究结论均未发现明显变化。基础交通设施便利度对区域可持续发展能力的影响效应不显著，可以忽略不计。因此，根据 GWR 模型研究新能源产业要素空间集聚对区域可持续发展能力影响的局部效应，其获得的研究结果具有良好的稳健性。

6.5　本章小结

本章首先对 GWR 分析模型的理论基础和测度方法进行了相关性的说明，对 GWR 分析模型的基本形式、参数估计方法、空间权重函数和带宽的确定进行了详细的介绍。在普通线性回归模型的基础上，将区域可持续发展能力、新能源专利技术空间集聚、新能源从业人员空间集聚、城市规模、经济总量、地区对外开放水平、政府投入强度及基础交通设施便利度纳入 GWR 模型中，研究新能源产业要素对区域可持续发展能力影响的局部效应。运用 GWR 4.0 软件对 GWR 模型进行回归分析，获得各解释变量的估计系数，用以分析各地区的变量对区域可持续发展能力影响的方向和强度。更换变量的研究数据对模型进行了稳健性检验，根据稳健性检验结果发现研究结论没有发生较大的变化，说明研究结果具有良好的稳健性。

第 7 章 基于新能源产业促进区域可持续发展的对策建议

本章根据实证研究结果发现，现阶段中国的新能源产业和区域可持续发展能力主要存在以下几个问题：第一，各地区的可持续发展能力不强，且有逐年下降的趋势。同时，各地区的区域可持续发展能力还存在"东高西低"等发展不均衡现象。第二，各地区的可持续发展能力政策在短期内有效，但仍然存在长期坚持较为困难的问题。第三，区域可持续发展能力虽然在整体上呈现较好的空间溢出效应，但是在空间关联网络中的板块划分具有明显的地理位置倾向。第四，从整体上看，新能源从业人员空间集聚对区域可持续发展能力有促进作用，新能源专利技术空间集聚对区域可持续发展能力起到抑制作用。第五，从局部上看，新能源产业要素空间集聚对区域可持续发展能力的影响具有空间异质性，不同地区影响强度的大小和方向也并不完全相同。综上所述，本章从推动新能源技术开放共享、加快培育新能源人才、推动新能源产业发展、改善新能源企业发展环境及落实区域可持续发展治理体制改革五个方面分别提出了能够促进区域可持续发展能力提升的政策建议。

7.1 推动新能源技术开放共享

第 5 章实证研究结果表明新能源专利技术空间集聚会对区域可持续发展能力产生负向影响，这说明新能源专利技术过度集聚的现象制约了区域可持续发展能力的提升。因此，本节从以下五个方面提出能够改善专利过度集聚，进而促进区域可持续发展能力提升的政策建议。

7.1.1　加大新能源技术开发投入

面对日益激烈的市场竞争，通过技术创新取得竞争优势已经成为各界公认的有效方法。新能源技术和新能源产品的开发和利用对地区的发展具有重要影响作用。因此，政府应加大对新能源产品和技术的研发投入，技术的研发投入有助于促进技术进步，进而实现产业转型升级，提高能源的利用效率。更具体地说，政府应该出台更加完善的税收优惠和财政补贴政策，为区域新能源企业实现信息化和技术改造提供相应的资金保障。政府通过加大对新能源技术和产品的研发投入来支持研发活动，有助于降低研发成本，构建良好创新环境。特别是对于创新初期的新能源企业来说，政府的研发投入有助于解决新能源企业受到低利润的限制无法进行大规模研发的困境。对于成长期企业来说，政府加大研发投入有助于强化新能源企业创新主体地位，帮助新能源企业实现自主创新。因此，对于新能源产业等战略新兴产业，政府应该通过财政补贴和税收优惠等政策加大对新能源技术开发的投入，以支持新能源企业进行自主创新和绿色供应链产业体系的构建，减少对国外技术的依赖，尽可能地利用技术进步来解决区域可持续发展问题。

7.1.2　改变新能源技术扩散模式

技术扩散是促进区域及其周边地区技术进步的重要途径，但是由于地区之间存在着文化差异、沟通障碍、信任较差等问题，阻碍了技术的扩散，甚至形成了技术壁垒。新能源专利技术空间集聚对区域可持续发展能力的间接影响是抑制区域可持续发展能力提升的主要原因。这说明新能源专利技术的过度集中会导致技术壁垒的形成，打破技术壁垒对促进地区均衡发展具有关键作用。新能源专利技术的过度集中会导致技术壁垒的形成，专利交易成本过高会导致企业成本的增加，严重影响知识的传播和共享。因此，产业内部和产业间都应该构建有效的新能源产业专利共享机制，并尽快构建区域间专利池，为企业提供新能源技术创新交流平台，促进企业间的信息技术转移。政府应制定相关政策，加强产学研合作，促进地区间新能源技术创新活动的交流。此外，政府等相关组织应该建立区域性新能源企业技术创新联盟以促进区域内新能源产业的发展。政府应该制定相应的政策鼓励新能源企业对引进的技术消化、再吸收，开发更先进的新能源技术。

7.1.3　完善科技成果转化途径

科技成果转化主要包括直接和间接两种途径，前者是指创新主体通过创办企业、搭建平台、交流合作等方式将科技成果直接转化，后者是指创新主体通过专门的机构、单位或咨询公司等方式将科技成果间接转化。因此，科技成果转化是创新技术变为生产工具最重要的载体，政府应鼓励企业、科研院所、高校等创新主体创办相应的企业，对科研成果进行直接的转化。此外，政府应该搭建科技成果转化平台为科技成果转化提供一体化、全方位的服务，建立健全科技成果评估体系，完善科技成果转化流程，为各单位快速实现科技成果转化提供便利条件。通过大数据匹配等新兴技术将科技成果与需求进行匹配，可以有效地简化科技成果转化流程，提高科技成果转化效率。

7.1.4　加强技术资源整合和知识产权保护

技术的资源整合有助于信息的交流和共享，政府应该构建相应的平台和机制加强区域内技术的整合，新能源专利技术与其他传统产业技术进行融合，以及新能源专利技术与新能源产业上下游产业进行技术融合都有助于促进区域产业结构升级。政府应该将国家和地方、企业和机构等资源进行有效的整合，将分散的新能源技术通过整合用以共同解决新能源产业关键、重大的核心技术问题，推动新能源产业技术进步。此外，专利技术形成技术壁垒的另一个原因是知识产权机制模糊，导致有些企业对知识产权的保护不够重视造成了许多不必要的损失。因此，新能源企业必须加强新能源技术的安全保护，意识到专利是成果的集中表现，企业在特定领域获得的突破性创新是标准话语权获得的前提，也是企业保证持续发展的重要手段。所以政府有关部门应该制定相应的知识产权保护政策、制定合理的条约和框架，鼓励并引导企业重视知识产权，加强对知识产权的保护。

7.1.5　制定新能源技术共享规范

新能源专利技术作为一种生产要素，技术流动是体现新能源技术价值最有效的方式。当前中国的新能源技术发展还受到核心技术和关键技术的阻碍，与国外先进水平仍然存在一定的差距。因此，加快新能源技术的共享，推动新能源产业的发展意义重大。然而，新能源产业作为新兴战略产业，相关法律法规、新能源技术标准规范等顶层设计还不够完善。缺乏关于新能源产业发展的交易准则、市场机制等相关规范文件导致新能源产业发展和新能源技术共享的规范性较差。首先，政府要建立统一的新能源技术规范化管理体系，确定新能源公共技术、新能源商业技术、新能源保密技术的评定标准。其次，政府要加快培育新能源技术要素市场，完善新能源技术的治理规则，加强维护新能源技术共享的法律边界，制定不同新能源技术公开、流动、交易的规则。最后，政府应建立科学的新能源技术共享机制和信息共享平台，以减少需求方和供给方信息不对称的问题，新能源技术共享模型要科学合理，应制定统一的新能源技术共享标准。地区政策的制定应与国家宏观规划相适应，加强交流合作，避免区域之间恶性竞争。强化新能源技术安全问题，确保需求方能够在规定的权限范围内合理使用新能源技术。

7.2 加快培育新能源人才

实证研究结果显示新能源从业人员空间集聚有助于提高区域可持续发展能力，因此本节从完善新能源人才评价体系、实施柔性新能源人才引进模式、完善新能源人才培育体系、建立健全人才保障制度及规范新能源人才市场管理体系五个维度提出加快培育新能源人才，推动地区可持续发展的政策建议。

7.2.1 完善新能源人才评价体系

新能源人才是促进新能源产业发展的重要组成部分，是新能源技术开发、利用、管理的根本条件，是提高新能源产业核心竞争力的有效手段，新能源技术的发展离不开新能源人才的支撑，然而现阶段还存在人才评价标准不统一、不合理等问题。加快完善新能源人才评价体系对新能源产业发展和地区发展具有重要意义。因此，政府应该作为新能源人才评价改革的主导力量，完善新能源人才评价体系，形成多元化、科学化的新能源人才评价机制，为优秀新能源人才脱颖而出提供便利条件，营造良好的人才成长环境。政府、市场和社会应该明晰自身在人才评价中的定位，协同建立高效、科学的人才评价体系。新能源人才评价标准的制定应科学合理，应着重体现能力、品德、素质等方面的内容。对于不同领域的人才应该制定与行业相适应的评价规则，对于基础研究型、技术应用型和创新成果转化型等人才类型也应该制定不同的标准。此外，新能源技术的开发会受到时间的制约，仅以研发成果制定人才评价标准往往有失偏颇。政府和各部门应该按照行业、岗位及工作复杂度的差异制定不同周期的评价措施。在创新成果产出之前要以劳动者付出的时间和精力作为评价标准；在创新成果产出后要以效益的形式在人才评价中呈现，以体现对新能源人才的尊重和激励。

7.2.2　实施柔性新能源人才引进模式

当前人才的竞争日趋激烈，传统的人才引进政策侧重于"刚性引进人才"，受到地理位置、气候环境、经济发展等方面的影响，有些经济欠发达地区或偏远地区存在引进人才较为困难的问题，导致地区新能源产业发展受到一定程度的阻碍。因此，政府、组织、机构及新能源企业应该顺应时代发展需求，大力推进实施柔性新能源人才引进模式。不受时间、地点限制的人才供应模式能够有效地解决个别地区人才引进困难的问题。柔性人才作为可以解决技术难题和人才引进困境的有效途径，可以通过视频、电话、培训等方式为地区新能源产业发展提供必要的技术、管理支持，进而促进地区新能源产业的发展和新能源技术的进步。政府应该鼓励企业多多与高校建立合作联系，并积极开展国际人才交流合作以促进柔性人才的引进。需要特别注意的是，政府应该规范新能源柔性人才的评审条件框架，强化新能源柔性人才的责任与义务，完善新能源柔性人才的评估体系，切实保证新能源柔性人才的引进能够促进地区和新能源产业的发展。

7.2.3　完善新能源人才培育体系

新能源人才的储备不足、供给结构不合理等缺点随着新能源产业的蓬勃发展表现得越来越为明显，新能源产业增长速度的进一步加快，对新能源人才供给市场提出了巨大的挑战，政府制定相应的政策推动地区新能源人才聚集对推动新能源产业发展显得尤为重要。地方政府和新能源产业可以从以下几个方面进行分析：首先，政府应该根据地区发展水平和资源禀赋，调整并优化地区教育资源的配置，加大新能源专业人才的培养力度，构建科学、完善的新能源人才培养体系。其次，地方政府应该加强与国际新能源产业的交流合作，通过联合培养等方式重点培育新能源专业技术人才。最后，应该建立健全新能源高级技术工人的培训机制，落实新能源高级技术工人资格审查等工作。这意味着，新能源产业的发展不仅要依靠专业化的高级技术人才，也应该着手培育有使命感、学识广、经验丰富的专业化技术工人，切实推动新能源人才供应体系完备发展。

7.2.4　建立健全人才保障制度

第 5 章结果显示新能源从业人员空间集聚对区域可持续发展能力具有显著的

正向影响作用，因此，大量的新能源从业人员或高级的技术人员对于区域的发展具有重要作用。然而，我国企业普遍存在的问题是高管一般是技术出身，往往缺乏管理经验和能力。因此，建立健全的人力资源保障体制对企业的发展具有重要意义。政府有关部门应该制定相应的人才吸引政策、建立健全人才保障体制，提高地区人才吸引能力和人才储备能力，并定期为企业家组织研讨活动，交流创新体验和心得，以此来帮助新能源产业提高人才聚集能力。特别是在高管队伍的人才吸引中，要注意形成良性互补，既要有专业的技术性人员，也要有专业的管理性人员，这样才有利于决策的科学化和专业化。建立公平合理的薪酬保障制度和优秀的企业文化，以此来增强人才的凝聚力，防止高水平科研人员流失过快。

7.2.5 规范新能源人才市场管理体系

现阶段新能源人才存在空间分布不均衡的状态，表现为新能源资源较丰富和经济较发达的地区拥有较多新能源人才。政府应该从经济、行政、法律等层面进行顶层设计，规范现有新能源人才的流动趋势，使新能源人才分散到各个地区，促进落后地区新能源产业发展。政府应该完善用人机制，公开透明地选拔人才，对地区新能源产业发展需要的人才应该进行提前规划，以确保新能源人才能够在适合的位置上发挥作用。完善地区人才市场的行政监管，明确各部门管理职责，优化传统的管理模式，制定透明的统一的标准，以便为新能源人才和用人单位提供便利。政府应该将新能源人才进行宏观调控，积极调整新能源人才结构，将发达地区过剩的人才投入新能源产业急需发展、岗位空缺严重的地区，以实现地区新能源产业和区域可持续发展能力的提升。此外，政府应该建立专门的人才市场管理机构，根据不同类型的新能源产业统一调配新能源人员。

7.3 推动新能源产业发展

本书运用空间计量经济学方法和 GWR 分析方法分别研究了新能源产业要素空间集聚对区域可持续发展能力的整体影响和局部影响，实证研究结果在一定程度上证明了新能源产业集聚对区域可持续发展在一定程度上具有正向影响。因此，为了促进新能源产业的集聚和区域可持续发展能力的提升，本节从推动新能源产业发展的角度提出了如下政策建议。

7.3.1 加快新能源产业园区的构建

在解决好技术壁垒问题的前提下,新能源产业集聚会对区域可持续发展能力产生正向影响。因此,政府应建立产业园区,开放新能源市场,并提供更优惠的财政补贴政策及制定更优惠的区域政策以鼓励外部资本进入。政府可以指导资本运作,并提供不同优惠类型的政策贷款,为新能源企业提供技术咨询和产业支持。这也可以从根本上解决因投资理财方式导致新能源产业发展不协调的问题。此外,更完善的管理体系将有助于污染控制资源和污染控制设备、技术创新资源和信息及产品的供应等方面的共享,进而降低企业生产和经营成本。新能源产业园区的构建有助于促进绿色技术的外溢和生产经营经验的传播,从而提高区域可持续发展能力。

7.3.2 调整区域产业结构

当前中国产业结构仍然面临着高能耗、高污染的粗放型经济增长方式所导致的产业结构不合理的问题。加快产业结构调整、促进产业结构升级对区域发展具有重要意义。首先,政府应调整区域产业结构,提高第三产业比重。同时,政府应提高高耗能、高污染行业的准入标准,及时淘汰落后产能企业。其次,政府还应制定能源税、环境税等完整的税收政策,建立和完善污染控制措施。大力发展循环经济,推动区域产业结构向低污染、低能耗的产业转变,大力扶持战略新兴产业的发展,推动区域产业结构从传统模型向高技术方向转变。最后,政府应该结合本地的发展特点和要素禀赋优势,整合现有资源,发展专业化聚集策略的产业结构形式,加强地区之间产业的深度融合和协调发展。

7.3.3 改变能源供给结构

长期以来,中国能源供应主要依赖于传统的化石燃料,随着化石能源日益减少,能源安全问题也日趋凸显。因此,优化能源结构,促进中国能源结构变革已成为中国重要的战略目标。首先,政府应该制定合理的煤炭等基础能源的利用计划,在保障能源供应安全的前提下减少化石燃料的利用,通过开发新技术提高能源利用率,降低环境污染。对现有的大型煤炭企业进行重组,关闭中小型煤炭企业,进一步优化传统能源供应结构。其次,中国拥有丰富的风能和水资源,对于可再生能源等非常规能源拥有很大的发展空间和应用前景。政府应引导区域能源结构的优化升级,提高太阳能、风能、核能等新能源使用比例,减少传统化石能源的使用，建立智能能源供应系统。政府应积极建立安全、稳定、高效的电力供应体系，大力发展水电，积极推动核电站的建设。此外，政府应制定相应的优惠政策，降低清洁能源成本，进一步提高清洁能源的市场竞争力。最后，加快推动农村能源供应结构改革。解决农村能源供应结构问题是中国能源供应结构改革和全面建设社会主义新农村的必由之路。政府应该制定相应政策推动农村沼气、太阳能等新能源的开发和利用，加强农村电网的覆盖范围，提高能源利用效率。

7.4 改善新能源企业发展环境

改善营商环境是区域吸引新能源企业集聚的重要手段之一，本节从完善中介市场、健全新能源市场投融资模式及优化创业环境的视角提出了促进新能源企业集聚的相关政策建议。

7.4.1 完善中介市场

政府有关部门要做好中介人的角色，完善中介机制，为具有互补性的省市地区提供交流的平台，制定相应的政策为技术交流开辟通道。我国一些产业规模过小或一些地区难以实现产业化升级的关键原因就是融资能力过弱。历史和经验证明解决此问题的关键因素就是政府，所以应该建立以政府为导向的资金引入政策，积极调整政府税收和政府补助政策，来支持和引导产业发展。此外，我国大多数企业对知识产权保护往往不够重视，科技成果转化能力不强。因此，应该通过建立完善的市场环境来为产业的发展提供帮助。建立健全相应的机构或组织帮助企业完善知识产权保障体系，保护专利的合理开发与利用。市场应建立完善的中介机构，以解决产业发展中面临的问题。

7.4.2 健全新能源市场投融资模式

新能源产业作为战略新兴的高技术产业，往往面临着投资风险大、回报周期长及信息不对称等问题，导致新能源企业在发展过程中常常面临融资困难。为保证新能源企业发展和研发投入所必需的资金，政府应主要从信贷、财政和金融等几个角度做出调整以健全新能源市场投融资模式。首先，应建立完善的新能源金融市场服务体系。政府应该完善金融资源配置模式，重新建立企业评估体系，消除民营和小微新能源企业的信贷获取歧视问题。其次，政府应该拓宽新能源产业发展的投融资渠道，建立健全政府税收优惠和财政补贴政策的实施方案，引导金融、资本等机构对新能源企业进行投资，以促进新能源产业的发展。在政策制定上要保证投资与融资相互协调，鼓励金融机构对新能源企业进行投资以降低新能源企业的融资约束。最后，政府应该强化对新能源企业的监督和审查，鼓励新能源企业对企业发展中的重要信息进行披露，消除投资机构与新能源企业信息不对称的问题，降低投资风险，以便新能源企业获得更多的投资。

7.4.3 优化创业环境

新能源产业的空间集聚对区域可持续发展能力具有一定程度的正向影响，区域大力发展新能源产业就显得尤为重要。因此，政府如何吸引新能源企业到本地落户对区域发展具有重要意义。首先，政府应该建立一个良好的营商环境，一方面加强新能源人才团队的培育，另一方面能够为新能源企业的落户提供充足的资金和政策方面的支持。政府应该创建众创空间等组织，加强新能源创业培训，帮助新能源企业解决创业初期遇到的政策解读、成果转化等方面的困难。其次，当地政府应该建立完备的知识产权保护和科技成果转化体系，使新能源创业人员能够得到切实的利益。最后，政府应该拥有完整的产业链，包括新能源产业的上游产业和下游产业，为新能源企业的发展提供便利条件和生存空间。此外，政府应该充分尊重新能源企业的发展，正确处理好市场与政府决策之间的关系，将政府主导型产业逐步过渡到市场主导型产业，建立公平、开放、有序的新能源产品市场和新能源企业创业环境。

7.5 落实区域可持续发展治理体制改革

现阶段中国各地区可持续发展问题层出不穷，其直接原因是相关政策、法规落实不到位。因此，本节基于区域自身发展的视角，提出促进地区可持续发展能力提升的相关政策建议。

7.5.1 建立区域协调发展制度

中国各地区应建立区域协同发展体系。第 4 章 Moran's I 检验结果表明，各地区的区域可持续发展能力存在空间相关性，即区域可持续发展能力具有溢出效应。

一个地区的可持续发展能力的提高，不仅可以改善本地的发展现状，还可以改善邻近地区的发展现状。因此，在制定与区域发展有关的规划、政策和法规时，各地区政府部门应该积极地与周围其他地区进行沟通，并设立相关部门作为促进空间关联的中介。构建有效的区域协同发展体系，深化区域间的合作，构建安全、高效、共享、共赢的区域可持续发展体系。

7.5.2 完善区域监测预警机制

根据第 3 章对各地区区域可持续发展能力变化趋势分析发现，各地政府对政策落实不到位及不能长期监管的问题。因此，这就要求地方政府应该在已有政策和法律法规的基础上，进一步深化区域可持续发展治理体系，完善区域可持续发展能力评估标准。建立健全区域可持续发展能力的监测和预警机制，扩大相关法律制度，建立和完善责任主体和监督人员的考核制度。对于新能源产业的财政补贴使用情况，政府应该定期对资金的使用情况进行追踪和监管。实行问责制，并建立完善的后评估体系，对于后评估不合格的项目和企业实行资金追回制。

7.5.3 制定因地制宜的区域发展政策

第 4 章和第 6 章区域可持续发展能力空间特征及 GWR 模型分析结果显示，受到自然资源禀赋和地理位置等因素的影响，新能源产业要素空间集聚对区域可持续发展能力的影响存在空间差异性。因此，政府在制定相关政策时，要从实际情况出发制定因地制宜的发展策略，应充分利用区域可持续发展能力空间关联网络的空间特征信息。政府部门在制定相关政策时，应同时考虑网络中心位置和边缘位置的地区，制定具有差别化的区域政策，既要考虑各区域自身的传导因素，也要考虑到空间的溢出效应。处在区域可持续发展能力空间关联网络的地区应该努力提升自身在网络中的地位，以便获取更多资源提高区域发展的竞争优势。此外，通过块模型分析可知，不同板块之间具有差异性，因此，政府在制定相应政策时应结合板块结构特征和空间特征制定差别化的区域政策。

7.6 本章小结

本章根据新能源产业要素空间集聚对区域可持续发展能力的整体影响和局部

影响的实证分析，总结现阶段中国新能源产业及区域可持续发展能力存在的问题。基于此，本书从推动新能源技术开放共享、加快培育新能源人才、推动新能源产业发展、改善新能源企业发展环境及落实区域可持续发展治理体制改革五个维度提出了促进区域可持续发展能力提升的政策建议。

第 8 章 结 论

面对日益紧张的能源危机、环境污染和全球经济衰退等问题，如何保障区域实现可持续发展成了当前重要研究课题。新能源作为高技术企业，可以有效地解决能源紧张、环境污染等问题。因此，大力发展新能源对区域可持续发展能力的提升具有重要意义。首先，对国内外相关研究现状进行了分析。其次，对新能源产业要素空间集聚和区域可持续发展的概念进行了相关的界定，并在理论上分析了新能源产业要素集聚对区域可持续发展能力的影响机理和影响路径。再次，运用基于实数编码加速遗传算法的投影寻踪模型对区域可持续发展能力进行评价研究，根据结果分析了当前中国各区域的可持续发展能力现状。同时，运用区域熵方法和社会网络分析方法分别研究了新能源产业集聚和区域可持续发展能力关联网络的空间特征。最后，运用空间计量经济学模型和 GWR 模型分别从整体和局部的角度研究了新能源产业要素集聚对区域可持续发展能力的影响。根据研究结果提出了能够有效促进区域可持续发展能力提升的对策与建议。本书获得的主要研究结论如下。

第一，构建了新能源产业要素空间集聚对区域可持续发展能力影响的理论模型。本书在对新能源产业、要素空间集聚和区域可持续发展能力的概念进行界定的基础上，利用可持续发展理论、区位理论、地理学第一、第二定律理论及新经济地理学理论详细分析并阐述了新能源产业要素空间集聚对区域可持续发展能力影响的过程和结果。最后，构建本书的理论框架，分析了新能源产业要素集聚对区域可持续发展能力的影响机理和路径。

第二，通过构建区域可持续发展能力评价指标体系和评价模型，获得了中国区域可持续发展能力现状。本书遵循科学性、系统性、典型性、可行性和动态性的原则，从经济、社会、科技、资源、环境五个维度构建了区域可持续发展能力评价指标体系，运用基于实数编码的加速遗传算法投影寻踪模型对区域可持续发展能力进行评价。研究结果表明，社会、经济、科技、环境、资源在区域可持续发展能力评价中所占权重依次从大到小。北京、上海、江苏、广东、浙江和天津的区域可持续发展能力较强，而青海、甘肃、新疆、宁夏、西藏和贵州的区域可持续发展能力较弱。因此，中国的区域可持续发展能力呈现东高西低的发展不平衡的现象，东南沿海地区与西部偏远地区之间的区域可持续发展能力差距较大。此外，中国各地区的可持续发展能力大多数是处于中等偏下水平，并且有逐年下降的趋势。

第三，新能源产业要素具有空间特征，表现为空间集聚性。本书运用区位熵方法，以新能源专利技术空间集聚、新能源从业人员空间集聚及新能源资本空间集聚三个维度对新能源产业要素空间集聚特征进行了具体研究。研究结果表明新能源产业存在空间集聚效应，新能源产业在空间上主要呈现"东高西低"的非均衡状态。此外，根据区位熵的研究结果表明，以新疆、青海、甘肃等地为代表的西北地区新能源专利技术集聚程度较高，南部地区的新能源专利技术集聚程度较低。新疆、西藏、青海等地区的新能源从业人员集聚程度较高。值得注意的是北京的新能源从业人员集聚程度最高，但是其周围地区的新能源从业人员集聚较低。北京、上海、青海、西藏和重庆的新能源资本空间集聚较高，而云南、宁夏、河北、吉林和河南的新能源资本空间集聚程度较低。

第四，区域可持续发展能力具有空间特征，表现为空间关联性。本书运用改进的引力模型构建区域可持续发展能力空间关联网络分析区域可持续发展能力的空间特征。研究结果表明，各地区的可持续发展能力普遍存在紧密的空间关联关系。从整体上看，随着网络密度的不断增大，网络效率逐渐降低，网络关联度和网络等级则没有发生变化，网络趋于稳定。说明网络内任意两点之间都是可达的，各地区的区域可持续发展能力普遍存在空间溢出效应，网络中不存在严格的等级结构。然而，根据各项指标的变化趋势可以看出，各地区对于可持续发展能力的投入和各项政策的落实在起步阶段成果较为显著，而长时间的监管仍不到位。此外，根据点的中心度分析结果可以发现河南作为一个人口众多的内陆省份，其地处中国区域可持续发展能力空间相关网络的核心位置。因此，提高河南的区域可持续发展能力对改善周围地区的可持续发展能力具有重要作用。最后，根据块模型结果表明区域可持续发展能力空间关联网络的内部板块划分具有明显的地理位置倾向。

第五，新能源产业要素空间集聚对区域可持续发展能力具有一定程度的影响。本书将新能源产业要素空间集聚（具体包括新能源专利技术空间集聚指数、新能源从业人员空间集聚指数及新能源资本空间集聚指数）作为解释变量，将区域可持续发展能力作为被解释变量，将城市规模、经济总量、地区对外开放水平、政府投入强度、基础交通设施便利度及固定资产投入强度作为控制变量，构建空间计量经济学模型。研究结果表明，新能源专利技术空间集聚对区域可持续发展能力具有显著的负向影响，新能源从业人员空间集聚对区域可持续发展能力具有显著的正向影响,而新能源资本空间集聚对区域可持续发展能力具有负向影响但不显著。此外,通过对直接效应的研究发现,新能源专利技术空间集聚、新能源从业人员空间集聚、城市规模、经济总量、地区对外开放水平、政府投入强度及基础交通设施便利度均对区域可持续发展能力有显著的直接影响作用。其中,新能源专利技术空间集聚、城市规模及基础交通设施便利度会对区域可持续发展能力产生抑制作用。然而,新能源从业人员空间集聚、经济总量、地区对外开放水平及政府投入强度对区域可持续发展能力具有正向影响作用。通过间接效应分析发现,仅有新能源专利技术空间集聚会对区域可持续发展能力起到显著的间接影响,即新能源专利技术空间集聚对其他地区的区域可持续发展能力也会产生抑制作用。通过对新能源专利技术空间集聚的直接效应和间接效应分析发现,间接效应是新能源专利集聚对区域可持续发展能力影响的主要来源。

第六,新能源产业要素空间集聚对区域可持续发展能力的影响具有空间异质性。本书运用 GWR 模型研究新能源产业要素空间集聚对区域可持续发展能力影响的异质性。根据 GWR 模型的回归系数估计结果可知,新能源专利技术空间集聚指数和城市规模对区域可持续发展能力有负向影响;新能源从业人员空间集聚指数、经济总量、地区对外开放水平、政府投入强度及基础交通设施便利度对区域可持续发展能力有正向影响。解释变量的系数估计值的绝对值大小各不相同,这意味着不同的地理位置新能源产业要素集聚对区域可持续发展能力影响的强度和方向各不相同,即存在空间异质性。

第七,本书根据新能源产业要素空间集聚对区域可持续发展能力影响的整体研究和局部研究的实证分析结果,分别从推动新能源技术开放共享、加快培育新能源人才、推动新能源产业发展、改善新能源企业发展环境及落实区域可持续发展治理体制改革五个维度提出了能够促进区域可持续发展能力提升的政策建议。

尽管本书基于空间理论研究了新能源产业要素空间集聚对区域可持续发展能力的影响,是区域可持续发展理论探索中的一次有益尝试,但是这项研究不可避免地仍然存在一定的局限性,具体体现在以下几个方面。

第一,在新能源产业要素空间集聚对区域可持续发展能力的理论研究部分可以更加深入和细致。本书虽然对新能源产业要素空间集聚对区域可持续发展能力影响的具体路径进行了分析,但是仍然存在许多其他未知路径没有被提及。对于区域可持续发展能力的评价指标体系本书只考虑了经济、社会、科技、资源和环境五个维度,现实中还有很多其他因素未被提及,造成区域可持续发展能力评价指标的选择还不够全面,进而可能导致研究结果与现实存在一定的差异。因此,本书可以更加深入地探索并进一步深入研究新能源产业要素空间集聚对区域可持续发展能力影响的内在机理和路径,丰富现有的研究理论。

第二，本书只考虑了新能源产业要素空间集聚对区域可持续发展能力的影响，没有考虑到其他产业在区域发展中的作用。在数据的选择上，仅选择了上市公司作为新能源产业的代表，这也导致了研究结果会出现一定程度的误差。因此，在后续研究中会将其他产业对区域可持续发展能力的影响考虑到模型中，同时，也会进一步通过相关机构和部门获取更准确的新能源企业目录，以丰富本书的研究结果。此外，本书以中国企业为研究样本，以中国区域为研究对象。因此本书样本仅限于中国数据，获得的研究结果仅限于中国经验，无法展示其他国家新能源产业发展现状及新能源产业要素空间集聚对区域可持续发展能力的影响。未来的研究应考虑从世界范围内更广泛地收取研究数据，以验证研究结论的普遍性。

第三，本书在新能源产业要素空间集聚对区域可持续发展能力影响的整体研究中采用了空间面板数据进行空间计量分析，但可能存在一些内生性问题，如遗漏变量，会进一步影响结果的准确性。此外，在新能源产业要素空间集聚对区域可持续发展能力影响的局部研究中，受到研究方法的限制，采用了横截面数据进行研究。因此，本书的各项指标之间是否存在跨期效应，尚需进一步研究。

参 考 文 献

[1] Yu Y Z, Yang X Z, Li K. Effects of the terms and characteristics of cadres on environmental pollution: Evidence from 230 cities in China[J]. Journal of Environmental Management, 2019, 232: 179-187.

[2] Vennemo H, Aunan K, Lindhjem H, et al. Environmental pollution in China: status and trends[J]. Review of Environmental Economics & Policy, 2009, 3(2): 209-230.

[3] Guan D, Liu Z, Geng Y, et al. The gigatonne gap in China's carbon dioxide inventories[J]. Nature Climate Change, 2012, 2(9): 672-675.

[4] Chen D K, Chen S Y, Jin H. Industrial agglomeration and CO_2 emissions: Evidence from 187 Chinese prefecture-level cities over 2005-2013[J]. Journal of Cleaner Production, 2018, 172: 993-1003.

[5] 王开, 傅利平. 京津冀产业碳排放强度变化及驱动因素研究[J]. 中国人口·资源与环境, 2017, 27(10): 115-121.

[6] 徐斌, 陈宇芳, 沈小波. 清洁能源发展、二氧化碳减排与区域经济增长[J]. 经济研究, 2019, 54(7): 188-202.

[7] 刘满凤, 谢晗进. 中国省域经济集聚性与污染集聚性趋同研究[J]. 经济地理, 2014, 34(4): 25-32.

[8] 杨仁发. 产业集聚能否改善中国环境污染[J]. 中国人口·资源与环境, 2015, 25(2): 23-29.

[9] Yang W X, Yuan G H, Han J T. Is China's air pollution control policy effective? Evidence from Yangtze River Delta cities[J]. Journal of Cleaner Production, 2019, 220: 110-133.

[10] 齐亚伟. 空间集聚、经济增长与环境污染之间的门槛效应分析[J]. 华东经济管理, 2015, 29(10): 72-78.

[11] Chen H Y, Hao Y, Li J W, et al. The impact of environment regulation, shadow economy, and corruption on environmental quality: Theory and empirical evidence from China[J]. Journal of Cleaner Production, 2018, 195: 200-214.

[12] Zeng Y Y, Cao Y F, Qiao X, et al. Air pollution reduction in China: Recent success but great challenge for the future[J]. Science of the Total Environment, 2019, 663: 329-337.

[13] Daly H E. Beyond growth: the economic of sustainable development[J]. Economia E Sociedade, 1997, 29（4）: 40-41.

[14] Wang B, Sun Y F, Wang Z H. Agglomeration effect of CO_2 emissions and emissions reduction effect of technology: a spatial econometric perspective based on China's province-level data[J]. Journal of Cleaner Production, 2018, 204: 96-106.

[15] 涂正革, 邓辉, 甘天琦. 公众参与中国环境治理的逻辑: 理论、实践和模式[J]. 华中师范大学学报（人文社会科学版）, 2018, 57（3）: 49-61.

[16] 韩峰, 冯萍, 阳立高. 中国城市的空间集聚效应与工业能源效率[J]. 中国人口·资源与环境, 2014, 24（5）: 72-79.

[17] Xu B, Lin B Q. Do we really understand the development of China's new energy industry? [J]. Energy Economics, 2018, 74: 733-745.

[18] Zeng S H, Jiang C X, Ma C, et al. Investment efficiency of the new energy industry in China[J]. Energy Economics, 2018, 70: 536-544.

[19] Georg M F, Wagner M. Exploring the environmental Kuznets hypothesis: theoretical and econometric problems[J]. Ecological Economics, 2006, 62（3）: 648-660.

[20] Mekhilef S, Saidur R, Safari A. A review on solar energy use in industries[J]. Renewable and Sustainable Energy Reviews, 2011, 15（4）: 1777-1790.

[21] Wang B, Ke R Y, Yuan X C, et al. China's regional assessment of renewable energy vulnerability to climate change[J]. Renewable and Sustainable Energy Reviews, 2014, 40: 185-195.

[22] Huang Z G, Huang L. Individual new energy consumption and economic growth in China[J]. The North American Journal of Economics and Finance, 2019, 54（5）: 1-11.

[23] Zhang L, Wang J, Wen H, et al. Operating performance, industry agglomeration and its spatial characteristics of Chinese photovoltaic industry[J]. Renewable and Sustainable Energy Reviews, 2016, 65: 373-386.

[24] Sun C W, Ding D, Fang X M, et al. How do fossil energy prices affect the stock prices of new energy companies? Evidence from Divisia energy price index in China's market[J]. Energy, 2019, 169: 637-645.

[25] Yang Z, Shao S, Yang L, et al. Differentiated effects of diversified technological sources on energy-saving technological progress: empirical evidence from China's industrial sectors[J]. Renewable and Sustainable Energy Reviews, 2016, 72: 1379-1388.

[26] Xu R, Xu L, Xu B. Assessing CO_2, emissions in China's iron and steel industry: evidence from quantile regression approach[J]. Journal of Cleaner Production, 2017, 152: 259-270.

[27] Xia F, Song F. The uneven development of wind power in China: Determinants and the role of supporting policies[J]. Energy Economics, 2017, 67: 278-286.

[28] Geng W, Ming Z, Lilin P, et al. China's new energy development: status, constraints and reforms[J]. Renewable and Sustainable Energy Reviews, 2016, 53: 885-896.

[29] Caiado R, Dias R F, Mattos L V, et al. Towards sustainable development through the perspective of eco-efficiency — A systematic literature review[J]. Journal of Cleaner Production, 2017, 165 (1): 890-904.

[30] Coyne B K P. Sustainable competitive advantage — what it is and what it isn't[J]. Business Horizons, 2012, 29 (1): 54-61.

[31] Rahdari A, Sepasi S, Moradi M. Achieving sustainability through Schumpeterian social entrepreneurship: The role of social enterprises[J]. Journal of Cleaner Production, 2016, 137: 347-360.

[32] Moldan B, Svatava J K, Hak T. How to understand and measure environmental sustainability: Indicators and targets[J]. Ecological Indicators, 2012, 17: 1-13.

[33] Goodland R. The concept of environmental sustainability[J]. Annual Review of Ecology and Systematics, 1995, 26: 1-24.

[34] Pearce D.W, Washington D C, Warford J. 世界无末日：经济学·环境与可持续发展[M]. 张世秋, 等译. 北京: 中国财政经济出版社, 1996.

[35] Muller K, Holmes A, Deurer M, et al. Eco-efficiency as a sustainability measure for kiwifruit production in New Zealand[J]. Journal of Cleaner Production, 2014, 106: 333-342.

[36] Cancino C A, La P A I, Ramaprasad A, et al. Technological innovation for sustainable growth: an ontological perspective[J]. Journal of Cleaner Production, 2018, 179: 31-41.

[37] Jose A A S, Juan F V M, Luis J B U, et al. Innovation and technology for sustainable mining activity: a worldwide research assessment[J]. Journal of Cleaner Production, 2019, 221: 38-54.

[38] Yuan B L, Zhang Y. Flexible environmental policy, technological innovation and sustainable development of China's industry: The moderating effect of environment regulatory enforcement[J]. Journal of Cleaner Production, 2020, 243: 1-17.

[39] Martin P, Mayer T, Mayneris F. Spatial concentration and plant-level productivity in France[J]. Journal of Urban Economics, 2011, 69 (2): 182-195.

[40] Tian Y Y, Jiang G H, Zhou D Y, et al. Regional industrial transfer in the Jingjinji urban agglomeration, China: an analysis based on a new "transferring area-undertaking area-dynamic process" model[J]. Journal of Cleaner Production, 2019, 235: 751-766.

[41] Tao J, Ho C Y, Luo S G, et al. Agglomeration economies in creative industries[J]. Regional Science and Urban Economics, 2019, 77: 141-154.

[42] Wei W, Zhang W L, Wen J, et al. TFP growth in Chinese cities: The role of factor-intensity and industrial agglomeration[J]. Economic Modelling, 2019, 91: 534-549.

[43] Xie H L, Chen Q R, Lu F C, et al. Spatial-temporal disparities, saving potential and influential factors of industrial land use efficiency: a case study in urban agglomeration in the middle reaches of the Yangtze River[J]. Land Use Policy, 2018, 75: 518-529.

[44] Zhang J J, Guan J C. The impact of competition strength and density on performance: The technological competition networks in the wind energy industry[J]. Industrial Marketing Management, 2019, 82: 213-225.

[45] I hara R. Heterogeneous labor and agglomeration over generations[J]. Regional Science and Urban Economics, 2019, 77: 367-381.

[46] Ramachandran R, Sasidharan S, Doytch N. Foreign direct investment and industrial agglomeration: evidence from India[J]. Economic Systems, 2020, 44（4）: 1-12.

[47] Kim Y R, Williams A, Park S, et al. Spatial spillovers of agglomeration economies and productivity in the tourism industry: The case of the UK[J]. Tourism Management, 2021, 82: 1-13.

[48] 王洁. 产业集聚理论与应用的研究[D]. 同济大学博士学位论文, 2007.

[49] Marshall A. Principles of Economics[M]. London: Macmillan and Co. Ltd, 1920.

[50] Rivers B L. Increasing returns, monopolistic competition and agglomeration economies in consumption and production[J]. Regional Science and Urban Economics, 1988, 18: 125-153.

[51] Brulhart M, Sbergami F. Agglomeration and growth: cross-country evidence[J]. Journal of Urban Economics, 2009, 65（1）: 48-63.

[52] Long C, Zhang X. Cluster-based industrialization in China: Financing and performance[J]. Journal of International Economics, 2011, 84（1）: 112-123.

[53] Wang Q, Wang Y N, Chen W, et al. Do land price variation and environmental regulation improve chemical industrial agglomeration? A regional analysis in China[J]. Land Use Policy, 2020, 94: 1-13.

[54] Batisse C. Dynamic externalities and local growth[J]. China Economic Review, 2002, 13: 231-251.

[55] Fan C C, Scott A J. Industrial agglomeration and development: a survey of spatial economic issues in East Asia and a statistical analysis of Chinese regions[J]. Economic Geography, 2003, 79（3）: 295-319.

[56] Dong F, Wang Y, Zheng L, et al. Can industrial agglomeration promote pollution agglomeration? Evidence from China[J]. Journal of Cleaner Production, 2019, 246: 1-13.

[57] Hong Y, Lyu X, Chen Y, et al. Industrial agglomeration externalities, local governments' competition and environmental pollution: evidence from Chinese prefecture-level cities[J]. Journal of Cleaner Production, 2020, 277: 1-17.

[58] Wu J Z, Ge Z M, Han S Q, et al. Impacts of agricultural industrial agglomeration on China's agricultural energy efficiency: a spatial econometrics analysis[J]. Journal of Cleaner Production, 2020, 260: 1-10.

[59] Bruelhart M, Mathys N A. Sectoral agglomeration economies in a panel of european regions[J]. Regional Science and Urban Economics, 2008, 38 (4): 348-362.

[60] Carlei V, Nuccio M. Mapping industrial patterns in spatial agglomeration: a SOM approach to Italian industrial districts[J]. Pattern Recognition Letters, 2014, 40: 1-10.

[61] Wang N, Zhu Y M, Yang T B. The impact of transportation infrastructure and industrial agglomeration on energy efficiency: Evidence from China's industrial sectors[J]. Journal of Cleaner Production, 2019, 244: 1-10.

[62] Li H, Lu J, Li B. Does pollution-intensive industrial agglomeration increase residents' health expenditure? [J]. Sustainable Cities and Society, 2020, 56 (4): 20-92.

[63] Silvestre B, Dalcol P R T. Geographical proximity and innovation: Evidences from the Campos Basin oil & gas industrial agglomeration—Brazil[J]. Technovation, 2009, 29 (8): 546-561.

[64] Ning L T, Wang F, Li J. Urban innovation, regional externalities of foreign direct investment and industrial agglomeration: Evidence from Chinese cities[J]. Research Policy, 2016, 45 (4): 830-843.

[65] Jang S, Kim J, von Zedtwitz M. The importance of spatial agglomeration in product innovation: a microgeography perspective[J]. Journal of Business Research, 2017, 78: 143-154.

[66] Speldekamp D, Knoben J, Saka H A. Clusters and firm-level innovation: a configurational analysis of agglomeration, network and institutional advantages in European aerospace[J]. Research Policy, 2020, 49 (3): 1-13.

[67] Zeng W, Li L, Huang Y. Industrial collaborative agglomeration, marketization, and green innovation: Evidence from China's provincial panel data[J]. Journal of Cleaner Production, 2020, 279: 1-10.

[68] Shen N, Peng H. Can industrial agglomeration achieve the emission-reduction effect? [J]. Socio-Economic Planning Sciences, 2020, 75 (2): 1-12.

[69] Mo C, He C, Yang L. Structural characteristics of industrial clusters and regional innovation[J]. Economics Letters, 2020, 188: 1-4.

[70] Otsuka A, Goto M, Sueyoshi T. Energy efficiency and agglomeration economies: the case of Japanese manufacturing industries[J]. Regional Science Policy & Practice, 2014, 6(2): 195-212.

[71] Liu J, Cheng Z, Zhang H. Does industrial agglomeration promote the increase of energy efficiency in China? [J]. Journal of Cleaner Production, 2017, 164: 30-37.

[72] Han F, Xie R, Fang J. Urban agglomeration economies and industrial energy efficiency[J]. Energy, 2018, 162 (1): 45-59.

[73] Schwarze R. The role of common law in environmental policy: Comment[J]. Public Choice, 1996, 89（2）: 201-205.

[74] Virkanen J. Effect of urbanization on metal deposition in the Bay of Tlnlahti, Southern Finland[J]. Marine Pollution Bulletin, 1998, 36（9）: 729-738.

[75] Cheng Z. The spatial correlation and interaction between manufacturing agglomeration and environmental pollution[J]. Ecological Indicators, 2016, 61（2）: 1024-1032.

[76] Chen C F, Sun Y W, Lan Q X, et al. Impacts of industrial agglomeration on pollution and ecological efficiency — A spatial econometric analysis based on a big panel dataset of China's 259 cities[J]. Journal of Cleaner Production, 2020, 258: 1-12.

[77] Zhang K, Dou J M. Agglomeration and pollution: empirical analysis based on the 287 cities of China[J]. Journal of Financial Research, 2015, 426（12）: 32-45.

[78] 张坤明. 可持续发展论[M]. 北京: 中国环境科学出版社, 1997.

[79] 徐辉. 人口、资源、环境与可持续发展[J]. 求实, 1997,（4）: 42-44.

[80] 罗慧, 霍有光, 胡彦华, 等. 可持续发展理论综述[J]. 西北农林科技大学学报（社会科学版）, 2004, 4（1）: 35-38.

[81] 赵建军, 毛明芳. 加拿大环境与可持续发展科技创新及对我国的启示[J]. 中国人口·资源与环境, 2009,（3）: 154-159.

[82] 叶文虎. 可持续发展实践的再思考[J]. 中国环境管理, 2019, 11（4）: 132.

[83] 蔡程程, 吴季松. 生态文明建设怎样选拔创新型人才?[J]. 中国生态文明, 2019,（2）: 76-78.

[84] 郑度. 中国21世纪议程与地理学[J]. 地理学报, 1994, 61（6）: 481-489.

[85] 廖重斌. 环境与经济协调发展的定量评判及其分类体系——以珠江三角洲城市群为例[J]. 广州环境科学, 1996, 11（1）: 12-16.

[86] 胡延照. 论上海经济、社会与环境的可持续发展[J]. 上海环境科学, 1996,（4）: 1-3.

[87] 杨开忠, 杨咏, 陈洁. 生态足迹分析理论与方法[J]. 地球科学进展, 2000, 15（6）: 630-636.

[88] 李雪铭, 姜斌, 杨波. 城市人居环境可持续发展评价研究——以大连市为例[J]. 中国人口·资源与环境, 2002, 12（6）: 131-133.

[89] 杨树旺, 熊丽敏. 武汉市生态环境与可持续发展的问题与措施[J]. 中国人口·资源与环境, 2004, 14（4）: 89-92.

[90] 周正祥, 张桢禛. 长江中游城市群可持续发展对策研究[J]. 中国软科学, 2016,（11）: 84-97.

[91] 郭淑芬, 马宇红. 资源型区域可持续发展能力测度研究[J]. 中国人口·资源与环境, 2017, 27（7）: 72-79.

[92] 朱婧, 孙新章, 何正. SDGs框架下中国可持续发展评价指标研究[J]. 中国人口·资源与环境, 2018, 28（12）: 9-18.

[93] 吕永龙, 王一超, 苑晶晶, 等. 关于中国推进实施可持续发展目标的若干思考[J]. 中国人口·资源与环境, 2018, 28（1）: 1-9.

[94] 洪涛, 孙煜泽, 梅萍. 公共治理、激励结构与开发区可持续发展——基于结构方程模型的个案研究[J]. 管理评论, 2019, 31 (2): 254-265.

[95] 高丽娜, 蒋伏心. 创新要素集聚与扩散的经济增长效应分析——以江苏宁镇扬地区为例[J]. 南京社会科学, 2011, (10): 30-36.

[96] 汪星, 陶长琪, 唐国吉. 基于环境约束和要素集聚因素下的企业间博弈分析[J]. 管理科学, 2014, 27 (4): 51-58.

[97] 颜银根, 倪鹏飞, 刘学良. 高铁开通、地区特定要素与边缘地区的发展[J]. 中国工业经济, 2020, (8): 118-136.

[98] 郭庆宾, 骆康. 中国城市群资源集聚能力的协调发展及其驱动机制——以长江中游城市群为例[J]. 中国软科学, 2020, (5): 94-103.

[99] 易定红, 陈翔. 人力资本外部性、劳动要素集聚与城市化形成机制研究[J]. 经济问题, 2020, (5): 7-14.

[100] 齐亚伟, 陶长琪. 环境约束下要素集聚对区域创新能力的影响——基于GWR模型的实证分析[J]. 科研管理, 2014, 35 (9): 17-24.

[101] 邹文杰. 研发要素集聚、投入强度与研发效率——基于空间异质性的视角[J]. 科学学研究, 2015, 33 (3): 390-397.

[102] 丁从明, 黄雪洋, 周敏. 方言多样性、要素集聚与城市规模——基于卫星灯光数据的实证检验[J]. 财贸经济, 2020, 41 (8): 80-94.

[103] 张所地, 张婷婷, 赵华平, 等. 城市不动产投资结构对科技人才集聚的门限效应[J]. 科学学研究, 2020, 38 (8): 1408-1416.

[104] 李士梅, 彭影. 区域制度环境对创新人才集聚的空间影响研究——基于人口老龄化的视角[J]. 吉林大学社会科学学报, 2020, 60 (5): 82-91.

[105] 刘娟. 人口学视角下的产业集聚综述[J]. 人口学刊, 2010, (6): 19-22.

[106] 沈能, 赵增耀, 周晶晶. 生产要素拥挤与最优集聚度识别——行业异质性的视角[J]. 中国工业经济, 2014, (5): 83-95.

[107] 钟廷勇, 国胜铁, 杨珂. 产业集聚外部性与我国文化产业全要素生产增长率[J]. 管理世界, 2015, (7): 178-179.

[108] 杜威剑, 李梦洁. 产业集聚会促进企业产品创新吗?——基于中国工业企业数据库的实证研究[J]. 产业经济研究, 2015, (4): 1-9.

[109] 苏丹妮, 盛斌, 邵朝对. 产业集聚与企业出口产品质量升级[J]. 中国工业经济, 2018, (11): 117-135.

[110] 伍骏骞, 何伟, 储德平, 等. 产业集聚与多维城镇化异质性[J]. 中国人口·资源与环境, 2018, 28 (5): 105-114.

[111] 陈露, 刘修岩, 叶信岳, 等. 城市群视角下的产业共聚与产业空间治理: 机器学习算法的测度[J]. 中国工业经济, 2020, (5): 99-117.

[112] 刘修岩. 空间效率与区域平衡：对中国省级层面集聚效应的检验[J]. 世界经济, 2014,（1）: 55-80.

[113] 范剑勇, 冯猛, 李方文. 产业集聚与企业全要素生产率[J]. 世界经济, 2014, 37（5）: 51-73.

[114] 孙慧, 朱俏俏. 中国资源型产业集聚对全要素生产率的影响研究[J]. 中国人口·资源与环境, 2016, 26（1）: 121-130.

[115] 姚昕, 潘是英, 孙传旺. 城市规模、空间集聚与电力强度[J]. 经济研究, 2017, 52（11）: 165-177.

[116] 孙智君, 张雅晴. 中国高技术制造业集聚水平的时空演变特征——基于空间统计标准差椭圆方法的实证研究[J]. 科技进步与对策, 2018, 35（9）: 54-58.

[117] 邱士雷, 王子龙, 杨琬琨, 等. 高技术产业创新能力的空间集聚效应分析[J]. 研究与发展管理, 2018, 30（6）: 128-137.

[118] 周璇, 陶长琪. 要素空间集聚、制度质量对全要素生产率的影响研究[J]. 系统工程理论与实践, 2019, 39（4）: 1051-1066.

[119] 闫志俊, 于津平. 出口企业的空间集聚如何影响出口国内附加值[J]. 世界经济, 2019, 42（5）: 76-100.

[120] 王俊松. 集聚经济、相关性多样化与城市经济增长——基于279个地级及以上城市面板数据的实证分析[J]. 财经研究, 2016, 42（5）: 135-144.

[121] 卢飞, 刘明辉, 孙元元. 集聚、全要素生产率与产业增长[J]. 科学学研究, 2018, 36（9）: 1575-1584.

[122] 苑德宇, 李德刚, 宋小宁. 产业集聚、企业年龄与政府补贴[J]. 财贸经济, 2018, 39（9）: 39-56.

[123] 黄永明, 姜泽林. 金融结构、产业集聚与经济高质量发展[J]. 科学学研究, 2019, 37（10）: 1775-1785.

[124] 梅燕, 蒋雨清. 乡村振兴背景下农村电商产业集聚与区域经济协同发展机制——基于产业集群生命周期理论的多案例研究[J]. 中国农村经济, 2020,（6）: 56-74.

[125] 夏凯丽, 田曦, 应瑞瑶. 产业集聚对房价上涨影响机制的经验分析[J]. 统计与决策, 2017,（11）: 128-132.

[126] 张雯熹, 吴群, 王博, 等. 产业专业化、多样化集聚对城市土地利用效率影响的多维研究[J]. 中国人口·资源与环境, 2019, 29（11）: 100-110.

[127] 袁冬梅, 信超辉, 袁瑞. 产业集聚模式选择与城市人口规模变化——来自285个地级及以上城市的经验证据[J]. 中国人口科学, 2019,（6）: 46-58.

[128] 杨东亮, 李朋骜. 人口集聚对粤港澳大湾区劳动生产率的影响研究[J]. 吉林大学社会科学学报, 2020, 2: 85-97.

[129] 谢子远, 吴丽娟. 产业集聚水平与中国工业企业创新效率——基于20个工业行业2000-2012年面板数据的实证研究[J]. 科研管理, 2017, 38（1）: 91-99.

[130] 欧光军,杨青,雷霖. 国家高新区产业集群创新生态能力评价研究[J]. 科研管理, 2018, 39 (8): 63-71.

[131] 陈长石,姜廷廷,刘晨晖. 产业集聚方向对城市技术创新影响的实证研究[J]. 科学学研究, 2019, 37 (1): 77-85.

[132] 杨超,黄群慧,贺俊. 中低技术产业集聚外部性、创新与企业绩效[J]. 科研管理, 2020, 41 (8): 142-147.

[133] 曾武佳,李清华,蔡承岗. 我国高新技术产业开发区创新效率及其影响因素研究[J]. 软科学, 2020, 34 (5): 6-11.

[134] 纪玉俊,赵娜. 产业集聚有利于提高能源效率吗?——基于产业集聚度与对外开放水平的门槛回归模型检验[J]. 北京理工大学学报(社会科学版), 2016, 18 (4): 19-27.

[135] 潘雅茹,陈峥,罗良文. 产业集聚影响全要素能源效率的非线性特征研究——基于中国能源行业数据的实证分析[J]. 华东经济管理, 2017, 31 (11): 121-126.

[136] 季书涵,朱英明. 产业集聚的资源错配效应研究[J]. 数量经济技术经济研究, 2017, 34 (4): 57-73.

[137] 郭劲光,孙浩. 中国制造产业专业化集聚比多样化集聚更有利于提高能源效率吗?[J]. 南京审计大学学报, 2019, 16 (4): 93-102.

[138] 师博,沈坤荣. 政府干预、经济集聚与能源效率[J]. 管理世界, 2013, (10): 6-18.

[139] 豆建民,张可. 空间依赖性、经济集聚与城市环境污染[J]. 经济管理, 2015, 37 (10): 12-21.

[140] 钟娟,魏彦杰. 产业集聚与开放经济影响污染减排的空间效应分析[J]. 中国人口·资源与环境, 2019, 29 (5): 98-107.

[141] 梁晶,盛慧敏,吕靖. 环渤海地区物流产业集聚对物流碳排放影响的实证研究[J]. 生态经济, 2020, 36 (9): 38-43.

[142] 寇冬雪. 产业专业化集聚、多样化集聚与环境污染——基于中国285个城市的实证分析[J]. 云南财经大学学报, 2020, 36 (9): 3-17.

[143] 韦冉,秦鹏. 山东省新能源产业发展政策法规体系保障研究[J]. 中国人口·资源与环境, 2015, (5): 139-145.

[144] 周亚虹,蒲余路,陈诗一,等. 政府扶持与新型产业发展——以新能源为例[J]. 经济研究, 2015, 50 (6): 147-161.

[145] 曹旭平,朱福兴,王任. 新能源产业出口技术结构的动态变迁[J]. 中国科技论坛, 2019, (7): 76-83.

[146] 薛伟贤,曹佳. 新能源产业技术路线研究述评[J]. 中国人口·资源与环境, 2014, 24 (S1): 276-279.

[147] 陈劲. 新兴技术与产业创新研究的有益探索[J]. 中国软科学, 2020, (6): 192.

[148] 曾诗鸿,李萌. 基于KMV法研究节能环保与新能源产业上市公司信用风险[J]. 中国人口·资源与环境, 2014, 24 (S2): 54-57.

[149] 张济建, 尹星, 关承龙, 等. 金融状况与战略性新兴产业技术创新——以新能源产业为例[J]. 南京工业大学学报（社会科学版）, 2019, 18（5）: 102-110.

[150] Solow R M. Technical change and the aggregate production function[J]. Review of Economics and Statistic, 1957, 39（3）: 312-320.

[151] 谢康, 夏正豪, 肖静华. 大数据成为现实生产要素的企业实现机制: 产品创新视角[J]. 中国工业经济, 2020,（5）: 42-60.

[152] 查冬兰, 周德群. 能源与非能源投入生产要素替代关系的研究述评[J]. 管理评论, 2013, 25（3）: 74-81.

[153] Schurr S H, Netschert B C, Eliasberg V F, et al. Energy in the American economy, 1850-1975[J]. Journal of Political Economy, 1960, 10（9）: 41-44.

[154] 郭立伟, 叶峥. 基于 SEM 的新能源产业集群形成影响因素实证研究[J]. 科技管理研究, 2020, 40（9）: 228-236.

[155] 王树祥, 张明玉, 王杰群. 生产要素的知识属性与知识价值链研究[J]. 中国软科学, 2014,（4）: 160-168.

[156] 项文彪, 陈雁云. 产业集群、城市群与经济增长——以中部地区城市群为例[J]. 当代财经, 2017,（4）: 109-115.

[157] 孙久文, 夏添, 胡安俊. 粤港澳大湾区产业集聚的空间尺度研究[J]. 中山大学学报（社会科学版）, 2019, 59（2）: 178-186.

[158] Lu Y L, Wang Y C, Yuan J J, et al. Some thoughts on promoting the implementation of sustainable development goals in China[J]. China Population, Resources and Environment, 2018, 28（1）: 1-9.

[159] Ulluwishewa R, Roskruge N, Harmsworth G, et al. Indigenous knowledge for natural resource management: a comparative study of Māori in New Zealand and Dusun in Brunei Darussalam[J]. GeoJournal, 2008, 73（4）: 271-284.

[160] Cao X X, Gao B. Evaluation of sustainable development ability of small and medium-sized enterprises based on regional difference coefficient[J]. Commercial Times, 2014, 24: 102-104.

[161] Lehtonen M. The environmental–social interface of sustainable development: capabilities, social capital, institutions[J]. Ecological Economics, 2004, 49（2）: 199-214.

[162] Weber M. General Economic history[M]. New York: Dover Publications, 1927.

[163] Boulding K E. The economics of the coming spaceship earth[J]. Environmental Quality in a Grouting, 1966, 58（4）: 947-957.

[164] 郝春梅. 生态伦理: 可持续发展理论架构的基础[J]. 中国人口·资源与环境, 2006,（1）: 9-13.

[165] 张晓玲. 可持续发展理论: 概念演变、维度与展望[J]. 中国科学院院刊, 2018, 33（1）: 18-27.

[166] 于润冰, 茶娜. 不同学科下可持续发展理论研究特点[J]. 中国人口·资源与环境, 2011, 21（S2）: 447-450.

[167] 张纯元. 可持续发展理论在人类认识史上引起的七大变化[J]. 中国人口·资源与环境, 2001,（3）: 8-11.

[168] 牛文元. 可持续发展理论的内涵认知——纪念联合国里约环发大会20周年[J]. 中国人口·资源与环境, 2012, 22（5）: 9-14.

[169] 冯华. 可持续发展理论在中国的思想渊源考察[J]. 复旦学报（社会科学版）, 2002,（4）: 52-57.

[170] 谢强, 杜世勇, 孙兆海, 等. 可持续发展理论基础及方法主要研究热点简述[J]. 中国人口·资源与环境, 2001,（S2）: 112-113.

[171] 刘鸿明. 可持续发展理论的经济学基础之所见[J]. 中国人口·资源与环境, 2003, 13（3）: 115-117.

[172] 牛文元. 持续发展导论[M]. 北京: 科学出版社, 1994.

[173] 周元, 孙新章. 以节能和新能源产业为主导推进战略性新兴产业发展[J]. 中国人口·资源与环境, 2010, 20（12）: 31-34.

[174] 王玺, 李桂君. 政策创新驱动新能源产业发展——关于中国风电产业税收政策研究[J]. 中国软科学, 2014,（12）: 170-178.

[175] Zhou W, Shuai L, Chen J, et al. How good or how poor have China's new energy enterprises done: an empirical study based on the lagged double-market network[J]. Journal of Cleaner Production, 2020, 262: 121284.

[176] 滕宇蛟, 薛广成. 基于交通区位理论的东非铁路网规划研究[J]. 铁道运输与经济, 2019, 41（9）: 100-104.

[177] 张彩英, 周艳秋. 房地产税税基评估区位理论综述及启发[J]. 内蒙古财经大学学报, 2019, 17（3）: 6-9.

[178] 任寿根. 品牌化城市经营研究: 基于行为区位理论框架[J]. 管理世界, 2003,（5）: 52-59.

[179] Weber A. Uber Den Standort Der Industrien[M]. Tübingen: Mohr, 1909.

[180] Losch A. The Economics of Location[M]. London: Yale University Press, 1954.

[181] Ohlin B G. Interregional and International Trade[M]. Cambridge: Harvard University Press, 1933.

[182] 朱华. 基于区位拉动因素的中国企业OFDI动机的实证研究[J]. 科研管理, 2014, 35（1）: 139-149.

[183] Tobler W. A computer movie simulating urban growth in the Detroit region[J]. Economic Geography, 1970, 46（2）: 234-240.

[184] Goodchild M. The validity and usefulness of laws in geographic information science and geography[J]. Annals of the Association of American Geographers, 2004, 94（2）: 300-303.

[185] 赵玉, 徐鸿, 邹晓明. 环境污染与治理的空间效应研究[J]. 干旱区资源与环境, 2015, 29 (7): 170-175.

[186] 闫昊生, 孙久文. 京津冀协同发展的理论解释——基于"新"新经济地理学的视角[J]. 经济与管理研究, 2018, 39 (1): 57-67.

[187] Ciccone A, Hall R E. Productivity and the density of economic activity[J]. American Economic Review, 1996, 86: 54-70.

[188] 张可, 汪东芳. 经济集聚与环境污染的交互影响及空间溢出[J]. 中国工业经济, 2014, 6: 70-82.

[189] 原毅军, 谢荣辉. 产业集聚、技术创新与环境污染的内在联系[J]. 科学学研究, 2015, 33 (9): 1340-1347.

[190] Ye C H, Sun C W, Chen L T. New evidence for the impact of financial agglomeration on urbanization from a spatial econometrics analysis[J]. Journal of Cleaner Production, 2018, 200: 65-73.

[191] 王晓硕, 宇超逸. 空间集聚对中国工业污染排放强度的影响[J]. 中国环境科学, 2017, 4: 1562-1570.

[192] Pace L A. How do tourism firms innovate for sustainable energy consumption? A capabilities perspective on the adoption of energy efficiency in tourism accommodation establishments[J]. Journal of Cleaner Production, 2016, 111: 409-420.

[193] 程进文, 杨利宏. 空间关联、劳动集聚与工资分布[J]. 世界经济, 2018, 41 (2): 145-168.

[194] 王莹莹. 劳动力空间集聚对个体劳动者就业概率的影响[J]. 经济与管理研究, 2018, 39 (4): 85-97.

[195] 袁新敏, 张海燕. 风险投资推动区域创新发展机制研究——基于专利与高新技术产业视角[J]. 青海社会科学, 2018, 231 (3): 119-125.

[196] 张晓兰, 黄伟熔. 半导体产业优势国家和地区资金支持的经验及启示[J]. 经济纵横, 2020, (8): 86-92.

[197] 张坤民, 何雪炀, 温宗国. 中国城市环境可持续发展指标体系研究[J]. 生态经济, 2000, (7): 4-9.

[198] 宋敏, 刘学敏. 西北地区能源-环境-经济可持续发展预警研究——以陕西省为例[J]. 中国人口·资源与环境, 2012, 22 (5): 133-138.

[199] 彭程, 陈志芬, 吴华瑞, 等. 基于 ESDA 的城市可持续发展能力时空分异格局研究[J]. 中国人口·资源与环境, 2016, 26 (2): 144-151.

[200] 吴鸣然, 赵敏. 中国不同区域可持续发展能力评价及空间分异[J]. 上海经济研究, 2016, (10): 84-92.

[201] 李敏, 杜鹏程. 长江经济带区域绿色持续创新能力的差异性研究[J]. 华东经济管理, 2018, 32 (2): 83-90.

[202] 吴丹. 国家治理的多维绩效贡献及其协调发展能力评价[J]. 管理评论, 2019, 31（12）: 264-272.

[203] 黄昕, 张娟, 张衡. 广东省 S 区可持续发展能力建设综合评价[J]. 科技管理研究, 2019, 39（9）: 76-81.

[204] 付强, 赵小勇. 投影寻踪模型原理及其应用[M]. 北京: 科学出版社, 2006.

[205] 苏屹, 于跃奇. 基于加速遗传算法投影寻踪模型的企业可持续发展能力评价研究[J]. 运筹与管理, 2018, 27（5）: 134-143.

[206] 宋星原, 舒全英, 王海波, 等. SCE-UA、遗传算法和单纯形优化算法的应用[J]. 武汉大学学报（工学版）, 2009, 42（1）: 6-9.

[207] 王建群, 卢志华, 哈布哈琪. 求解约束非线性优化问题的群体复合形进化算法[J]. 河海大学学报（自然科学版）, 2001, 29（3）: 46-50.

[208] 王志良, 邱林, 付强, 等. 混沌优化算法在非线性约束规划问题中的应用[J]. 华北水利水电大学学报（自然科学版）, 2002, 23（2）: 1-3.

[209] 李敏强, 徐博艺. 遗传算法与神经网络的结合[J]. 系统工程理论与实践, 1999, 19（2）: 65-69.

[210] 田军, 马文正, 汪应洛, 等. 应急物资配送动态调度的粒子群算法[J]. 系统工程理论与实践, 2011, 31（5）: 898-906.

[211] 史烨, 李凯. 并行机问题的模拟退火调度算法研究[J]. 运筹与管理, 2011, 20（4）: 104-107.

[212] 刘波, 王凌, 金以慧. 差分进化算法研究进展[J]. 控制与决策, 2007, 22（7）: 721-729.

[213] 吴斌, 董敏. 人工蜂群算法在 LRIP 机会约束模型中的应用[J]. 运筹与管理, 2016, 25（4）: 209-214.

[214] 刘晓冰, 吕强. 免疫克隆选择算法求解柔性生产调度问题[J]. 控制与决策, 2008, 23（7）: 781-785.

[215] Mirjalili S, Mirjalili S M, Lewis A. Grey wolf optimizer[J]. Advances in Engineering Software, 2014, 69（3）: 46-61.

[216] 王成亮, 程凤农. 求解复杂系统可靠性冗余问题的量子萤火虫算法[J]. 系统管理学报, 2016, 25（4）: 598-603.

[217] 曹茂俊, 李盼池, 尚福华. 量子行为引力搜索算法[J]. 控制与决策, 2016, 31（9）: 1678-1684.

[218] 夏传甲, 徐辉, 万晓云, 等. 基于实数编码遗传算法的 GPS 短基线整周模糊度搜索[J]. 大地测量与地球动力学, 2012, 32（1）: 136-140.

[219] 金菊良, 杨晓华, 丁晶. 基于实数编码的加速遗传算法[J]. 四川大学学报（工程科学版）, 2000, 32（4）: 20-24.

[220] 鲁敏, 张月华. 沈阳城市绿化植物综合评价分级选择[J]. 中国园林, 2003, 19（7）: 66-69.

[221] 孙晓, 刘旭升, 李锋, 等. 中国不同规模城市可持续发展综合评价[J]. 生态学报, 2016, 36（17）: 5590-5600.

[222] Liu K, Lin B Q. Research on influencing factors of environmental pollution in China: a spatial econometric analysis[J]. Journal of Cleaner Production, 2019, 206: 356-364.

[223] Qian X Y, Chi W, Li B. The role of human capital in regional innovation activities and economic growth: spatial econometric study[J]. The Journal of Quantitative & Technical Economics, 2010, 4: 107-121.

[224] Wang Z W, Cui B S, Zhang Q Y. Modern Models and Methods of Spatial Econometrics[M]. Beijing: Peking University Press, 2017.

[225] 武红. 中国省域碳减排: 时空格局、演变机理及政策建议——基于空间计量经济学的理论与方法[J]. 管理世界, 2015, 266（11）: 3-10.

[226] Xu L H, Deng Y P. Does foreign direct investment lead to environmental pollution in China? —Spatial measurement based on Chinese provincial panel data[J]. Management World, 2012,（2）: 30-43.

[227] Anselin L. Local indicators of spatial association-LISA[J]. Geographical Analysis, 1995, 27(2): 93-115.

[228] 高艺, 杨高升, 谢秋皓. 公众参与理论视角下环境规制对绿色全要素生产率的影响——基于空间计量模型与门槛效应的检验[J]. 科技管理研究, 2020, 40（11）: 232-240.

[229] 吴玉鸣, 田斌. 省域环境库兹涅茨曲线的扩展及其决定因素——空间计量经济学模型实证[J]. 地理研究, 2012, 31（4）: 627-640.

[230] Chen X, Qiu B, Liu X Y. Spatial agglomeration and firm exports: an empirical study based on China industrial firms[J]. The Journal of World Economy, 2016, 8: 94-117.

[231] Keeble D, Bryson J, Wood P. Small firms, business service growth and regional development in the United Kingdom: some empirical findings[J]. Regional Studies the Journal of the Regional Studies Association, 1991, 25（5）: 439-457.

[232] Ren Y H, Xu L, You W H. A spatial econometric model and its application on the factors of financial industry agglomeration[J]. The Journal of Quantitative & Technical Economics, 2010,（5）: 104-115.

[233] Li X L, Ran G H, Zheng W. Spatial agglomeration of science and technology services and improvement of enterprise innovation efficiency — empirical evidence from high-tech industries in China[J]. R&D Management, 2017, 29（4）: 1-10.

[234] 刘华军, 何礼伟. 中国省际经济增长的空间关联网络结构——基于非线性 Granger 因果检验方法的再考察[J]. 财经研究, 2016, 42（2）: 97-107.

[235] 王珏, 陈雯, 袁丰. 基于社会网络分析的长三角地区人口迁移及演化[J]. 地理研究, 2014, 33（2）: 385-400.

[236] Sims C A. Macroeconomics and reality[J]. Econometrica, 1980, 48（1）: 1-48.

[237] Lu B, Wang S Y, Kuang H B. Forecast of regional logistics demand based on the gravity model[J]. Management Review, 2017, 29 (2): 181-190.

[238] Ullman E L. Regional development and the geography of concentration[J]. Regional Science, 1958, 4 (1): 179-198.

[239] 张德钢, 陆远权. 中国碳排放的空间关联及其解释——基于社会网络分析法[J]. 软科学, 2017, 31 (4): 15-18.

[240] Borgatti S P, Everett M G, Freeman L C. UCINET V for windows: software for social network analysis[J]. Analytic Technologies, 1999: 1-5.

[241] Seidman S B. Network structure and minimum degree[J]. Social Networks, 1983, 5 (3): 269-287.

[242] Mark S G. The strength of weak ties[J]. American Journal of Sociology, 1973, 78 (6): 1360-1380.

[243] Liu J. The Overall Network Analysis Handout: UCINET Software Practical Guide[M]. Shanghai: Shanghai People's Publishing House, 2009.

[244] Scott J. Social Network Analysis: A Handbook[M]. London: Sage Publications, 2000.

[245] Makagon M M, Mccowan B, Mench J A. How can social network analysis contribute to social behavior research in applied ethology?[J]. Applied Animal Behaviour Science, 2012, 138(3/4): 152-161.

[246] Li H X, Patel D, Al-Hussein M, et al. Stakeholder studies and the social networks of NetZero energy homes (NZEHs)[J]. Sustainable Cities & Society, 2018, 38: 9-17.

[247] White H C, Boorman S A, Breiger R L. Social structure from multiple networks. I. blockmodels of roles and positions[J]. American Journal of Sociology, 1976, 81 (4): 730-780.

[248] Lorrain F, White H C. Structural equivalence of individuals in social networks[J]. Social Networks, 1977, 1 (1): 67-98.

[249] 谢伟伟, 邓宏兵, 刘欢. 绿色发展视角下长三角城市群城市创新网络结构特征研究[J]. 科技进步与对策, 2017, 34 (17): 52-59.

[250] Su Y. Yu Y Q. Spatial association effect of regional pollution control[J]. Journal of Cleaner Production, 2019, 213: 540-552.

[251] Wasserman S, Faust K. Social Network Analysis: Methods and Applications[M]. Cambridge: Cambridge University Press, 1994.

[252] 陈艳春, 韩伯棠, 张宏雷. 绿色技术溢出内在动力与影响因素研究[J]. 河北工业大学学报, 2012, 41 (6): 105-110.

[253] 陈明华, 刘华军, 孙亚男, 等. 城市房价联动的网络结构特征及其影响因素——基于中国69个大中城市月度数据的经验考察[J]. 南方经济, 2016, 34 (1): 71-88.

[254] Anselin L. Spatial Econometrics: Methods and Models[M]. Dordrecht: Kluwer Academic Publishers, 1988.

[255] 吴玉鸣. 空间计量经济模型在省域研发与创新中的应用研究[J]. 数量经济技术经济研究, 2006, (5): 74-85.

[256] Paelinck J, Klaassen L. Spatial Econometrics [M]. Farnborough: Saxon House, 1979.

[257] Anselin L, Griffith D A. Do spatial effects really matter in regression analysis? [J]. Papers of the Regional Science Association, 1988, 65 (1): 11-34.

[258] 董晓松, 尚会永, 姜旭平. 基于文化与地理双重互动的互联网消费增长空间计量研究[J]. 中国软科学, 2019, (4): 70-78.

[259] 闫海波, 陈敬良, 孟媛. 中国省级地下经济与环境污染——空间计量经济学模型的实证[J]. 中国人口·资源与环境, 2012, 22 (S2): 275-280.

[260] 郑长德, 刘帅. 基于空间计量经济学的碳排放与经济增长分析[J]. 中国人口·资源与环境, 2011, 21 (5): 80-86.

[261] Anselin L. Spatial externalities, spatial multipliers, and spatial econometrics [J]. International Regional Science Review, 2003, 26 (2): 153-166.

[262] 胡健, 焦兵. 空间计量经济学理论体系的解析及其展望[J]. 统计与信息论坛, 2012, 27(1): 3-8.

[263] 陈强. 高级计量经济学及 Stata 应用[M]. 高等教育出版社, 2010.

[264] 吴燕. 空间计量经济学模型及其应用[D]. 华中科技大学博士学位论文, 2017.

[265] 万坤扬, 陆文聪. 中国技术创新区域变化及其成因分析——基于面板数据的空间计量经济学模型[J]. 科学学研究, 2010, 28 (10): 1582-1591.

[266] 任英华, 徐玲, 游万海. 金融集聚影响因素空间计量模型及其应用[J]. 数量经济技术经济研究, 2010, 27 (5): 104-115.

[267] 杨刚强, 李梦琴, 孟霞. 人口流动规模、财政分权与基本公共服务资源配置研究——基于286 个城市面板数据空间计量检验[J]. 中国软科学, 2017, 6: 49-58.

[268] 郭四代, 张华, 郭杰, 等. 基于空间计量模型的中国环境污染评价及影响因素分析[J]. 生态学杂志, 2018, 37 (2): 471-481.

[269] 埃尔霍斯特 J P. 空间计量经济学: 从横截面数据到空间面板[M]. 北京: 中国人民大学出版社, 2015.

[270] 李斌, 卢明炜, 张所地. 房地产业对中国城市金融稳定的影响研究——基于空间计量模型的比较分析[J]. 数理统计与管理, 2019, 38 (2): 343-356.

[271] Anselin L, Bera A K, Florax R, et al. Simple diagnostic tests for spatial dependence[J]. Regional Ence & Urban Economics, 1993, 26 (1): 77-104.

[272] Burridge P. On the cliff-ord test for spatial autocorrelation[J]. Journal of the Royal Statistical Society. Series B: Methodological, 1980, 42 (1): 107-108.

[273] Bera A K, Yoon M J. Specification testing with locally misspecified alternatives[J]. Econometric Theory, 1993, 9（4）: 649-658.

[274] 黄砚玲. 地理加权空间经济计量模型的 GMM 估计及区域金融发展收敛性实证研究[D]. 华南理工大学博士学位论文, 2012.

[275] 赵儒煜, 刘畅, 张锋. 中国人口老龄化区域溢出与分布差异的空间计量经济学研究[J]. 人口研究, 2012, 36（2）: 71-81.

[276] Elhorst J P. Matlab software for spatial panels[J]. International Regional Science Review, 2014, 37（3）: 389-405.

[277] 韩峰, 谢锐. 生产性服务业集聚降低碳排放了吗？——对我国地级及以上城市面板数据的空间计量分析[J]. 数量经济技术经济研究, 2017, 34（3）: 40-58.

[278] 鲍超, 陈小杰, 梁广林. 基于空间计量模型的河南省用水效率影响因素分析[J]. 自然资源学报, 2016, 31（7）: 1138-1148.

[279] 叶阿忠, 吴继贵, 陈生明. 空间计量经济学[M]. 厦门: 厦门大学出版社, 2015.

[280] 吴玉鸣, 李建霞. 中国省域能源消费的空间计量经济分析[J]. 中国人口·资源与环境, 2008,（3）: 93-98.

[281] 谢兰云. 中国省域 R&D 投入对经济增长作用途径的空间计量分析[J]. 中国软科学, 2013,（9）: 37-47.

[282] You W, Lv Z. Spillover effects of economic globalization on CO_2 emissions: a spatial panel approach[J]. Energy Economics, 2018, 73: 248-257.

[283] 陈欣, 袁建, 戴靓. 基于空间计量模型的机场网络溢出效应研究[J]. 交通运输系统工程与信息, 2019, 19（4）: 211-217.

[284] Lesage J, Pace R. Introduction to Spatial Econometrics Reference[M]. New York: CRC Press, Taylor & Francis Group, 2009.

[285] 卢新海, 唐一峰, 易家林, 等. 基于空间计量模型的耕地利用转型对农业经济增长影响研究[J]. 中国土地科学, 2019, 33（6）: 53-61.

[286] 贾占华, 谷国锋. 东北地区经济结构失衡水平评价及其对经济增长的影响研究——基于空间计量模型分析[J]. 地理科学, 2019, 39（4）: 636-643.

[287] 单良, 韩放, 宋关东. 我国人口半城镇化空间差异的多尺度分析[J]. 中国软科学, 2017,（5）: 66-77.

[288] Brunsdon C, Fotheringham A S, Charlton M E. Geographically weighted regression: a method for exploring spatial nonstationarity[J]. Geographical Analysis, 1996, 28（4）: 281-298.

[289] 韩君, 张慧楠. 中国经济高质量发展背景下区域能源消费的测度[J]. 数量经济技术经济研究, 2019, 7: 42-61.

[290] 敬定乾, 何伟, 赵晓全, 等. 基于 GWR 模型的工业地价对不同行业工业扩散的影响研究——以成绵乐发展带为例[J]. 中国土地科学, 2020, 34（4）: 58-68.

[291] 赖夏华, 郭熙, 赵小敏, 等. 基于GWR的南昌市中心城区商业地价驱动因素分析[J]. 中国土地科学, 2019, 33 (11): 28-38.

[292] 吴玉鸣. 大学知识创新与区域创新环境的空间变系数计量分析[J]. 科研管理, 2010, 31 (5): 116-123.

[293] 汤庆园, 徐伟, 艾福利. 基于地理加权回归的上海市房价空间分异及其影响因子研究[J]. 经济地理, 2012, 32 (2): 52-58.

[294] 李丹丹, 刘锐, 陈动. 中国省域碳排放及其驱动因子的时空异质性研究[J]. 中国人口·资源与环境, 2013, 23 (7): 84-92.

[295] Ansong D, Ansong E K, Ampomah A O, et al. Factors contributing to spatial inequality in academic achievement in Ghana: analysis of district-level factors using geographically weighted regression[J]. Applied Geography, 2015, 62: 136-146.

[296] Xu B, Lin B Q. Factors affecting CO_2 emissions in China's agriculture sector: Evidence from geographically weighted regression model[J]. Energy Policy, 2017, 104: 404-414.

[297] Huang Y, Wang X, Patton D. Examining spatial relationships between crashes and the built environment: a geographically weighted regression approach[J]. Journal of Transport Geography, 2018, 69: 221-233.

[298] Wang S B, Liu Y L, Zhao C, et al. Residential energy consumption and its linkages with life expectancy in mainland China: a geographically weighted regression approach and energy-ladder-based perspective[J]. Energy, 2019, 177: 347-357.

[299] Xu C C, Zhao J Y, Liu P. A geographically weighted regression approach to investigate the effects of traffic conditions and road characteristics on air pollutant emissions[J]. Journal of Cleaner Production, 2019, 239: 1-11.

[300] Evangelia C, Christina I, Christina M, et al. Factors affecting bus bunching at the stop level: a geographically weighted regression approach[J]. International Journal of Transportation Science and Technology, 2020, 9 (3): 207-217.

[301] Felix T, Christopher M. Income inequality and suicide in the United States: a spatial analysis of 1684 U. S. counties using geographically weighted regression[J]. Spatial and Spatio-temporal Epidemiology, 2020, 34: 1-9.

[302] Hastie T J, Tibshirani R J. Generalized additive models[J]. Statistical Science, 1986, 1 (3): 297-318.

[303] Loader C. Local Regression and Likelihood[M]. New York: Springer, 1999.

[304] Lu B B, Martin C, Paul H, et al. Geographically weighted regression with a non-euclidean distance metric: a case study using hedonic house price data[J]. International Journal of Geographical Information Science, 2002, 8 (6): 17-25.

[305] Hoaglin D C, Welsch R E. The hat matrix in regression and ANOVA[J]. The American Statistician, 1977, 32: 17-22.

[306] 覃文忠. 地理加权回归基本理论与应用研究[D]. 同济大学博士学位论文, 2007.

[307] 王新刚, 孔云峰. 城市住房价格局部线性地理加权回归分析——以湖北省黄石市为例[J]. 中国土地科学, 2015, (3): 82-89.

[308] 苏方林. 省域R&D知识溢出的GWR实证分析[J]. 数量经济技术经济研究, 2007, 24(2): 145-153.

[309] 高远东, 陈迅. 中国省域产业结构的空间计量经济研究[J]. 系统工程理论与实践, 2010, 30(6): 993-1001.

[310] Craven P, Wahba G. Smoothing noisy data with spline functions[J]. Numerische Mathematik, 1979, 31(4): 377-403.

[311] Hurvich C M, Simonoff J S, Tsai C L. Smoothing parameter selection in nonparametric regression using an improved Akaike information criterion[J]. Journal of the Royal Statistical Society, 1998, 60(2): 271-293.

[312] 李婉红. 排污费制度驱动绿色技术创新的空间计量检验——以29个省域制造业为例[J]. 科研管理, 2015, 36(6): 1-9.

[313] Rangel T F, Diniz-Filho J A F, Bini L M. SAM: a comprehensive application for spatial analysis in macroecology[J]. Ecography, 2010, 33(1): 46-50.